渤海大学旅游管理特色学科建设基金资助

LüYOU WENHUA XINLUN

旅游文化新论

本书以旅游文化为中心，以旅游体验文化和旅游介入文化为主干，以旅游学和文化学理论为指导，具有新视角、新概念、新体系、新内容。本书可供旅游文化研究者参考，也可以作为高校、企业、社会旅游文化爱好者的参考读物。

曲玉镜　邹本涛◎著

知识产权出版社
全国百佳图书出版单位

内容提要

本书以旅游文化为中心，以旅游体验文化和旅游介入文化为主干，以旅游学和文化学理论为指导，具有新视角、新概念、新体系、新内容。本书可供旅游文化研究者参阅，也可以作为高校、企业、社会旅游文化爱好者的参考读物。

责任编辑：宋　云

图书在版编目（CIP）数据

旅游文化新论/曲玉镜，邹本涛著．—北京：知识产权出版社，2012.12

ISBN 978-7-5130-1735-0

Ⅰ．①旅…　Ⅱ．①曲…②邹…　Ⅲ．①旅游文化　Ⅳ．①F590

中国版本图书馆 CIP 数据核字（2012）第 283717 号

旅游文化新论

曲玉镜　邹本涛　著

出版发行：知识产权出版社

社　　址：	北京市海淀区马甸南村 1 号	**邮　　编**：	100088
网　　址：	http：//www.ipph.cn	**邮　　箱**：	bjb@cnipr.com
发行电话：	010-82000893　82000860 转 8101	**传　　真**：	010-82000860 转 8240
责编电话：	010-82000860 转 8388	**责编邮箱**：	songyun@cnipr.com
印　　刷：	北京中献拓方科技发展有限公司	**经　　销**：	新华书店及相关销售网点
开　　本：	720mm×960mm　1/16	**印　　张**：	13.75
版　　次：	2013 年 1 月第 1 版	**印　　次**：	2013 年 1 月第 1 次印刷
字　　数：	225 千字	**定　　价**：	39.00 元

ISBN 978-7-5130-1735-0/F·573（4583）

序　言

1978年，西方学者丹尼森·纳什和中国学者于光远不约而同地提出了“旅游文化”这一新的概念。从此，旅游文化研究沛然兴起。由于思维方式等原因，中西方的旅游文化研究差异较大。

在西方，旅游文化研究一般不视为一个独立领域，它只是旅游研究的一个视角——文化视角。因此，西方的旅游文化研究至今仍依附于旅游学、旅游人类学、旅游社会学等学科而不能自立。

在我国，旅游文化研究已然成学，至今已形成多种旅游文化理论。其中，“相关文化总和说”和“三体文化说”影响较大。前者认为旅游文化就是与旅游相关的文化（特别关注旅游资源文化者又发展出“旅游客体文化说”），以此立论的旅游文化论著多着眼于与旅游有关的文化，如山水文化、城镇聚落文化、园林文化、建筑文化、宗教文化、民族文化、民俗文化、饮食文化、诗词文赋文化、书画雕塑文化、戏曲歌曲文化、工艺美术文化、花鸟虫鱼文化等；后者认为旅游文化就是旅游主体文化、旅游客体文化和旅游介体文化的总和，以此立论的旅游文化论著多着眼于旅游中的文化，如旅游者的审美文化、消费文化，旅游业的管理文化、经营文化，旅游资源的文化内涵等。

中西旅游文化研究虽有差异，但有一点是相同的：都侧重于旅游与文化。于是，一连串的问题出现了：旅游文化研究变成了旅游与文化研究；旅游文化变成了旅游与文化；已有的旅游与文化研究成果摇身一变，成了旅游文化研究的成果；而真正的旅游文化，至今模糊不清。

本来坚信某现象的存在，却因长年研究不能破门而入，转而又怀疑它的存在，甚至放弃研究，这是科学研究陷入迷途时常见的情形。不幸的是，这种情形已出现在旅游文化研究领域：有的旅游文化学者认为旅游文化只是一个概念，并非实体；有的实际上已放弃了曾经奠基的旅游文化学阵地，转行于其他研究领域。

旅游文化当然不只是一个概念，它确实有自己的实体，然而研究方向发生了偏差，自然就抓不住这个实体了。旅游文化不等于旅游与文化，一如箭靶不等于箭与靶。研究旅游文化以旅游与文化为重心，不啻射箭靶以箭与靶为标的，欲一举中的，不亦难乎？难怪目前的旅游文化研究只能在旅游文化外围打圈圈了。

任何相对独立的存在都有它的本体。本体是事物的内系统，锁定事物的本体，既是迈出逼近该事物核心的关键一步，又可保障外围研究不至于离题太远。旅游文化及其研究也是如此。先本体、后外围意味着先难后易，颇有悖于惯常的研究思维，但“擒贼先擒王”又何尝不是破解难题的要诀！

秉此要诀，本书重点研究旅游文化本体及其体系。研究路径沿着两个方向展开：一是横向的静态研究，重点分析旅游文化的本体及其主干；二是纵向的动态研究，重点探讨旅游文化体系的形成与变迁。具体内容结构和主要观点如下：

第1章：旅游文化本体论，重点研究旅游文化的内涵、结构、功能与特点。主要观点是：旅游文化宜定义为“人们对旅游体验与介入过程及其精神产品的总和”。从文化创造的角度看，旅游文化由旅游体验文化和旅游介入文化两大部分构成；从文化层面的角度看，旅游文化由心理、行为、产品三个层面构成。旅游文化具有改塑自然、发展文化、推动社会、繁荣经济、陶冶人格等方面的独特功能，具有流动性、开放性、多质性、情感性、适应性、易变性等特点；其本质是人们对旅游的感受与应对过程。

第2章：旅游体验文化论，重点研究旅游体验文化的内涵、结构与特点。主要观点是：旅游体验文化是旅游文化的核心，是“旅游参与者对旅游的体验过程及其精神成果的总和”。如果把它看做一个动态过程与结果，其内在结构应该包括三个部分：旅游体验文化的心理、行为与产品。旅游体验文化具有广泛性、享受性、自由性、情感性、个体性等特点。

第3章：旅游介入文化论，重点研究旅游介入文化的内涵、结构与特点。主要观点是：旅游介入文化是旅游介入者对旅游的介入过程及其精神成果的总和。旅游介入文化不同于旅游介体文化，两者是交叉并列关系。对旅游介入文化的结构可以从心理、行为和产品三个层面来解析。旅游介入文化的特点突出地表现在导向性、功利性、地域性、民族性和规范性等方面。

第4章：旅游文化历史论，重点探讨旅游文化的形成与变迁。主要观点是：旅游文化史不同于旅游史或旅行史，它应该是旅游体验文化和旅游介入文化的发展史；18世纪中叶、20世纪50年代分别是旅游文化史古代、近代、现代的分界线。古代旅游文化是多元化的，埃及、西亚、欧洲、中国等都是旅游文化的发源地；18世纪中叶，西方旅游文化率先迈入近代的门槛，在西方的引领下，世界旅游文化开始了缓慢的近代化过程，直至20世纪50年代旅游文化大众化时代的到来；第二次世界大战结束后，旅游文化进一步突破地域的限制，呈现出全球化、一体化的发展态势。

与同类论著相比，本书具有以下鲜明特点：

一是方法新。以往的旅游文化研究基本以文化学的视角审视旅游或与之相关的文化，视野要么不出旅游之外，要么离题太远，名为旅游文化研究，实为旅游与文化研究；本书以多维视角审视旅游文化，视野不限旅游之内，亦不离开主题，是严格意义上的旅游文化研究。

二是理论新。以往的旅游文化研究，其核心概念基本上是在旅游学的相关概念后面加上“文化”二字，或者直接套用文化学的现成概念，理论体系基本是仿照旅游学体系或文化学体系；本书以旅游体验文化、旅游介入文化为核心概念，构建了独特的“体验—介入”的旅游文化理论新体系。

三是内容新。通过对旅游文化的内涵、结构、功能、特点等进行研究，均得出了与众不同的结论；旅游体验文化、旅游介入文化的提出为旅游文化学建立了独特的核心概念；旅游文化历史论的内容一改同类论著以旅游史、旅行史代替旅游文化史的“历史性错误”，还了旅游文化史是旅游体验文化和旅游介入文化演进史的本来面目。

本书是在笔者主持的辽宁省社会科学规划基金项目“旅游文化研究”（2009年结题）主要成果的基础上增删而成的。本书的撰写是开创性的、新的尝试，不周之处在所难免，恳请专家学者不吝赐教。

笔者

2012年10月

目录
contents

第1章　旅游文化本体论

举一纲而万目张，解一卷而众篇明。

——郑玄

撒网要抓住总绳，总绳一提，网眼全部张开；读书要精研一卷，一卷通透，各篇立意自现。这是东汉大学问家郑玄读《诗》的体会，后引申为抓住关键环节，全盘皆活。旅游文化体系庞大，错综复杂，剪不断，理还乱；但只要抓住关键部分，许多难题都可以迎刃而解。旅游文化的关键是什么？无疑是它的本体。而关键的关键，则是它的内涵、结构、功能与特点。本章将就上述四个问题作深入探讨。

第1节　旅游文化含义的挖掘

旅游文化是什么？这一直是学界高度关注且倍感头痛的问题。旅游文化像雨，你能感觉到它的滋润，却很难触摸到它的本来形状；旅游文化像雾，视之无处不在，揽之又不盈手。其实雨也好，雾也罢，只要我们掌握了正确的方法，认识它的本来面目也是迟早的事。本节首先回顾已有的主要旅游文化界说，分析其分歧所在，进而提出界定旅游文化的基本原则，并据以对旅游文化作出新的概括。

一、旅游文化定义诸说

（一）西方的旅游文化定义

在西方，英语国家用来指称“旅游文化”的词一般是“tourist culture”，其次是“tourism culture”、“touring culture”、“travel culture”等。

西方对“旅游文化”一词的使用较为宽泛，一开始也不太注重内涵界定；

是旅游者的文化还是游览的文化、旅行的文化，要靠读者结合论著内容去理解。20世纪80年代末以来，西方只有部分学者关注旅游文化的界定，零星提出了几种旅游文化定义。

比斯克诺斯基认为：旅游文化包含了“愉快的非日常生活方式、引人注目的礼节以及追求等，这些将那些假期中的人们限制在了一个团体中——旅游者”（Bystrzanowskl，1989）。

克雷克认为：旅游文化是“最大限度地获取旅游文化的产品价值，重新确立游客的经历和经验，确定旅游的文化影响，适应旅游产业的文化变化”（罗杰斯、尤瑞，1997）。

奈尔·卡尔（新西兰）认为：旅游文化不是一个完全独立的现象，除了旅游行为和休闲行为通过文化相互关联外，旅游文化在一定程度上还是文化准则和文化价值的产物，这些文化准则和价值会在休闲环境中影响着人的行为。❶

不难看出，西方对“旅游文化”概念的表述明显偏重于“旅游者的文化”。在西方的旅游文化研究中，旅游文化多指旅游过程中主客体“碰撞”而产生的各种文化现象，突出这个概念的动态特征（肖洪根，1994）。

（二）我国的旅游文化定义

我国旅游文化学界一向注重对旅游文化的界定，旅游文化定义五花八门，主要有以下几种说法。

（1）相关物质、精神文化总和说。该说法认为：“旅游文化是人类过去和现在所创造的与旅游有关的物质财富和精神财富的总和。”❷ 该说法把与旅游有关的物质财富和精神财富都看成是旅游文化，属于最广义的旅游文化。

（2）特殊生活方式说。该说法认为：“旅游文化可以初步界定为是通过旅游这一特殊的生活方式，满足旅游者求新、求知、求乐、求美的欲望而形成的综合性现代文化现象。或者说是通过对异国异地的文化消费而形成的现代特殊生活方式。”❸ 于光远先生认为旅游是现代人的一种特殊生活方式，该说法把旅游文化定义为“特殊生活方式”，使旅游文化与旅游直接等同起来。

（3）旅游主体文化说。该说法认为：“旅游文化是旅游的‘人’化，也即

---

❶ 奈尔·卡尔．休闲与旅游业发展［M］//宁泽群，王兵主编．现代休闲方式与旅游发展．北京：中国旅游出版社，2007.

❷ 陈辽．漫谈旅游文化［N］．中国旅游报，1987－11－10.

❸ 魏小安．旅游文化与文化旅游［J］．旅游论丛，1987（2）.

旅游者的文化”，“是旅游者这一旅游主体借助旅游媒体等外部条件，通过对旅游客体的能动的活动，碰撞产生的各种旅游文化现象的总和”[1]。该说法虽然也谈到了旅游媒体与客体在旅游文化形成中的作用，但特别强调旅游主体——旅游者也是旅游文化的主体，旅游文化也即旅游者的文化，故称为旅游主体文化说。

（4）旅游客体文化说。该说法认为：“旅游文化是指与自然风光、古迹遗址有关的历史掌故、民俗文化、文学艺术、传说故事及百科知识等。”[2] 该说法源于 1984 年《中国大百科全书·人文地理卷》中的旅游文化定义，把旅游文化等同于人文旅游资源。

（5）旅游介体文化说。该说法认为：“旅游文化主要是指旅游组织者为满足旅游者旅游活动全过程中的精神文化需要，所采取的各种文化措施以及接待人员在接待工作中所表现出的能满足旅游者需要的精神风貌和文化素养。”[3] 定义中的旅游组织者所采取的文化措施和接待者表现出来的风貌修养均属旅游介体范畴，论者以此为旅游文化，故称为旅游介体文化说。

（6）旅游主客体关系说。该说法认为：“旅游文化指的是旅游主体和旅游客体之间各种关系的总和。”[4] 论者在 2010 年出版的《旅游文化学》一书中重申了这一观点，仍以旅游主客体的关系为旅游文化，故称为旅游主客体关系说。

（7）旅游主介体文化说。该说法认为旅游文化“是旅游者和旅游经营者在旅游消费或旅游经营服务过程中所反映、创造出来的观念形态及其外在表现的总和”[5]。该说法强调旅游主体旅游者和旅游介体旅游经营服务者都是旅游文化的主体，故称为旅游主介体文化说。

（8）三体碰撞说。该说法认为：“旅游文化是旅游主体、旅游客体、旅游媒体相互作用所产生的物质和精神成果，旅游三要素中任何一项都不能构成或形成旅游文化。”[6] 该说法强调旅游文化是旅游三体碰撞的结果，一般称为三体碰撞说。

---

[1] 沈祖祥．旅游文化概论［M］．福州：福建人民出版社，1998：15－16.

[2] 周谦．泰山旅游文化发掘初议［J］．旅游经济，1996（6）.

[3] 喻学才．近七年旅游文化研究综述［J］．社会科学动态，1996（8）.

[4] 喻学才．中国旅游文化传统［M］．南京：东南大学出版社，1995.11.

[5] 马波．现代旅游文化学［M］．青岛：青岛出版社，1998.37.

[6] 冯乃康．首届中国旅游文化学术研讨会纪要［J］．旅游学刊，1991（2）.

(9) 文化交流与对话说。该说法认为：旅游文化是基于人类追求自由、完善人格而要求拓展和转换生活空间的内在冲动，其实质是文化交流与对话的一种方式。它是世界各区域民族文化创造基础上的或现代全球化趋势中大众的、民间的休闲消费文化。[1] 该说法强调旅游文化的实质是文化交流与对话的一种方式，故称为文化交流与对话说。

有特色的旅游文化定义还有很多，不过就影响程度而言，还是上述九种影响较大。上述诸说法有的被广泛征引，有的已成为多种旅游文化学论著的立论依据。

二、定义原则与本书的旅游文化定义

从上述引述中不难看出，人们对旅游文化的界定，分歧相当之大。造成这种分歧的原因固然很多，缺少理性的界定原则无疑是关键所在。在旅游文化定义研究中，我们更多看到的是简单评介别人的定义之后，突然提出自己的定义。至于破立的依据，常常停留在个人的感性认识层面，缺乏深刻的理性思考。概念是交流的通用工具，为概念下定义，应先确立能为大家认可的基本原则，不应基于个人的偏好。只有这样，旅游文化的定义才能越争越趋同，而不是越争越混乱。

定义原则不但是定义旅游文化的指导，也是评价各种旅游文化定义的依据。有鉴于此，笔者尝试先确立定义旅游文化的原则，并据以评价上述各说法的利弊得失，提出自己的旅游文化定义。

(一) 界定旅游文化的原则与上述诸说法的得失

旅游文化一词涉及旅游和文化两个关键概念，由于旅游和文化这两个概念本身的复杂性，要想对旅游文化下一个准确的、公认的定义确非易事。旅游和文化向有广义、狭义之分，广义的旅游是指旅游者的活动及由此引起的一切现象和关系的总和，狭义的旅游仅指旅游者的活动；广义的文化是指人类的创造过程及其成果的总和，狭义的文化主要指其中的精神文化。对旅游和文化的理解不同，对旅游文化的定义自然不同，但不管怎样界定，都应坚持以下几点原则：

第一，定义应适合旅游文化的概念外延。定义是概念的定义，定义的界限应与概念的外延相适合，否则要犯定义过宽或定义过窄的错误。旅游文化

---

[1] 章海荣．旅游文化学［M］．上海：复旦大学出版社，2004.

这个概念的外延有多大？我们可通过各类具体文化的得名规律加以确认。各类文化或得名于其生成空间，如“中国”文化、“外国”文化之类；或得名于其生成时间，如“古代”文化、“近代”文化之类；或得名于其内容（包括具体形态、基本属性等）指向，如“建筑”文化、“精神”文化之类；或得名于其形成基础，如“农耕”文化、“游牧”文化之类。各类文化的得名方式还有很多，但旅游文化的得名显然不出最后两种。这意味着旅游文化这个概念的最大外延从形成基础的角度看不超过“以旅游为基础的文化”，从内容指向的角度看不超过“以旅游为指向的文化”。旅游文化定义的最大界限亦应如是。

第二，定义应揭示旅游文化的基本特征，且不得出现同语反复。旅游文化定义可以是描述性的，也可以是解释性的。所谓描述性旅游文化定义，即罗列所谓的旅游文化现象，着重指出哪些属于旅游文化，亦即“什么是旅游文化”；所谓解释性的旅游文化定义，即归纳各种旅游文化现象，着重指出旅游文化的基本特征，亦即“旅游文化是什么”。目前我们对旅游文化定义的探讨重在“旅游文化是什么”，而非“什么是旅游文化”，这在学界是有共识的。既然如此，能不能揭示旅游文化的基本特征便成为我们定义旅游文化成败的标准。所谓同语反复是指被定义的概念出现在定义之中。同语反复是违反定义规则的一种逻辑错误。

第三，作为旅游学科的研究对象之一，旅游文化不能等同于旅游“三体”文化之一，对旅游文化中的“文化”也不能作广义理解。在旅游学科中，旅游文化与旅游主体文化、旅游客体文化、旅游媒体文化应是四个不同概念，如果把旅游文化等同于旅游“三体”文化之一，旅游文化与旅游“三体”文化之一的区分便没有了意义。对旅游文化中的“文化”之所以不能作广义的理解，是因为从广义文化角度看，旅游现象是人类创造的，为人类所特有，其本身即是文化。如果旅游文化中的“文化”取广义文化定义，“旅游”与“旅游文化”便名异而实同，旅游学科中旅游与旅游文化的区分也同样没有了意义。

第四，旅游主客体与旅游文化主客体应有区别。旅游主客体一般认为是旅游者和旅游资源，这是正确的，但旅游文化主客体不应局限于此。作为一种文化产品，旅游思想、旅游文学公认是旅游文化的组成部分，而其创造者即主体却并非全是旅游者：《岳阳楼记》是旅游文学的名篇，而其作者范仲淹一生也未去过岳阳楼，至少他未成为岳阳楼的旅游者；有的人一生不做旅游者，但他有旅游思想，对旅游有理性的认识。同时，旅游思想、旅游文学这种旅游文化产品也并非全以旅游资源为客体产生出来的，有的旅游思想、旅游文学是人们以整个旅游甚至旅游者、旅游业、旅游地居民为客体创造出来的。显然，旅游文化主客体范围远远大于旅游主客体的范围，旅游主客体并非旅游文化的唯一主客体。

依据旅游文化的界定原则，上述定义的得失是显而易见的：各家试图从旅游或文化的角度定义旅游文化，这是可取的，因为旅游文化以旅游为基础，属于文化；但有的与旅游定义雷同，有的与文化定义相似，有的等同于人文旅游资源，有的把物质文化纳入旅游文化，有的把旅游文化的主客体和旅游的主客体等同起来，有的甚至出现“旅游文化是……旅游文化”这样同语反复的错误，显然是不足取的。相对而言，“旅游主介体文化说”有较多可取之处，该说法认为旅游文化的主体是旅游者和旅游经营服务者，这就把旅游文化的主体同旅游的主体区分开来，从而使旅游与旅游文化的识别成为可能；同时，该说法认为旅游文化是一种“观念形态及其外在表现”，明显侧重于精神文化，与界定旅游文化的第 3 条原则基本相符。该说法最大不足有两点：

其一，旅游文化主体概括不全。论者认为：旅游文化是旅游者和旅游经营者在旅游消费或旅游经营服务过程中所反映、创造出来的观念形态。为什么偏偏是旅游者和旅游经营者？在旅游接触过程中，政府、学界、旅游地居民也会反映、创造出关于旅游的观念形态。如果前者的“观念形态”属于旅游文化，则后者也不能例外。从文化学的角度看，这些观念形态也都有旅游文化成分。可见，政府、学界、旅游地居民也是旅游文化的创造者，不应将他们排除在旅游文化主体之外。

其二，旅游文化创造表述不精。论者认为：旅游文化的创造发生于旅游消费或旅游经营服务过程中。实际上，旅游消费或旅游经营服务本身即是旅游文化创造过程，而且仅仅是旅游者和旅游经营服务者的文化创造过程。政府的旅游规范活动、学界的旅游研究活动、旅游地居民的旅游交往活动……也都是旅游文化创造过程。旅游者对旅游文化的创造也不局限于旅游消费特别是旅游观赏环节，而是贯穿于整个旅游活动之中（旅游不仅仅是旅游消费或旅游观赏）。旅游者和上述非旅游者的文化创造分属体验和介入性质，将旅游文化创造具体表述为“对旅游的体验与介入过程”更为恰当。

（二）本书的旅游文化定义

上述关于“旅游主介体文化说”的分析对重新表述旅游文化具有重要的

启示意义：既然旅游文化的主体是多重的，何不以“人们”二字概括之？既然旅游文化的创造是“对旅游的体验与介入过程”，何不以此句描述之？因此，依据界定旅游文化的原则，综合诸说之长，笔者认为旅游文化宜定义为：“是人们对旅游的体验与介入过程及其精神产品的总和。”这个定义主要包含四层含义（见图 1-1）。

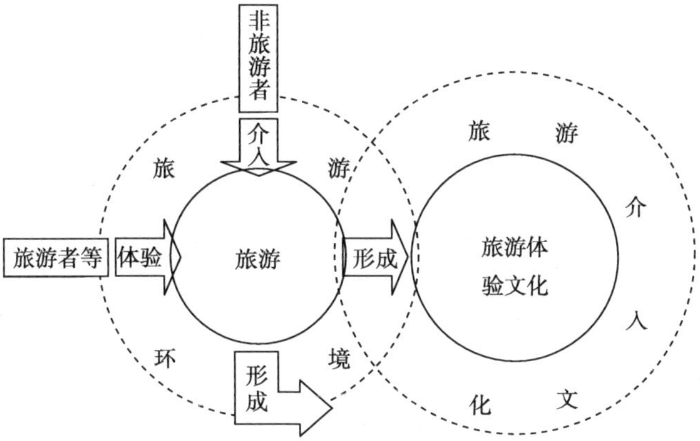

图 1-1　旅游文化形成

说明：旅游与旅游文化的交叉实际上已深入对方核心区域，旅游文化创造过程也是旅游文化的一部分。为简明起见，该图稍作变形、简化处理。

其一，旅游文化既包括其创造过程——“对旅游的体验与介入”，也包括这个过程的结果——“精神产品”。“对旅游的体验与介入”有直接与间接之分：前者是亲临其境的体验与介入，即现实的旅游体验和旅游介入（通常称旅游体验和旅游介入）；后者是非亲临其境的体验与介入，即虚拟的旅游体验和旅游介入（如“神游”、“心游”、“网上导游”之类）。精神产品则是以观念形态为主的产品。文化是主体与客体在人类社会实践中的对立统一物，有过程，有结果，旅游文化也是如此。

其二，旅游文化是一种精神现象。定义中的“体验”与“介入”固然包含行为因素，但按精神物质两分法，行为仍属精神范畴；“体验”与“介入”的结果固然也会产生物质产品，但这些产品大多以观念为核心、物质为载体，基本属于精神文化。旅游体验来自旅游活动之中，旅游介入来自旅游活动之外，由此形成的精神文化构成旅游文化的主要部分。这是旅游文化与非旅游文化的重要区别之一。

其三，旅游文化的主体——“人”，除旅游者外，还包括旅游从业人员、旅游地居民、旅游研究者等。凡参与旅游文化创造的人都是旅游文化的主体。

这是旅游文化与非旅游文化的又一重要区别。

其四，旅游文化的客体——“旅游”，既包括旅游要素，也包括旅游整体。没有“旅游”这个体验对象，人们不可能创造出旅游体验文化；没有“旅游”这个介入对象，自然也无所谓旅游介入文化。人们通过对旅游要素（如旅游景观）的体验或介入形成单项性旅游文化，如旅游景观体验文化、旅游景观开发文化；人们通过对旅游整体（食、住、行、游、购、娱综合体）的体验或介入形成综合性旅游文化，如旅游体验文化、旅游介入文化。

（三）旅游文化与旅游的区别

“旅游文化”是旅游文化学的核心概念，在使用上常常和相关概念相混淆。徐菊凤先生2004年12月10日通过Google搜索旅游文化和文化旅游这两个词时，分别获得613万项关于“文化旅游”和835万项关于“旅游文化”的查询结果。比较后发现，这两个概念在某些词条下各有所指，而在很多情况下又被用来指称同一类事情。旅游文化与人文旅游资源的混淆也是常有的事。许多文章标题上冠以论述“旅游文化”，主体内容却是论述人文旅游资源开发问题（李筱竹，1995；彭寿清，2004；蒋礼荣，2005）。马波在研究中也发现，许多以旅游文化为题的著作、论文，其实只研究了人文旅游资源的形成和特性，无形中将旅游文化等同于一般社会文化了（1999）。

其实，最大的混淆还是旅游文化与旅游。这从上述的旅游文化定义中可以清楚地看到，特殊生活方式说便是典型的一例。有的旅游文化研究者在界定了旅游文化之后，还说旅游文化学就是研究旅游的，一部旅游文化学通篇谈论旅游。有的旅游文化学著作中，使用的旅游一词比旅游文化一词还多，而且常常替换使用！有的学者干脆直称旅游就是旅游文化！（王立，1997）

旅游文化与旅游有联系，更有区别。那么多的旅游文化研究者试图给旅游文化下一个有别于旅游的定义就说明了这一点，只是一时清醒一时糊涂罢了。从本书给出的旅游文化定义看，旅游文化与旅游的最大区别有三点：

第一，主客体不同。旅游的主体是旅游者，客体是旅游资源。旅游文化的主体固然包括旅游者，但不局限于旅游者。除旅游者外，还包括旅游从业人员、旅游地居民、旅游研究者等。凡参与旅游文化创造的人，都是旅游文化的主体。旅游文化的客体则是旅游，既包括旅游要素，也包括旅游整体。旅游文化主体正是以旅游及其要素为对象才创造出别具一格的旅游文化来。

第二，构成不同。旅游的构成从静态要素看，一般认为由旅游者、旅游业、旅游资源构成（笔者更倾向于由旅游者、旅游资源构成。邹本涛，2002、

2006)；从动态环节看包括行、食、住、游、购、娱等。而旅游文化则由旅游体验文化和旅游介入文化两大子系统构成，与旅游既交叉，又独立（详下）。

第三，性质不同。一般认为旅游是一种集文化、经济于一体的综合现象，既是精神活动，也是物质活动；而旅游文化总体上是一种精神现象，不是物质现象。

旅游文化是在旅游的基础上形成的，一旦形成，又为旅游充实了新的内容，如旅游体验丰富旅游活动；但并非所有的旅游文化都能成为旅游的一部分，如虚拟旅游体验、旅游介入文化是旅游文化，但不是旅游。

第 2 节　旅游文化结构的重建

所谓结构，是指事物的构成要素与构成方式。旅游文化作为一种独立存在的现象，自有其独特的构成要素与构成方式。构成要素和构成方式稳定了，意味着旅游文化进入了稳定期；构成要素和构成方式变动了，旅游文化也随之发生变化。剖析旅游文化的结构不但有利于把握旅游文化的内在机制，也有利于把握旅游文化的外部特征。本节将在已有的研究成果上，从宏观的角度重点分析旅游文化的构成要素。

一、旅游文化结构诸说介评

（一）旅游文化结构诸说简介

由于对旅游文化的理解不同，人们对旅游文化构成的看法莫衷一是，主要有以下几种说法。

（1）三层文化结构说。有的按文化层次把旅游文化分为三个层面：旅游物质文化，如建筑、园林、遗址、碑刻、雕塑等景观景物及旅游商品、旅游设施等旅游者视觉可以辨别的物质实体；旅游制度行为文化，如旅游法规、旅游习俗等旅游活动中的各种社会规范和风俗习惯；旅游观念文化，如价值观念、审美情趣、思维方式等引导、影响人们旅游活动实践的观念形态（刘卫英、王立，1998)。

（2）金字塔结构说。窦石认为，旅游文化是一个金字塔结构的文化体系。其主体应当是鲜明地反映了旅游经济和旅游活动的特殊需要部分。除主体外，旅游文化还有更宽泛的部分，它表现在一般社会文化素养的普遍提高及其与旅游活动和旅游服务体系相交错的瞬间（窦石，1986）。

（3）三体文化结构说。有的按旅游要素把旅游文化分成三个部分：旅游主体文化，包括旅游者的文化素质、兴趣爱好、性格心理、行为方式、政治主张、思想信仰、职业背景等；旅游客体文化，包括旅游历史文化、旅游建筑文化、旅游园林文化、旅游宗教文化、旅游民俗文化、旅游娱乐文化、旅游文学艺术、人文自然景观等；旅游介体文化，包括旅游餐饮文化、旅游商品文化、旅游服务文化、旅游管理文化、旅游文化教育、旅游导游文化、旅游政策法规等（卢云亭，1991）。

（4）四大要素说。邓祝仁认为旅游文化除了应包括主、媒、客三个方面文化外，还应包括人们对旅游的研究成果，如旅游心理学、旅游社会学、旅游哲学、旅游美学等。主、客、媒、研四大要素互相制约的关系构成旅游文化的整体（邓祝仁，1991）。

（5）消费—经营文化结构说。有的按旅游文化的主体把旅游文化分为两大块：旅游消费文化，包括旅游消费行为文化和旅游审美文化；旅游经营文化，包括旅游产品经营文化、旅游企业经营文化、旅游目的地经营文化（马波，1998）。

（6）线性文化结构说。有的按旅游过程把旅游文化分成旅游出发地（客源地）社会文化环境、旅游主体、旅游客体、旅游中介体、旅游目的地社会文化环境五个部分（谢贵安，1999）。

（7）综合结构说。李学江分别从旅游的历史过程、文化的空间分布、旅游者及其旅游和旅游文化各部分地位、文化的形态四个角度，把旅游文化分为古代、近现代和当代旅游文化，客源地和目的地旅游文化，旅游者文化和旅游过程中发生的文化，旅游主体和旅游客体文化，显性和隐性旅游文化诸类（李学江，2004）。该说法综合各家观点并有所发挥，可称为综合结构说。

（二）旅游文化结构诸说评析

上述诸说对分析旅游文化的结构均有一定的积极意义，但有的把物质文化纳入旅游文化之中，不够科学：在旅游学科中，旅游文化与旅游经济相对应，注定属于精神文化；有的把旅游客源地、旅游目的地文化纳入旅游文化，失之太宽：旅游客源地、旅游目的地文化早在旅游之前即已存在，旅游之前的文化岂能划入旅游文化；有的仅限于旅游消费文化和旅游经营文化，失之太窄：旅游文化不应只是旅游者与旅游经营者之间的买卖文化。由于三体文化结构说影响最大，笔者重点分析一下三体文化结构说。

三体文化之一是旅游主体文化。旅游主体文化一般认为即旅游者文化。旅游者是新生文化的创造者，也是原有文化的携带者。因此，旅游者身上至少汇集了两种高度相关又相对独立的文化：一种是旅游者以旅游活动为基础创造的新生文化，如旅游审美体验、旅游求知体验、旅游交往体验、旅游情感体验等旅游体验文化；另一种是旅游者携带的原有文化，如所属客源地的思维方式、审美情趣、价值观念等区域、民族文化等。旅游体验文化是旅游者在旅游活动中创造的，当然属于旅游文化；旅游者携带的所属客源地区域、民族文化产生于旅游之前，不属旅游文化——旅游文化无论如何不会出现在旅游之前！从两者关系的角度看，旅游者的本区域、本民族文化是旅游体验文化的背景、来源之一；旅游者的旅游体验文化是其本地、本族文化与旅游目的地特别是旅游对象“碰撞”的结果。

三体文化之二是旅游媒体文化。旅游媒体文化一般认为即旅游业文化。旅游业有广狭两义：广义旅游业是指与旅游有关的一切企业、事业、行政部门，狭义旅游业仅指其中的旅游企业。旅游业活动包括对内管理活动和对外服务、开发、宣传、调控等活动，由此形成对内的管理文化和对外的旅游服务文化、景观开发文化、旅游宣传文化等文化现象。旅游业内部管理文化以企业内部管理为基础，文化指向是企业内部的员工，没有直接介入旅游者的旅游活动，不宜划入旅游文化；旅游业对外服务、开发、宣传文化以旅游为基础，文化指向主要是旅游者，直接介入旅游者的旅游活动，属于旅游文化范畴，可称为旅游介入文化。

三体文化之三是旅游客体文化。旅游客体文化一般认为即旅游资源文化。旅游资源按其基本性质又可划分为自然旅游资源和人文旅游资源两大类。前者文化成分较少，后者文化成分最多。旅游客体文化实际上也包含两种不同的文化：旅游客体在成为旅游资源之前固有的文化和旅游客体成为旅游资源之后因旅游而产生并附加其上的文化。旅游客体这种附加文化是旅游地居民特别是旅游者、旅游业共同创造的。我们知道，不管是自然资源还是人文资源，一旦成为旅游者的造访对象，它就变成了旅游资源。如果是名人来游，可能会留下墨宝、遗迹与客体共存，为客体增辉，当地居民也会由此演绎出种种传说，附会其上；如果发展成风景名胜，旅游行政管理部门还要为其规划、定级，旅游企业则会忙着设计开发。这些文化现象固然是旅游地居民、旅游者和旅游业创造的，但一经附着于旅游客体、成为吸引后来旅游者亲临其境的旅游对象，它们也就转化成旅游客体文化不可分割的组成部分了。“固有文化”发生在旅游客体成为旅游资源之前亦即旅游活动之前，不能称为旅游文化。“附加文化”发生在旅游客体成为旅游资源之后，它因旅游而产生并指向旅游，当然属于旅游文化。

显然，三体文化有一半不是旅游文化。把三体文化当做旅游文化要素，势必把太多可以分离的非旅游文化划入旅游文化。

二、本书的旅游文化结构

剖析旅游文化的结构须明确思路。其中最重要的有两点：一是找准对象；二是选好视角。所谓对象，即研究的客体或目标；所谓视角，即研究的理论和方法。找准对象，可以一举中的；选好视角，可以事半功倍。旅游文化是一种独立现象，剖析旅游文化结构应直指旅游文化本身；旅游文化属于文化，剖析旅游文化结构的最佳视角莫过于文化学。

（一）主要旅游文化现象

首先，笔者先确定一下哪些属于旅游文化。

通过对“三体文化结构说”的分析可知：旅游者的旅游审美体验、旅游求知体验、旅游交往体验、旅游情感体验等是旅游文化，此类文化以现实旅游体验为核心，可称为旅游体验文化；旅游业中直接面对旅游活动的部分如旅游服务、景观开发、旅游宣传等文化现象也是旅游文化，它因介入旅游活动而产生，又力图影响旅游活动，可称为旅游介入文化；旅游客体中的“附加文化”也是旅游文化，由于主要是旅游者、旅游业和旅游地居民创造的，可分别归入旅游体验文化和旅游介入文化。

如果把眼界扩大到“三体文化”之外则会发现：前旅游者、准旅游者的“神游体验”、“心游体验”等虚拟旅游体验也是旅游文化。他们以既有旅游体验为基础，以旅游为对象，心（神）游而身不至，“寂然凝虑，思接千载；悄然动容，视通万里”（《文心雕龙·神思》），并视此为“游至”即游的最高境界，这在旅游文化史上占有重要地位。虚拟旅游体验与（现实）旅游体验同根同种，可归于旅游体验文化；旅游、旅游业之外的旅游研究者和旅游地居民的旅游研究、旅游传说以及新兴的“网上导游”等同样是旅游文化，他们以旅游为研究、思考、演绎对象，对旅游施加影响，可归于旅游介入文化。另外，旅游者、企业、政府、社会创造的旅游观念、旅游规范（旅游法规、旅游道德、旅游习俗）等也是旅游文化，可依据其创造主体或所属行为文化而分别归于旅游体验文化或旅游介入文化。

（二）文化学视角下的旅游文化结构

找准了研究对象，我们再用文化学的视角透视一下这些主要旅游文化现象到底拥有怎样的一般结构。

1. 两大部分（见图 1-2）

在前面对旅游文化现象的归纳过程中，我们发现，作为整体的旅游文化，从文化创造的角度看是由旅游体验文化和旅游介入文化构成的。前者包括旅游审美体验、旅游求知体验、旅游交往体验、旅游情感体验等现实体验文化及“神游体验”、“心游体验”等虚拟体验文化，规范上述体验行为的旅游法规、旅游道德、旅游习俗亦属旅游体验文化；后者包括旅游服务、景观开发、旅游宣传、旅游研究等现实介入文化和“网上导游”等虚拟介入文化，规范上述介入行为的旅游业法规、旅游业道德、旅游业标准分属上述分支文化，但多未介入旅游，很少有旅游介入文化成分（旅游介入文化不是纯粹的旅游文化，这些规范就是“杂质”的一部分。从旅游介入文化整体角度看，这些“杂质”可以忽略不计）。

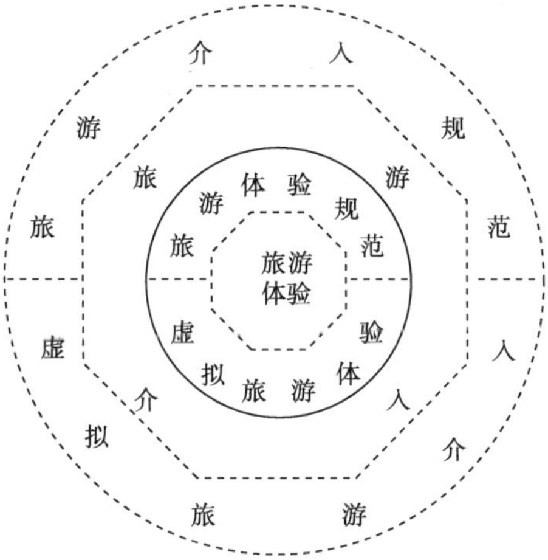

图 1-2 旅游文化构成图

说明：实线圆以内为旅游体验文化，这是旅游文化的核心，包括旅游体验、虚拟旅游体验和旅游体验规范；其中，旅游体验又是核心的核心。实线圆与虚线圆之间为旅游介入文化，这是旅游文化的边缘，包括旅游介入、虚拟旅游介入和旅游介入规范；其中，旅游介入规范又是边缘的边缘，多已溢出旅游介入文化之外。

旅游体验文化除从上述创造的角度分类外，按体验对象划分，可分为自然体验文化（如对自然景观的体验）和社会体验文化（如对人文景观的体验、对旅游服务的体验）；依据文化时代划分，可以分为古代旅游体验文化、近代旅游体验文化、现代旅游体验文化；依据文化地域划分，可以分为中国旅游体验文化、外国旅游体验文化；依据文化主体的层次划分，可以分为上层旅游体验文化、中层旅游体验文化、下层旅游体验文化；依据文化地位划分，可以分为主流旅游体验文化、非主流旅游体验文化。

旅游介入文化除从上述创造的角度分类外，按介入主体划分，可分为企业介入型（如企业的旅游服务、景观开发、旅游宣传等文化）、行政介入型（如政府的旅游法规、旅游政策、旅游规划等文化）、学界介入型（如学者旅游研究、旅游评论等文化）、旅游地居民介入型（如旅游地居民的旅游服务、旅游传说、旅游观念、旅游思想等文化）、社会介入型（如社会的旅游观念、旅游思想等文化）。

虽然旅游体验文化和旅游介入文化同为旅游文化不可或缺的重要组成部分，但两者在旅游文化中的地位并不相同——旅游体验文化是中心，旅游介入文化是外围。

从两者的形成时间上看，旅游体验文化是“大哥”，旅游介入文化是“小弟”。最早的旅游体验无疑是旅游者对旅游景观的体验。旅游者对旅游景观的体验起源于何时至今未有定论，至少其在原始社会末期就已出现。那时，旅游现象刚刚萌芽，不足以引起社会有关方面的关注，自然谈不上什么旅游介入文化，社会、政府、企业介入旅游而形成旅游介入文化已经是进入阶级社会以后的事了。

从两者的相互作用看，旅游体验文化决定旅游介入文化。旅游介入文化虽然对旅游体验文化有指导作用，但从根本上说旅游介入文化是服务于旅游体验文化的。旅游景观开发文化要以旅游者的旅游需求为指向，旅游服务文化要满足旅游者的旅游需要，旅游宣传文化要符合旅游者的体验心理。旅游体验文化不但决定旅游介入文化的产生，也决定旅游介入文化的发展。

2. 三个层面

不管是旅游体验文化还是旅游介入文化，从文化层次的角度看，它们又可以分解为旅游者或旅游介入者相应的心理、行为与成果三个层面。

心理层面包括旅游者旅游体验的需要与动机、旅游体验的心理过程、旅游体验的心理感受和旅游介入者的介入动机、介入理念、介入期望等。旅游文化的心理层面是旅游文化的核心，它决定着旅游文化行为层面的发生和面貌。一般情况下，有什么样的旅游文化心理，就有什么样的旅游文化行为。毕竟心理是行为的内因，而内因是事物变化的主要依据。

行为层面包括旅游者的食、住、行、游、购、娱等体验行为和旅游介入者的旅游服务、景观开发、旅游宣传、旅游规范、旅游研究等文化行为。旅游文化的行为层面是旅游文化心理层面的外化，属于旅游文化的中层结构。旅游文化行为除了取决于旅游文化心理外，还深受外部环境的影响，有时外部环境对旅游行为也有决定作用。

产品层面包括旅游者旅游体验和旅游介入者旅游介入的文化产品。前者如照片、音像、楹联、画卷、游记、诗赋、词曲等；后者如旅游服务（既是行为，又是产品）、旅游景观艺术、旅游行为准则、旅游宣传品、旅游研究论著、旅游传说等。旅游文化的产品层虽然大都以物化形态表现出来，但它们是旅游心态文化和旅游行为文化的凝结，在本质上仍属精神文化。旅游文化的产品层面是旅游文化心理层面和行为层面的结晶，属于旅游文化的表层结构。

从文化层次的角度分析旅游文化结构简洁明了，但不免改变旅游文化结构固有的状态，使生动的旅游文化变成单调的切片组合；从文化创造的角度分析旅游文化结构系统完整，但容易碰上“变化”的迷雾，增加旅游文化结构分析的难度。本节对旅游文化结构的分析两者并用，但更倾向后者。旅游体验文化和旅游介入文化也因此成为本书中极为重要的关键术语。

旅游体验文化和旅游介入文化既是旅游文化的两大组成部分，也是相对独立的两大系统（旅游文化的子系统）。作为系统的旅游体验文化和旅游介入文化，笔者将在第 2 章、第 3 章中分别探讨。

第 3 节　旅游文化功能的再现

功能即功用与效能。文化功能是指文化整体或文化因素对自然、人类发展所发挥的效能与作用。旅游文化是文化的一支，对自然、人类发展具有独特的功能。

分析旅游文化的功能不但有利于把握旅游文化的影响，也有利于把握旅游文化的机制。本节将在已有的研究成果上，从宏观的角度重点分析旅游文化的构成要素。

一、旅游文化功能研究的若干成果

关于旅游文化的功能，目前已有不少研究成果。

李玉华等认为：旅游文化具有传承与认知、教育与启智、交流与经济、愉悦与审美、规范与能聚等功能（李玉华，2009）。

曹诗图等认为旅游文化具有以下功能：①提高旅游主体的审美与发展能力，促进人的全面发展；②激发地方传统文化的复兴与创新，加速目的地文化的演进；③旅游文化规范、调节与制约着旅游活动；④旅游文化促进旅游地经济的发展（曹诗图、孙静，2008）。

李伟认为旅游文化功能主要包括：① 旅游文化满足了主体创造与发展的需要，同时也塑造了主体的文化人格；②凝聚主体创造精神的旅游文化作品大大丰富了文化的内容；③旅游文化加速了目的地文化的演进；④旅游文化激发了地方传统文化的复制、再造与创新，强化了对于地方文化的开发与传承；⑤旅游文化规范、控制与制约着旅游活动；⑥旅游文化的经济功能（李伟，2006）。

王雅红、何新胜认为旅游文化具有提炼自然、升华自然的功能；教化、培育的功能；调节、控制功能（王雅红、何新胜，2007）。

谢贵安等认为旅游文化具有陶铸自然、推动社会循环、陶冶社会情操等功能（谢贵安、华国梁，1999）。

上述对于旅游文化功能的研究，对加深旅游文化的认识、推动旅游文化的建设作出了重要贡献。只是上述研究多从旅游功能出发，着眼于对内功能即旅游（文化）内部诸要素的相互作用的研究，有失偏颇。研究旅游文化功能应从旅游文化自身出发，重点探讨旅游文化的对外功能，即旅游文化在自然、文化、社会、经济、人格等方面所发挥的效能和作用。只有这样才有可能全面、准确地认识旅游文化功能。

二、旅游文化功能再探

从旅游文化自身出发，旅游文化的对外功能可以概括为改塑自然、发展文化、推动社会、发展经济、陶冶人格五个方面。

（一）改塑自然

旅游文化的重要功能之一是对自然进行改塑，即通过旅游文化过程象征性地或实质性地改变、重塑自然，使自然打上人的烙印，成为“人化的自然”。旅游文化对自然的改塑主要通过诗化、史化、神化、人化等方式。

1. 诗化自然

所谓诗化自然，也就是通过精神投射或实践改造使本无情义的自然变成既有诗情又有画意的自然。当我们说自然是诗是画或如诗如画，这便是诗化自然了。“山水本是无情物”，这是人们理性思维的结晶，是真理，也是常识。但理性并不能满足人的所有需要，人除了有理智的需要外，还有情感的需要。“自然就是一首诗”，这也是人们乐于接受的。洞庭山被誉为“虽然无画都是画，不用写诗皆是诗”，莫不称妙。无情无义的自然不能给人以美感，而如诗如画的自然能给人带来美的享受。在旅游文化中，诗化自然的现象比比皆是。

对自然进行诗化的首先是旅游文学艺术。“如果说瞿塘峡像一道闸门，那么巫峡简直像江上一条迂回曲折的画廊。船随山势左一弯，右一转，每一曲，每一折，都向你展开一幅绝好的风景画。两岸山势奇绝，连绵不断，巫山十二峰，各峰有各峰的姿态，人们给它们以很高的评价和美丽命名，显然使我们的江山增加了诗意，而诗意又是变化无穷的……苍鹰在高峡上盘旋，江涛追随着山峦激荡，山影云影，日光水光，交织成一片。”这是刘白羽的《长江三日》[1]。奇妙的比喻，飞扬的激情，流动的韵律，缤纷的颜色，绚丽的文采，诗化的形象，这已经使长江化做一首绝美的诗章了！以游记形式描摹山水尚且如此诗情画意，以旅游诗（包括楹联）画形式描摹山水更不用说了：“飞流直下三千尺，疑是银河落九天”（李白《望庐山瀑布》）；“三千里外一条水，十二时中两度潮”（契盈《碧波亭联》）；“千岩万壑，恍然如行山阴道中”（北宋《宣和画谱》）。这 3 句分别是旅游诗、联、画中的山水，已然是诗画的形式、诗画的内容。有的旅游文学已被永久地镌刻在山石之上，山变成了名副其实的诗山！

如果说旅游文学艺术还是象征性地改塑自然，景观开发文化则是实质性地改塑自然了。本溪水洞原本是纯自然之物，曾为日本关东军的军火库，阴暗、神秘才是它的本色。1996 年后，经过多次规划设计，开发设计者提出了“加强乡土文化的保护与发展，深入挖掘、精选地方文化”等开发战略，有特色的景观开发文化开始形成。该文化一经作用于水洞，水洞的面貌可就焕然一新了：“千朵钟乳秀，百回波光闪。琼楼添雅兴，玉宇叹奇观。莫道瑶池

[1] 斯人．名人游记［M］．南京：江苏文艺出版社，1994：149.

美，仙境在此间。”[1] 不用说，自然的水洞已被改塑成如画的景观，人们已然沉迷于自己的艺术杰作之中了！

2. 史化自然

所谓史化自然，即赋予自然历史的意义，使自然“成为”一部史书或历史的见证人。自然有自然的历史，社会有社会的历史。自然的历史没有意识，靠时间的积累；社会的历史有其目标，靠人类的创造。不管是自然史还是社会史，都要由人来书写。人类对自己的历史是有特殊感情的，小心地书写它，不断地温习它。人类对自己历史的特殊感情不但代代相传，而且强有力地投射到自然之中，史化自然也就在所难免了。旅游文化蕴涵历史的基因，具有史化自然的功能。

我国是一个有悠久历史的国家，旅游文化中的历史情结十分浓厚，旅游文化一旦指向自然，每每发生史化自然的情形。“大江东去，浪淘尽，千古风流人物……”这是苏轼游湖北黄州赤壁（鼻）矶时写下的千古名词——《念奴娇·赤壁怀古》。词中的大江（长江）本为自然水系，并非人工运河，就其本身而言并不属于历史文化，但诗词赋予了它历史文化内涵——“江山如画，一时多少豪杰”，还让它做了三国历史的见证者：“故垒西边，人道是，三国周郎赤壁”，长江于是成为一部厚重无比的史书了。词中的赤壁，一“断崖也”，并非三国鏖兵的赤壁。该词将错就错，在这里上演了一场赤壁之战：吴军主帅周瑜刚刚迎娶美女小乔，曹操80万大军便直指江边，旌旗蔽日，战舰云集。周瑜英姿勃发，指挥若定，谈笑间，曹操的战舰便灰飞烟灭了。黄州赤壁也因此成为历史的文化景观，而不再是单纯的自然风景。

旅游文化史化自然的现象在外国也很常见。法国大文豪雨果游览过世界的许多著名大河，他在游记中写道：“每当我与这些大自然中的伟物相接触——我几乎要说是与其心心相印时，我都被深深地感动。这些大自然中的伟物在历史上也起过重大作用。”[2] 自然与历史就这样联系在一起了。莱茵河也是一条历史文化之河吗？游记说：“是的，我的朋友，这是一条高贵的河流。它目睹了封建社会、共和体制和皇家帝国。它当之无愧，既是法国的骄傲，也是德国的自豪；既是战争者，也是思想家的见证，因为它概括了整个

---

[1] 国家旅游局．走遍中国——中国优秀导游词精选（一）［M］．北京：中国旅游出版社，2001：118.

[2] 雨果等．世界名人漫游札记［M］．天津：天津社会科学院出版社，2001：107－115.

欧洲历史的两大面貌。”“最后要说的是，莱茵河，天意之江，似乎也是一个具有象征意义的江；在它的歧道上、流域中和它所通过的地方，可以说，它都是文明的象征。”由此可见，史化自然可算是一个典型了。

3. 神化自然

所谓神化自然，即通过观念或行为赋予自然某种神灵，使之更加神秘、更具魅力。人是自然之子，然而人类对自然这位伟大的母亲知之甚少，既热爱，又敬畏，于是出现了种种神化现象，造成山水各有神主、草木亦有神灵的局面。随着社会的进步，大自然的神秘色彩逐渐消退，而造神运动却从未停止。在神化自然方面，旅游文化功莫大焉，景观开发文化和旅游神话传说的贡献尤其突出。

名山位于长江北岸重庆丰都县城东北，古名平都山，林木幽胜，风景如画。相传汉代方士阴长生、王方平曾在平都山修炼成仙，道家遂于此山设天师，并将其列为“三十六洞天，七十二福地”之一。到了唐代，人们误将阴、王二人合为一人，称“阴王”，后来再讹传为“阴间之王”。既有“阴王”，阴曹地府等建筑、传说也就相应而生，平都山及丰都县城成了阴森可怖的“鬼城”。唐代至近代，景观设计开发者在名山山麓和山上先后建起了玉泉殿、牛王殿、天子殿、大雄殿、阴阳界、鬼门关、地藏殿、十五殿等70多座大小道观及殿宇，名山已然成为鬼府幽都而非自然景观。1982年以来，丰都政府陆续将名山上的主要建筑修葺一新，鬼府气势更加宏大。其后又规划设计了鬼国神宫、阴司街、天堂仙境三大工程，其中，鬼国神宫为全国最大的民俗文化动态人文景观，天堂仙境将建成名山标志性建筑。目前，丰都县正斥资2.3亿元对鬼城进行全新规划包装，准备将天堂仙境的玉皇大帝改建成世界最大的阎王。到那时，整个一座名山恐怕要变成一座阎王殿了。

旅游文化不但通过景观设计开发神化自然，还通过旅游神话传说神化自然。旅游神话传说主要是景观设计开发者和旅游地居民创造的，属于旅游介入文化。为了吸引旅游者，景观设计开发者在设计开发旅游景观的过程中，常常改造已有的神话传说，甚至编造新的神话传说，这些神话传说有不少起到了神化自然的作用。黄山原名黟山，传说黄帝带着术士容成子和仙人浮丘公到这里游玩，发现这里有仙气，是炼神丹妙药的好地方，于是就住在山上炼起丹来，最后得道升天。唐天宝六载（747年），唐玄宗根据上述传说，改其名为黄山。景观开发者在此基础上添枝加叶，使原本神化的黄山更加神化了。旅游地居民通过神化传说神化自然的例子以秦岭太白峰泼墨崖的来历最为典型。泼墨崖有石斑如墨，本为天成，当地居民却传说石崖本非墨色，大诗人李白游此，见景色绝佳，诗兴大发又一时词穷，遂恼羞成怒将笔墨掷向悬崖，泼墨崖由此形成。常见的自然现象就这样被神化了。旅游地居民创造的旅游神话传说往往比景观设计开发者创造的神话传说更自然、更持久，也更有魅力。毕竟它经过了时间的陈酿，属于真正的民俗文化。

在西方的旅游文化中，神化自然更是习以为常。游记中的自然差不多都是充满神灵的，不必列举。这与西方信仰上帝有关。在西方人看来，上帝是造物主，一切万物都是上帝创造的，大自然充满神灵是上帝无所不在的表现，再自然不过了。所以，西方旅游文化对自然的神化是信仰的流露，广泛而不刻意，功利性不如中国强烈。在各种神化自然的力量中，西方旅游文化不过是小小的一支，这是中西旅游文化神化自然的一个重要区别。

4. 人化自然

人化自然，一般是指自然的人文化过程，这是广义。从这个层面看，前述诗化自然、史化自然、神化自然都属人化自然。狭义的人化自然则指自然的人格化，即通过拟人的方式，使自然具有人的属性。如前所述，人是自然之子，对自然既敬畏，又热爱。敬畏时敬若神明，热爱时引为同类。于是，其在神化自然的同时，又赋予了自然人的美德、人的情感、人的性格。在人化自然方面，旅游文化具有独特功能。

中国强调天人合一，中国旅游文化尤重人化自然。

儒家旅游思想有一个十分重要的论题，叫做“比德山水”，即以山水之德喻君子之德。山水本是自然物，并无德性可言，怎么“比”呢？这只能是先赋予山水人的美德。孔子说：“仁者乐山，智者乐水。”讲到原因，一般解释说：山坚实稳定，具有仁者“静”的情操；水流转不息，具有智者“动”的品质。显然，这里的山水已经是人化（具体说是道德化）的山水了。唐代游记《燕喜亭记》可算是通过“比德山水”德化自然的典型：太原王弘中等新辟景点，韩愈为之命名，丘曰“竢德”，谷曰“谦受”，瀑曰“振鹭”，洞曰“寒居”，池曰“君子”，泉曰“天泽”，亭曰“燕喜”，皆取义于忠、孝、仁、义之类，自然景点几乎成了道德圣地。

如果说旅游文化中的“比德山水”仅赋予了山水人的道德，旅游文化中的“性情自然”则赋予了自然人的性格和情感。“简文（帝）入华林园，顾谓左右曰：‘会心处不必在远，翳然林水，便自有濠濮间想也。觉鸟兽禽鱼自来亲人。’”（《世说新语·言语篇》）在晋简文帝司马昱的旅游体验里，不但有庄子濠梁赏鱼和濮水钓鱼的乐趣，更有鸟兽禽鱼亲近人类的感觉。简文帝的“性情自然观”对后世旅游文化影响很大，南朝刘勰的“登山则情满于山，观海则意溢于海”、唐朝李白的“相看两不厌，只有敬亭山”、北宋辛弃疾的“我见青山多妩媚，料青山见我应如是”、南宋林逋的“梅妻鹤子”、明代文学家袁宏道的“妻山侣石”等都由此一脉相承而来。通过“性情自然”观，中国人的性情被广泛地投射到自然万物之中，自然万物也由此获得了人的性情甚至与人无异：“我辈看名山，如看美人。颦笑不同情，修约不同体，坐卧徙倚不同境，其状千变。”（黄贞父《姚元素黄山记引》）

西方强调天人相分，但其旅游文化中人化自然的现象也很普遍。在旅游景观设计中，不少动物经过童话式的或动漫式的处理，除了躯壳外，与人无异。这一点与中国没什么区别。但在旅游文学中，其对自然的人化远不如中国严重。

“我连忙收拾行装，准备攀登矗立在眼前的险峰。可脑中冒出的一个念头却令我踌躇难行……我依稀觉得，我在绿野仙境受到了慷慨、及时的款待。空气鲜澄，溪水清冽，黎明召唤我驻足片刻、欣赏美景，且不说斑斓绚丽的夜空、秀色可餐的幽谷。受到如此盛情的款待，我觉得自己欠下了谁的一笔人情债。”❶ 这是英国斯蒂文森著名游记《夜宿松林》中的自然。在这里，大自然成了热情好客的主人，“慷慨”“款待”“召唤”了作者，让作者踌躇难行；但也仅此而已，作者并没有赋予大自然更多的人的色彩，其对自然的人化还停留在最一般的修辞层面。

“当我们归去时，这无常的仙境就完全变了。那些原来在轻盈的阳伞下面笑靥迎人的松树，顿时变得粗野起来，发出一连串呼啸、蠢笨的哀号。这些矮小的灌木，早间还曾温雅地邀请披着洁白衣裳的仕女暂时留步，采撷些浆果或花枝，现在它们的矮树丛中仿佛隐藏着不知什么灾祸、强盗还是女巫。”❷这是法国米什莱著名游记《枫丹白露森林》中的自然。在这里，大自然成了喜怒无常的主人，刚刚还“笑靥迎人”、“邀请披着洁白衣裳的仕女暂时留步，采撷些浆果或花枝”，转眼间就“变得粗野起来”，仿佛暗藏凶险；但也仅此而已，其对自然的人化同样停留在最一般的修辞层面。

（二）发展文化

旅游文化不但具有改塑自然的功能，还具有发展文化的功能。促进文化

---

❶ 雨果等．世界名人漫游札记［M］．天津：天津社会科学院出版社，2001：277.

❷ 雨果等．世界名人漫游札记［M］．天津：天津社会科学院出版社，2001：319.

交流、加速文化融合、保持文化传承、推进文化转型是其发展文化功能的主要表现。

1. 促进文化交流

旅游文化具有文化交流功能，它能够消除由于长期隔绝而造成的偏见和误解，加强各国人民的相互了解、友好往来，有力地促进各国之间的文化交流。旅游文化在多种文化中间的媒介作用，从历代著名游记的文化传播功能中便可看得一清二楚。

《苏莱曼东游记》是世界旅游文化的一部名著，书中记载了9世纪中叶阿拉伯著名旅行家苏莱曼从波斯湾游历印度、中国的所见所闻。《苏莱曼东游记》内容极为丰富，书中不但介绍了中印各地的物产、商品的价值、货币、管理商业的法令条例、订立契约的条件、经济机构与行政机构的情况，还记录了从出发地到目的地的旅程。书中关于中国的部分篇幅较大，记载较详。书中提到了中国大船的交税情况，记述了中国茶、中国瓷器和中国政府对待外来商人、外来宗教的态度，对黄巢起义军进攻广州、攻占长安也有较详细的记载。《苏莱曼东游记》的材料大多源于苏莱曼的亲身见闻，具有很大的真实性。中国、印度文化因此书得以大量流传到阿拉伯世界。该书比《马可·波罗游记》早4个半世纪，是现存最古老的由外国人写下的中国游记，在古代中外文化史上具有特殊地位。

除苏莱曼的《苏莱曼东游记》外，马可·波罗的《马可·波罗游记》、阿拉伯旅行家马苏第的《黄金草原》、伊本·白图泰的《亚非游记》、英国探险家阿特金逊的《欧亚纪行》、罗伯特·拜伦的《穿行内陆亚洲》、俄国旅行家冈察洛夫的《冈察洛夫环球游记》等均在东西方文化的交流史上起过重要的作用。

成书于战国时期的《穆天子传》是中国最早的著名游记，对中国了解西域文化作出过重要贡献。《穆天子传》主要记载了周穆王率领七萃之士，驾上赤骥、盗骊、白义、踰轮、山子、渠黄、骅騮、绿耳等骏马，由造父赶车、伯夭向导，从宗周（洛邑，今河南洛阳）出发，越过漳水，经河宗、阳纡之山、群玉山等地，至西王母之邦，和西王母宴饮酬酢的神话故事。穆王的西行路线当是从洛邑出发，北行越太行山，经由河套，然后折而向西，穿越今甘肃、青海、新疆，到达帕米尔地区（西王母之邦）。对于西域的山川地理、民俗风情、人物传说，对于西域各族的分布、迁徙、交往，该书不仅记载详细，而且多翔实可考。此前中原人的西部视野不过局限于葱岭，就是对于今天的新疆也知之不多，《穆天子传》不但带回了很多中原人闻所未闻的西域文化，还把他们的眼界扩展到了西亚。该书在当时广为流行，有力地推动了中西文化交流。此后，张骞通西域走的基本上就是周穆王的路线，闻名于世的丝绸之路也由此开通。

游记对于中国人了解西方文化的贡献当然不局限于《穆天子传》。元代李长志的《长春真人西游记》、王韬的《漫游随录》、康有为的《欧洲十一国游记二种》、梁启超的《新大陆游记》及其他都是中国人了解西方的必读书目。

当然，旅游文化对文化交流的促进绝不局限于游记一途。旅游介入文化对文化交流也有不同程度的促进作用。其中，旅游宣传对促进文化交流的贡献尤多。旅游宣传是旅游企业为了树立形象、开拓客源、吸引消费、提高效益而进行的各种信息传播和情报沟通活动。其手段主要有图文、音像、广告、展销等。通过旅游宣传，目的地的文化源源不断地传到了客源地，使客源地居民对目的地的文化有了广泛的了解；同时也吸引了大量的旅游者蜂拥而至，把他们的文化输往目的地。

2. 加速文化融合

旅游文化本身就是一个文化熔炉，不断地融合各种文化，壮大自己；它还是一种文化溶剂，促进不同文化间的融合。文化的交融过程实际上是不同文化的交流过程。在文化的交流过程中，旅游文化因其特有的“公共性”，比较容易发挥桥梁和调节作用，减少文化的冲撞和对抗，使不同文化和谐相融。

当两地文化因某种机缘相遇的时候，相互排斥、相互冲突是不可避免的。旅游体验文化是旅游者本族本地文化与旅游目的地特别是旅游对象“碰撞”的结果，其中既有客源地文化的基因，又有目的地文化的元素。如果相遇的两地文化恰恰是旅游客源地文化和旅游目的地文化，旅游体验文化就能促进两者的融合。中西文化的大规模交流是从近代开始的，其间经历了由全面冲突到局部融合的过程。对于从全面冲突到局部融合，中国旅游者对西方文化的体验产品——旅游文学功不可没。面对西方高度发达的物质文明以及明显不同于中土的政治体制与社会风尚，来自封闭帝国的中国近代旅游者，即使最为保守者，也不能不发生强烈的心灵震撼。当他们以古老的游记体裁或简或详地记录其所观所感时，就注定了这些旅外游记必然要承负起历史反思与文化交流的重要使命，成为国人走向世界、接受近代文明的重要通道。

旅游服务文化是旅游介入文化的核心，在加速文化融合方面作用巨大。旅游服务文化本来具有很强的地域性和民族性，最初的服务人员、服务设施均以本地域、本民族为主，服务行为不能不带有深深的地域、民族文化烙印。随着服务标准划时代的到来，旅游服务越来越与世界接轨，旅游服务文化也越来越趋同化。旅游服务文化从地域民族性发展到世界性，这意味着什么？从文化的角度看，这意味着不同地域、不同民族的文化已经通过旅游服务这条渠道或桥梁局部地融合到一起了，就像旅游体验文化融合客源地与目的地文化一样。旅游服务文化一旦形成，更加速了不同文化的融合：它一方面要以自己的文化魅力吸引不同文化背景的旅游者；另一方面还要向这些不同文化背景的旅游者推介本地区、本民族的文化，当这些不同文化发生冲突的时候，旅游服务文化居中调解，使之和谐相处，进而局部融合。

旅游研究文化是旅游文化的重要组成部分，在加速文化融合方面有其独特的作用。旅游研究是一个严谨的思维过程，研究主体有地域、民族之分，因而旅游研究不能不带上地域、民族文化色彩——价值取向和思维方式以我为主；但这种差异并不影响旅游研究取人之长、补己之短。当我们看到一篇（部）价值取向和思维方式与己不同的论著时，如果认为可取，也会仿而效之。不同的文化就这样不知不觉地被融合起来。不同文化通过旅游研究融合在一起，这在强调学术研究与国际（实际是西方）接轨的今天尤为突出：旅游研究中西文引用得越多，人类学、社会学、现象学、跨文化传播学、量化研究、实证分析等西人偏爱的手段使用得越多，则越受国人欢迎。哪怕是纯属炒西人冷饭也趋之若鹜，殊不知西方的旅游研究并不比中国更发达！当我们的祖先大谈“游道”的时候，西方人连旅游和旅行都不分，只能谈论旅行的利弊；当我们已初步建立起旅游学理论体系的时候，西方的旅游研究仍专注于对旅游个案的实证分析而缺乏对旅游整体的理论思考。然而西方文化的分析思维方式和实用价值取向还是通过旅游研究成为我们旅游学界的主要思维方式和价值取向了。

3. 保持文化传承

旅游文化本身包含各种人类文化信息，旅游文化自身的传承也使得人类文化得以传承。游记在文化传承中的作用就说明了这一点。

《黄金草原》（全名为《黄金草原和宝石矿藏》）是世界旅游文化的一部名著，书中记载了 9 世纪中叶阿拉伯著名旅行家马苏第游历南亚与北非的所见所闻。该书旁征博引，写作资料来源广泛，有希伯来的《圣经》、古代的传说、波斯的古史、伊斯兰教的《古兰经》和阿拉伯前辈历史学家如瓦基迪、麦格底西、伊本·希沙姆、泰伯里等人的著作。从这个意义上讲，《黄金草原》又是一座文化典籍的宝库。这些珍贵的历史文化遗产由于历次战争的浩劫大多已化为灰烬，幸赖《黄金草原》得以局部保存。而今，《黄金草原》也已残缺不全，其所传承的文化遗产更是所剩无几了。

游记传承文化，这在一向重视文化传承的中国表现得尤为突出。游记不仅是一个文学文本，同时也是一个文化文本。中国游记不但包含了哲学、政治、宗教、道德、民俗等各种不同指向，而且蕴涵了中国文化精神与内核。苏轼的《赤壁赋》可为代表。其中既有“浩浩乎如冯虚御风，而不知其所止；飘飘乎如遗世独立，羽化而登仙”的道教幻想，又有“方其（指曹操）破荆州，下江陵，顺流而东也，舳舻千里，旌旗蔽空，酾酒临江，横槊赋诗，固一世之雄也”的政治评论；既有“自其变者而观之，则天地曾不能一瞬；自其不变者而观之，则物与我皆无尽也”的哲学思考，更有“天地之间，物各有主，苟非吾之所有，虽一毫而莫取”的民族精神。当历代游记作家将其山水情怀与社会洞见连同共有的中国文化情结凝聚于游记作品之中的时候，一部游记文学的文学史也就构成了一部形象而丰富的中国文化史。中国文化的时代特色如魏晋玄学、隋唐佛教、宋明理学、清代实学，在相应时期的游记文学中都有充分体现。在近代与现代的文化转型中，游记甚至担当了文化守护与启蒙的使命。通过近现代游记的独特窗口，我们可以形象地看到西方文化的迅猛东进与中国文化的艰难进展。可以说，没有游记这个载体，中国文化的传承途径也不会这样宽广。

4. 推进文化转型

保持文化传统是从文化稳定的角度说的。稳定是文化发展的环节，转型则是文化发展的表征。旅游文化不但保持了文化传统，也推进了文化整体转型。

在西方的文化思想史上，旅游体验作为知识文化结构的组成部分，很早就受到了高度的重视。数学家毕达哥拉斯（约公元前580～前500年）为了丰富自己的文化知识，曾在阿拉伯、叙利亚、腓尼基、迦勒底、印度和高卢等地旅游30年；出于同样的目的，哲学家柏拉图（公元前427～前347年）曾游历埃及和小亚细亚，访问过意大利，拜访过毕达哥拉斯学派信徒。借助于丰富的旅游经验，古希腊建立了影响深远的文化知识体系。中世纪后期，旅游活动有所恢复，旅游所形成的经验知识如《马可·波罗游记》等被系统搜集并自由讨论，旅游经验成为冲破神学统治的锐利武器，欧洲中世纪文化由封闭重新走向开放。降及近代，旅游经验的提升成为科学研究的基本要求，它不仅贯穿于科学考察之中，而且贯穿于科学实验之中。科学、理性的西方近代文化形成了。可以说，在西方文化转型过程中，旅游体验自始至终都扮演着一个重要的角色。郭少棠先生有言，“通过内向性认证而导致的西方文化转型，其主要动力乃是行游活动带来的”（郭少棠，2005）。这里的行游活动，主要是指旅游体验文化。

在中国文化思想史上，旅游体验文化对中国文化的转型同样居功甚伟。《漫游随录》是王韬1867年同理雅各旅欧两年多的见闻结晶。游记认识到西人重实学、中国人尚文章的不同价值取向；勇于承认西方文化比中国文化进步得多；主张中西文化相互沟通、融合。王韬旅外游记已经突破了前代以及同辈中所谓“夷夏之辩”、“体用”或“道器”之争的局限，闪烁着一种超越时代的文化启蒙之光。《新大陆游记》是梁启超的旅美游记，该书充分肯定了美国资本主义发展所取得的巨大成就和进步，讴歌了美国的民主制度和价值观念，检讨了中国文化的不足，鲜明地反映了作者观察美国的独特视角和对美国的深刻认识，它既是维新派代表人物政治观念的散射，又为当时的中国人认识和借鉴美国提供了宝贵的第一手材料。《饿乡纪程》和《赤都心史》是瞿秋白（1899～1935年）1920年秋赴苏考察时写成的两本游记。游记首次用文艺形式描述了第一个社会主义国家的情况，真实地勾画出十月革命后苏联那种“红光烛天”、“赤潮澎湃”的图景，热情赞颂和讴歌了“无产阶级创业的艰辛”及人民掌握历史命运的伟力。当时马克思主义刚刚传到中国，国内各种思潮风起云涌，游记以其饱满的热情和深邃的思想吸引了大批读者投身到革命的阵营中来，从事马克思主义的研究与宣传工作，有力推动了中国文化向红色文化的转变。可以毫不夸张地说，在中国近代文化的转型过程中，中国近代海外游记起到了先导作用。

（三）推动社会

旅游文化不但能够促进文化交流，还能够改变社会观念，导致社会流动，引发社会变迁，重新整合社会，推动社会的进步与繁荣。

1. 改变社会观念

社会观念亦即人们在长期的社会实践基础上形成的思想意识。社会观念具有极强的稳定性，对社会的发展有强大的推动或牵制作用。社会观念的转变需要多种推力的综合运作，旅游文化即是其中的推力之一。

整个中世纪，欧洲人都以为基督教会和神圣罗马帝国是全世界性的，只有西欧文明才是文明，罗马帝国以外就只不过是些微贱的野蛮部族罢了。旅游文化名著《马可·波罗游记》一出，一个非基督教世界的高度发达的中国文明摆在了欧洲人的面前，这自然引起了人们的震撼和思索，欧洲思维活跃的开明人士的思想得到进一步解放，眼光狭隘的保守人士也得到了不同程度的启蒙，流行已久的“欧洲中心”和“基督教文明至上”等偏见从此产生动摇，14世纪和15世纪的社会观念为之一变。16～18世纪，欧洲曾掀起了要不要旅行的跨世纪大讨论。“肯定派”认为，旅行能增加知识、增进人们对事物的了解，旅游对文化素养的形成是必不可少的，到其他国家旅行显然对双方都有极大好处；如果不旅行，我们将会渐渐变成野蛮人。“否定派”认为，年轻人到了意大利无非是吃喝玩乐，有的还去寻花问柳，弄得不好则又伤财，又伤身；由于各国间已有书籍流通，旅行实无必要。讨论的结果是“肯定派”占了上风，人们的观念为之一变，越来越多的人加入旅游者的行列中来。

旅游文化在改变中国社会观念方面同样有推动之功。中国近代海外游记对中国近代社会观念的改变就是一例。林鍼（1824～?）的《西海纪游草》是近代中国第一部描写域外世界的诗作。作者在赞扬美国物质文明的同时，对美国的社会现象多有批评，这种物质与精神文明褒贬鲜明的二分法在近代相当长的时期内一直主导着国人的思想。康有为《意大利游记》初版于光绪三十一年（1905年），记述的是他于1904年5月2～14日在意大利短暂逗留的所见所闻。这部游记以议论见长，他充分运用过去间接得到和直接得到的史地知识，纵横捭阖地畅论中西政俗，继续鼓吹变法主张，又着重不改保皇的底牌。一些思想犹豫的人受此影响，很快转变观念，投入康有为的保皇阵营，鼓噪君主立宪，从而掀起了一股强大的保皇思潮。

2. 导致社会流动

社会流动是指人们在社会关系空间或地理空间从一个位置向另一个位置的移动。社会流动是社会生存和发展的前提和条件，如果社会内部不流动，它就将成为一具僵尸。旅游文化对社会流动起到了巨大的作用。

首先，旅游文化推动了旅游者的流动。

旅游者的流动有多种原因，旅游资源的吸引力即是其一。旅游文化不同于旅游资源，但它可以转化为旅游资源，增强旅游资源的吸引力。景观创意、旅游传说、旅游文学等都是旅游文化，一旦转化为旅游资源，会直接提高景观的吸引指数。元和四年即809年9月28日，柳宗元在闲坐中遥望西山，被它的风姿迷住了。于是他派出仆人渡江过溪，在草木间辟出一条山路，一起登上了山顶，随后又发现美景多处。这些美景大多未经修整，甚至连名字也没有，更不用说游踪了。柳宗元对这些美景进行了规划设计，拔除野草，伐去坏木，造了高台，装了栏槛，再把泉水延伸到高处，形成了悬流；其还为它们起了名字，并写了《永州八记》以记其事。五代两宋以来，根据《永州八记》前往寻幽探胜者史不绝书。湖南的岳阳楼原本名气并不大，不过是地方长官张说公事之余宴请文士的一个所在。传说宋代名臣范仲淹游览到此，当场命笔，写下《岳阳楼记》。有人考证，范仲淹并未到过岳阳楼。然而就是这个旅游传说，再加上孟浩然的“气蒸云梦泽，波撼岳阳城”和杜甫的“吴楚东南坼，乾坤日夜浮”名句，岳阳楼名声大振，慕名游览者络绎不绝。

作为旅游文化的旅游宣传和旅游服务也是推动旅游者流动的重要力量。如前所述，旅游宣传是旅游企业为了树立形象、开拓客源、吸引消费、提高效益而进行的各种信息传播和情报沟通活动。其手段主要有图文、音像、广告、展销等。旅游宣传对旅游流动的影响非常之大。据1980年资料统计，美国旅游业花在英国的宣传费年平均220万美元，平均每年吸引英国旅客220万人。也就是说，平均1美元至少能启动1位潜在旅游者的旅游动机，影响力度可见一斑。旅游服务文化本身对旅游流动的作用也很大。旅游服务周到、文化品位高，旅游者就会如浴春风、源源不断；旅游服务质量低下、文化品位不高，旅游者就会如遇债主、望风而逃。

其次，旅游文化推动了非旅游者的流动。

旅行家哥伦布是在15世纪加入由航海探险引领的世界循环大流动的。他的加入就深受旅游文化名著《马可·波罗游记》的影响。哥伦布喜读马氏游记，这从今天藏在西班牙塞维尔市哥伦布图书馆中的一册《马可·波罗游记》中可以看出来。该书为拉丁译本，书边的空白处留下了哥伦布的很多注解。在该书的吸引下，哥伦布决定到“富庶的东方”实现他的“财富梦”。他对西班牙国王说：“无论如何，我是要去大陆的。我要到杭州去把陛下的国书呈给大汗，并取得复书回家。”[1] 在西班牙国王的支持下，他先后4次率船队出海远航，发现了美洲，并误以为是亚洲大陆。

其实，受《马可·波罗游记》影响而参与世界循环大流动的岂止哥伦布，其他探险家、航海家有之，他们欲寻求新航路，以窥探东方的古老文明；基督教士有之，他们想到异教异地去传播基督教义；早期殖民者有之，他们野心勃勃，想以“火”和“剑”趁机掠夺东方世界的黄金和财宝。于是，善恶

---

[1] 中国国际文化书院．中西文化交流先驱——马可·波罗［M］．北京：商务印书馆，1995：325.

兼及的欧洲人因向往而奔赴东方世界，世界出现了前所未有的人口大流动。这使西方更进一步地加入国际大流动之中，并进而使西方成为国际大流动的中心地带，而其他地区则成为这一中心的边缘。

3. 引发社会变迁

在社会学中，社会变迁有广狭两义。广义的社会变迁泛指一切社会现象的变化，包括前述的社会观念的改变、社会人员的流动；狭义的社会变迁特指社会结构的变动，包括社会结构的局部变化和整体转型。旅游文化不但会改变社会观念、导致社会流动，其严重者还能引发社会结构的变化亦即狭义的社会变迁。

在旅游文化中，旅游体验文化对社会变迁的作用最大。有人说，旅游艺术的感受是根据旅游者原有文化溢出的元素予以排列的，而不是以目的地文化原有的品类进行排列的。话说得虽有些绝对，基本上还是正确的。通过对旅游体验文化的分析我们可以看到，全部旅游体验的视角都是旅游者方面的，而且基于旅游者自己的文化趣味。在这种情况下，目的地变成了商品琳琅满目的市场，任由旅游者挑三拣四、品头论足，一个特殊阶层——旅游从业人员也应运而生了。为了获取经济利益，目的地不得不尽量投其所好，不惜将自己的所有肢解出售，从年轻漂亮的空中小姐到卑躬屈膝的服务小生，从稀奇古怪的旅游纪念品到耸人视听的民俗舞蹈，处处都渗透着强烈的殖民地心态。当旅游者的旅游体验获得满足的时候，旅游地的社会结构却开始悄悄地发生了改变。

旅游体验文化对社会变迁的作用在很大程度上是借助于旅游介入文化发挥出来的。有激烈的抨击指出，贯穿于现代旅游中的商品化的服务交易严重扰乱了传统的亲善待客之道；历史悠久的土著的美术工艺，由于采用了工业生产流程和市民阶层的美学趣味而遭到破坏；地道的民族食品为了迁就不同游客的胃口和国际卫生标准而蜕变成“游客餐”、“国际餐”；至于某些游客需要的淫乐服务，更是对旅游地区居民道德的严重破坏和对其妇女人权的肆意践踏。旅游业的标准化、集中化和理性化的管理作风，使旅游景点越来越像老家一样；旅游书籍、广告宣传和电视节目的事先演习，加上旅游经验的严格品质管理，也令异域之旅不再向旅游者提供惊喜。[1] 在这一抨击里，旅游介入文化简直就是旅游地社会倒退的元凶。

---

[1] 陈云．旅游陷落了，文化来救赎？[J]．明报月刊，2000（6）：19.

当然，事情也还有另外一面。过分强调旅游文化对旅游地社会变迁的负面影响可能并不完全正确。旅游文化对旅游地社会变迁的积极影响也是存在的。有学者在对四川九寨沟的旅游研究中发现，原本是在旅游活动中出现的某种藏族民俗的模拟活动，经旅游活动的不断再现，竟然复苏成为当地藏族社会生活的组成部分。由于当地藏族已经汉化很深，这些民俗的恢复显然有助于他们完善自己的社会结构。与此类似，德国慕尼黑本来是不折不扣的移民城市，在旅游文化的推动下，如今的慕尼黑比其他德国老城更具有巴伐利亚的古风，连德国人都相信它是德国文化的“秘密首都”。

旅游文化对社会变迁的影响相当复杂，其影响程度及后果还有待于进一步的评估。

（四）发展经济

从总体上看，旅游文化是一种非功利性文化，但旅游文化的非功利性并不能否定其有功利性和实用性的一面，其在发展经济方面的作用非常突出。随着旅游业的广泛开展，旅游文化对经济增长的贡献越来越大，旅游文化促进经济递增也渐成共识。旅游文化的经济功能具体表现在以下几个方面。

1. 刺激旅游消费

旅游文化对于消费的促进作用首先体现在旅游介入文化中，旅游介入文化能够吸引潜在旅游者加入旅游活动，增加消费量，吸引现实旅游者提高消费档次，扩大消费规模。旅游业的主体是旅游业经营者，从业者的旅游职业道德、旅游服务观念及景观开发理念、旅游宣传艺术等文化素质越优秀，旅游者的文化需求和审美情趣就越会得到满足，而精神上的享受、心理上的愉悦必然会强化消费欲望，从而实现消费行为。在旅游活动中，我们常见到如下一些情况：有些旅客对某些景点非常感兴趣，有些旅客非常乐意选住某一饭店，某些旅客特别喜欢接受某一旅行社的服务。这是为什么呢？是其与该景点、饭店、旅行社熟悉吗？都不是。人们的回答大都是景点别致；饭店饭菜可口；旅行社守信用，宣传到位，项目设计合理，特别是服务人员工作热情、主动周到、有礼貌、肯为旅客排忧解难，服务质量高。在实际旅游活动中，我们还可看到另外一种情况：服务人员服务态度低劣，对旅客不尊重，不一视同仁，甚至冷嘲热讽，挖苦斥责，出难题，设障碍。这使得旅客心灰意冷，或望而却步，或另寻去处。良好的服务犹如黏合剂，会使旅客和服务员更加亲近；又像催化剂，会促使旅客加快实现由消费动机向消费行为的转化；还像磁石吸铁，会吸引旅客再次惠顾。

旅游体验文化也有刺激消费的作用。旅游体验文化是旅游吸引物之一，吸引潜在旅游者转化为现实旅游者而投入消费。以旅游体验经历而论，旅游者获得满足的旅游体验不但会激励自己再次旅游消费，还会把自己的满意经历告诉亲戚朋友，鼓励他们旅游消费。一般来说，一个旅游经历满意者会把自己的满意经历告诉三个人，受此鼓励，这三个人中总会有人外出旅游消费。没有旅游消费的人，其旅游消费动机可能也被激发了，只要条件成熟，他还是要旅游消费的。以旅游体验产品而论，旅游体验文化产品如旅游文学、旅游艺术等，或因对某一旅游景点的描述生动而起到旅游宣传品的作用，或因附着于旅游资源之上而成为极具吸引力的旅游资源的一部分，从而吸引大批潜在旅游者转化为现实旅游者，加入旅游消费行列。庐山的香炉瀑布在中国瀑布中并不算有特色，然而李白的一首《望庐山瀑布》使其声名大噪，吸引了众多旅游者前来观赏。宜昌的三游洞在白居易、白行简和元稹 3 人到来之前至少沉寂了 1 万多年，一经 3 人游洞题词，便吸引了无数旅游者前来参观！而带足旅游费用、以余秋雨的《文化苦旅》为向导者，更是大有人在。

2. 增加旅游地的经济收入

旅游文化不但会刺激旅游消费，还会增加旅游地的经济收入。旅游服务文化与景观开发文化主要是作为商品来出售的——旅游者享受旅游服务文化需要以付费的方式进行购买，到目的地参观游览旅游景观文化需要以购买门票的方式支付价款。旅游宣传和旅游研究、旅游体验虽然不能作为商品卖给旅游者，但在“诱使”旅游者慷慨解囊方面无孔不入。在旅游文化的刺激下，旅游者四处撒钱，而掏出的钱大部分落入了旅游地特别是旅游地的旅游业之手，从而为旅游地增加了经济收入。旅游介入越适当，旅游体验越满意，旅游者也就越愿意掏钱，旅游地的经济收入也就越高。

当然，也有人一方面为旅游文化所吸引；另一方面又想减少甚至摆脱对旅游业的依赖，多旅游而少掏钱，甚至只旅游而不掏钱。大量的背包旅游者就属此类：他们有的自带帐篷睡袋，自备餐具食粮，徒步或自备车辆，为旅游文化而来，却不想为旅游地增加旅游收入。尽管如此，他们多少还是要为旅游地增加点儿收入——门票钱总是要掏吧。现在的旅游者不同于古代旅游者，免费的旅游景点实在是少得可怜，想只旅游不掏钱，没门儿！过去说“天下名山僧占多”，现在是天下名胜旅游业占多，连僧、道都在旅游业掌控之中。以前是旅游业跟着旅游者走，现在相反了，旅游者还没到，旅游业已经在前面等候很久了！

旅游文化刺激下的跨国旅游具有增加旅游地经济收入的巨大能量，外国游客入境旅游既要进行商品消费，又要求提供劳务服务，时间长，档次高，所费不赀。接待国就是用消费商品和为旅游者服务来换取外汇的。开发旅游文化资源、发展跨国旅游是增加国家外汇收入的重要途径。

3. 扩大旅游业产品的生产

旅游业产品包括已开发的旅游景观、旅游设施、旅游服务等。这些产品生产的扩大离不开旅游文化的推动。其中，旅游文化心理是扩大旅游业产品生产的原动力，旅游文化行为是扩大旅游业产品生产的直接动力。从旅游体验文化角度看，随着旅游体验心理和行为的复杂化和多样化，现有的旅游业产品已不能满足旅游者不断扩大的精神和物质需求，这必然要求旅游业不断扩大其产品的生产；从旅游介入文化的角度看，不管是为了满足旅游者的文化需要还是自身的文化需求，同样要求旅游业扩大其产品的生产。旅游景观人满为患，旅游文化便要求拓宽范围、增加景点，旅游景观由此扩大；旅游设施供应能力不足，旅游文化便要求进一步增建和扩建，旅游设施也因此大大增加；旅游服务接待能力不足，旅游文化便要求补充服务队伍、增加服务项目，作为无形产品的旅游服务也因此得以扩大生产。一些风景名胜区中的景观、设施和服务就是这样由小到大、由少到多、由单一到综合而逐步发展起来的。

旅游文化不仅以心理、行为的形式扩大了旅游业产品的生产，还以旅游资源的形式为旅游业提供了加工原料，从而扩大了旅游业产品的生产。我们不止一次提到，旅游客体文化实际上包含两种不同的文化：旅游客体在成为旅游资源之前固有的文化和旅游客体成为旅游资源之后因旅游而产生并附加其上的文化。旅游客体这种附加文化是旅游地居民特别是旅游者、旅游业共同创造的，是旅游文化的一部分。旅游客体中的旅游文化固然是旅游者和旅游业创造的，但一经附着于旅游客体而成为吸引后来旅游者亲临其境的旅游对象，它们也就转化成旅游客体文化不可分割的组成部分了。旅游业对旅游资源的开发当然包括对其中的旅游文化的开发。旅游文化资源一经开发，旅游业的资源型产品便又多了一族，有时还成为金字招牌和拳头产品。少了这些金字招牌和拳头产品，资源型产品将黯然失色。设想一下，没有李白的《望庐山瀑布》、范仲淹的《岳阳楼记》、杜甫的《蜀相》、崔颢的《黄鹤楼》、张继的《夜泊枫桥》、苏轼的《赤壁赋》以及《念奴娇·赤壁怀古》等，作为资源型产品，庐山瀑布、岳阳楼、武侯祠、黄鹤楼、寒山寺、黄州赤壁等将失色多少？

（五）陶冶人格

人具有追求真、善、美完美人格的理想，旅游文化既是人们追求完美人格的结果，也是实现完美人格的途径。旅游文化主体可以通过旅游体验和旅游介入来提升自己的道德境界，增强自己的审美素质，增加各个方面的知识，非旅游文化主体也可以通过分享旅游文化达到同样的目的。种种事实证明，旅游文化具有增长人们的文化知识、提高人们的道德层次和审美修养的功能，而这种功能也绝不像学者普遍描述的那样仅局限于旅游者。

1. 提升道德境界

旅游文化本身包含道德因素，健康的旅游文化有助于提升人的道德境界。中国是一个文明古国，旅游文化中的“比德”思想、孝游观念以及宾至如归的服务理念对旅游文化主体道德的提升发挥了巨大的作用。

“比德”即以山水之德喻君子之德，从而激励人们提升自己的道德境界。汉代刘向的《说苑》中有一段孔子和他的弟子子贡关于游山玩水的对话。子贡问孔子：君子为什么见到大江大河一定要驻足观看？孔子答道：君子用水来比附德行。你看水没有私心，像德；它使万物生长，像仁；它按规律向低下之处流动，像义；它的深处难以测量，像智；它一心奔向深谷，像勇……这一段话是不是汉代人的伪托姑且不论，但是这种把自然与道德相联系的“比德”思想对后世旅游者产生了积极的影响。旅游者在游览长江三峡的神女峰时，会被望夫台上神女对待爱情、婚姻至死不渝的态度所感动；畅游黄河时，会被中华民族的母亲河所激励；登临泰山时，会被泰山顶天立地的气概所震撼；环视花鸟时，会觉草木关情。感动、激励、震撼、关情之余，旅游者的道德境界也会悄然提升。旅游者这种道德境界的提升与其说是自然景观刺激的推动，不如说是“比德”思想观照的结果。没有“比德”思想，自然景观便没有道德力量，旅游者的道德境界也便无法与自然景观联系起来。

孝游观念源自孔子的一句名言：“父母在，不远游，游必有方。”儒家学说以重人伦为核心，父母在世之日，儿子久游不归，一则令父母担忧，二则儿子也不能对父母尽关心赡养的义务。提倡孝游无非是劝导人们恪守孝道、善待父母，其积极意义不言而喻。唯其如此，孔子的孝游观同他的比德说一样，对后来旅游者道德的提升具有重大价值。据报道，作为一种孝顺方式，孝顺旅游渐渐升温：在福州，有老少数口阖家同游永定，女儿和儿媳争着给老人买土特产品❶；在云南，有怒江男子张光泽为尽孝心，借款 20 万元，带 88 岁父亲和 91 岁大娘及其亲属到北京游玩 6 天。❷ 所有这些，无不显示了孝游观的道德力量。

在我国的传统旅游服务文化中有一个重要理念，那就是“宾至如归”，即到店如到家。按《周礼》的解释，“宾至如归”的标准概括起来有四点：第一，旅客进店，店家要以礼相迎。第二，店员要按照旅客的要求，各效其劳。第三，旅客需要的物品店家要随时置办。第四，旅店要与旅客“忧乐同之”。此一理念要求把客人当做自己的家人，充满了浓浓的伦理之情，如果做到了，主客的道德境界均会得到净化、提升。福建土楼福裕楼楼主林勤胜一家为游客服务堪称道德表率：游客生病，精心照料；遗失钱物，悉数送还；代客买票，不计得失。游客在留言簿上写道：“在这里，我真正看到了人与人之间的社会关系。”“土楼和她的主人们，给我留下了难忘的印象，愿土楼长存，愿她们的主人们幸福。”❸ 可见，“宾至如归”的服务理念已深深影响了土楼的旅游服务文化，不但提升了服务者的境界，也感染了游客，净化了游人的灵魂。

旅游文化同样也能提升非旅游文化主体（就具体的旅游文化创造而言，下同）的道德境界。作为一名居家者，当他通过媒介得知有那么多的旅游者自发加入环保行列、仔细拾起别人丢弃的垃圾，主动帮助他人、为他人分忧解难；得知有那么多的旅游从业人员放弃与家人团聚的机会、精细照顾客人，在危难时刻把危险留给自己、把生路留给别人时，他的道德意识岂能不受冲击，岂能不经洗礼！如果他听到福建土楼的故事，他岂能无动于衷！近年开展的旅游道德大讨论，提升的又岂止是旅游者的道德境界！范仲淹《岳阳楼记》中的两句名言“先天下之忧而忧，后天下之乐而乐”激发了多少代中国人忧国忧民的情思，有多少中国人在它的熏陶下实现了道德的升华！

2. 增强审美修养

旅游文化具有很高的审美价值，它拓宽了人们的审美空间，丰富了人们的审美内涵，人们的审美修养由此得到增强。

首先，旅游文化有助于增强旅游文化主体的审美修养。审美修养的增强离不开审美实践，旅游文化主体既是旅游文化美的创造者，也是旅游文化美

---

❶ 客家民居之“眼中的闽西土楼”[OL]. 雅虎知识堂，2006－12－27

❷ 段国强. 男子为尽孝借款 20 万元带父母游北京 [OL]. 2006－11－11，http：//news. 163. com/06/1111/03/2vk9RM2F00011229. html.

❸ 客家民居之“眼中的闽西土楼”[OL]. 雅虎知识堂，2006－12－27.

的享受者，而所谓的审美享受恰恰是最重要的审美实践。旅游者是最重要的旅游文化主体。对旅游审美者而言，由其创造的旅游文学、旅游艺术品等旅游文化产品是其最好的审美对象之一。通过对此类旅游文化的审美，旅游者获得畅神和骋怀的审美愉悦，审美能力不断提高。旅游服务文化一样能给旅游者带来美的享受。良好的员工形象、高尚的职业道德、高超的服务艺术不但能够促进客人的消费行为，也能够强化客人的审美意识。旅游从业人员也是重要的旅游文化主体。对于旅游从业人员而言，旅游者有审美的需要，要想满足旅游者的审美需要并获得最佳效益，旅游从业人员必须提供美的商品、美的服务。而要提供美的商品、美的服务，旅游从业人员必须不断提高自己的审美素质，只有美的创造，才有美的产品。在不断的美的训练与美的创造中，旅游从业人员的审美修养得以提高。

其次，旅游文化有助于增强非旅游文化主体的审美修养。从非旅游文化主体的角度看，旅游文化的审美价值同样可以增强他们的审美修养。南朝鲍照曾沿长江西行，饱览美景。途经安徽省望江县的大雷岸，他情不自已，给她的妹妹、著名的女才子鲍令晖写了一封信，略抒观感。其中一段描写远眺庐山："西南望庐山，又特惊异。基献江湖（山脚压入长江、鄱阳湖），峰与辰汉连接。上常积云霞，雕锦缛。若华（朝曦）夕曜，岩泽气通，传明散綵，赫似绛天。左右青霭，表里紫霄。从岭而上，气尽金光；半山以下，纯为黛色。"好个庐山，金、紫、青、黛，犹如锦绣一般，作者已然沉迷于庐山的美景之中了，相信他的妹妹和后世读者也会如同置身其中，目迷神驰。他还描写了夕阳下的庐山及其感受："夕景欲沉，晓雾将合，孤鹤寒啸，游鸿远吟，樵苏一叹，舟子再泣，诚足悲忧，不可说也。"（《登大雷岸与妹书》）夕阳斜下，山雾渐起，鹤雁哀鸣，渔樵悲叹。他自己的心情也由喜转悲，不可言说，读者的心情也顿时一落千丈。中外旅游文学作品汗牛充栋，若再加上旅游绘画、旅游摄影、旅游工艺品等其他旅游艺术作品，旅游文化真是一座硕大无朋的艺术宝库，不知有多少人从这里汲取营养，接受美的熏陶，成为知美、爱美者乃至美学家和艺术家。

3. 培育科学精神

科学不同于一般的知识，也不同于一般的经验，但它是建立在一般的知识经验基础上的。科学精神的核心是求真、务实，而它的培育与旅游文化的发展是分不开的。

在西方，中世纪前期是神学一统的时代，只有宗教旅行，无所谓旅游文化，科学成为神学的婢女。中世纪行将结束，世俗旅游占据上风，旅游文化随之复兴。旅游者源自旅游实践而非宗教教义的知识经验，包括系统科学的知识、各种事实的经验，迅速增长。为了规范并教会人们如何处理这些知识，需要建立一套科学的范式。于是，西奥多·泽温格、希罗尼玛斯·特尔勒、希拉鲁斯·帕克玛尔、雨果·布罗提欧索四个人文主义学者变成了旅行方法学的奠基人。跟随他们，后来的学者逐步将旅行研究的范围划定在以下几个方面：旅行的定义；概念的亚分；反旅行的辩论；医学的忠告；宗教的忠告；实践的忠告；欧洲国家的概况；旅行设备的使用；编撰观察和描述范式。如此的学术规范的建立促进了经验知识的扩展、提纯和消化，对旅行知识的处理又导致了博物馆、档案馆、图书馆和研究院等文化机构的出现。西方的科学精神由此得以复苏。

中国古籍中有相当部分是未经验证的东西。因此，这些书籍中的所谓知识也就不可避免地有相当部分属于似是而非的东西。正是看到了这一点，早在先秦，孟子便提出了“尽信书，不如无书”的观点。到了疑古之风盛行的宋代，一生酷好旅行的陆游以自己的切身感受提出了“纸上得来终觉浅，绝知此事要躬行”的看法，告诫其子要以“躬行”作为获得真知的主要手段。此后，又形成了“读万卷书，行万里路”的认知格言。正是在这种背景下，明代出现了像李时珍、徐霞客、顾炎武这样一批注重实际调查，从实践中获得真知的著名科学家、思想家。而由于他们的出现，传统的“秀才不出门，便知天下事”的认知方式事实上受到了否定，中国的科学精神由此得以加强。

第 4 节　旅游文化特征的检视

旅游文化作为文化的类别之一，具有一般文化形态的共同属性；但作为文化的一种特殊类型，旅游文化又有着自己的特殊性质，这种特殊性质即构成了旅游文化的特征。其中，一般特征称为特点，根本特征称为本质。特点一般是外显的，而本质则深藏于内部。特征是通过比较研究获得的，是一物区别于另一物的标志。旅游文化特征的研究是旅游文化含义与结构研究的延伸。把握旅游文化的特征，不但有利于识别旅游文化与非旅游文化的差异，更有利于把握旅游文化的运动规律。

一、旅游文化的特点

（一）关于旅游文化特点的几种说法

由于对特点与旅游文化理解不同，关于旅游文化的特点也是众说纷纭。

王立、刘卫英从旅游现象出发，认为旅游文化具有综合性、民族性、大众性、地域性、直观性、传承性、自娱自教性和季节性八个特征（王立、刘卫英，1997）。

贾祥春从旅游文化（学）的形成、旅游中介——旅游经营者的主要作用、旅游者外出旅游的目的、不同时期的价值观念和审美标准等的变化出发，认为旅游文化具有继承性、创造性、服务性及空间、时间差异性等特征（贾祥春，1997）。

马波认为，旅游文化是旅游消费文化和旅游经营文化、暂时性与延续性、文化求异与文化认证的统一；现代旅游文化属于社会大众的文化；旅游客源地文化和旅游接待地文化借旅游者交互扩散。因此，旅游文化具有多元二重性、大众性、双向扩散性三个特征（马波，1998）。

沈祖祥认为，旅游文化从其自身的范畴、结构和规律来看，主要有这样一些特点：地域性或称地方性；连续性；民族性；实用性；多样性或称综合性；广泛性；思想性；时代性。其中，地域性、民族性、连续性、多样性、实用性是旅游文化首要的、最为显著的特点（沈祖祥，1999）。

王德刚认为：旅游文化是一种融合文化，也是一种冲突文化，旅游文化因主体的背景而异，具有综合性、矛盾性、多样性等特点（王德刚，1999）。

谢贵安、钟贤巍等认为：旅游文化是一种动态的文化系统；不同时代旅游主体的旅游文化观念和行为方式是有差别的；对于不同的民族，其主体的旅游文化观念和行为方式是不同的；不同阶层的旅游主体的旅游文化观念和行为方式各有其特色。这就使得旅游文化具有了移传性、时代性、民族性、阶层性等特征（谢贵安，1999；钟贤巍，2006）。

王玉成综合各家观点，认为旅游文化除了具有文化的一般特征外，还具有综合性、地域性、传承性、民族性、时代性、大众性和服务性等显著特征（王玉成，2005）。

上述各家从不同角度对旅游文化的特点进行了有益的探讨，这对于我们进一步深入研究旅游文化特点是有帮助的。角度越多，视野也就越广阔，看问题也就越全面、越深刻。但不管取何种角度，最终着眼点都应是旅游文化而非其他，因为我们是在研究旅游文化的特点。这就如同窥视屋中的宝物，可以通过门，也可以通过窗，但绝不可以把目光停留在门或窗上。上述各家研究旅游文化的特点，有的从旅游业入手，有的从旅游入手，有的从文化交流入手，还有的从旅游文化学入手，本来都是不错的角度，可惜的是大多未能把目光延伸到旅游文化这块“宝物”上，而仅仅停留在旅游业、旅游、文化交流、旅游文化学这些“门”或“窗”上，所得结论难免与旅游文化的实际特点不相符合。上述不少结论与其说是针对旅游文化的，还不如说是针对旅游或其他。

另外，上述各家大多提到旅游文化具有地域性、民族性、继承性、变异性、时代性的特点。诚如马波先生所言，地域性、民族性、继承性、变异性、时代性是文化的一般属性，严格来说是不能算做旅游文化的特性的。旅游文化的特点还应从旅游文化本身谈起。

（二）旅游文化的主要特点

笔者认为，旅游文化不是旅游，也不是一般文化。它是一种相对独立的精神文化现象，是人们的旅游体验与介入过程及其精神产品的总和。作为一种相对独立的精神文化现象，它具有以下几个主要特点。

1. 流动性

流动是文化的生命。活着的文化总是在不停地流动，旅游文化尤其如此。旅游文化像奔腾不息的大河，昼夜不舍地从一地流向另一地。“顾客是上帝”的口号原本发端于美国，数年后已传遍全球；生态旅游的体验方式原本兴起于肯尼亚，现在也流传到了全世界；我国本是重传统的国家，有自己的景观开发传统，而近年来欧美的景观开发理念已如潮水般地涌向中国，挡都挡不住。“驴友”一词不知发端于何时何地，一经出现，似乎一夜之间便传遍全国，现在恐怕已流到国外去了。以上举的都是旅游文化流动的典型事例，也是人们有目共睹的。实际上这还只是旅游文化显性流动的一小部分。至于那些不易察觉的隐性流动就更多了。不知不觉中，旅游观念的更新、旅游方式的改变等都标志着旅游文化的潜流已悄然而至。

旅游文化的流动可以说是无时不有，无处不在。它普遍存在于各种旅游文化现象之中，是各种旅游文化现象的共性之一，并构成旅游文化的最显著特征。旅游文化的流动性特点是与生俱来的。旅游文化是在旅游的基础上形成的，而旅游本身就是一种流动。旅游的流动性决定了旅游文化必然是一种流动性的文化。

旅游文化的流动主要借助于旅游者的移动和传媒的播布。旅游者是旅游文化的创造者，也是旅游文化的负载者。旅游者创造了旅游体验文化，消费着旅游介入文化，集旅游体验文化和旅游介入文化于一身。旅游主体由于其永无止境的探索与超越精神，总是使自己处于运动状态之中。旅游主体的这种动态本质，使旅游文化因其移动而处在不断的流动之中。在古代，传媒不发达，旅游文化的流动主要靠旅游者的移动。近现代以来，传媒日益发达，翻开报纸、打开电视，最新的外地旅游服务理念、旅游规划蓝图便来到你的面前；打开多媒体，远在千里之外的旅游体验文化和旅游介入文化一瞬间便呼啸而至。

旅游文化流速之快、流向之广，在各种文化中实不多见。旅游文化的快速、多向流动，一方面造成了旅游文化渗透到社会生活的各个方面；另一方面又造成了旅游文化与旅游客源地文化、旅游目的地文化、旅游环境文化纠缠在一起。这就使得旅游文化与非旅游文化难分难解。这也是至今我们不能严格区分旅游文化与非旅游文化的重要原因之一。

随着世界经济的发展和科技的进步，旅游将更为普遍，传媒将进一步发达，旅游文化的流动将日益加速。旅游文化的加速流动有利于世界政治、经济、文化的交融，有利于加速全球经济一体化进程，有利于缓解不同民族与文化间的冲突，有利于维护世界的和平进程。

2. 开放性

旅游文化不但具有向外传播的流动性，还具有整合吸纳的开放性。就文化风格而言，旅游文化是一种外向开放的文化。如果说古代的旅游文化是农耕经济求稳、内向、保守性格的叛逆，近现代的旅游文化是商品经济开放性、流动性的延伸，那么当代的旅游文化则表现出全球经济一体化时期前所未有的国际性、融合性、多样性以及个性、活力的风格。旅游文化这种外向风格充分反映了其开放性的特点。

旅游文化是在文化冲突与文化融合过程中形成的。作为一种新的文化形态，在与其他异质文化交流时，冲突与融合是在所难免的。冲突意味着拒绝，融合意味着接受。就旅游文化整体而言，它的冲突性远远小于融合性。换言之，旅游文化本身并不排斥异质文化，相反，在一定条件下它愿意吸收异质文化来作为壮大自己的养料。以旅游体验文化为例，一群旅游者可以不赞同东道国的社会制度、不理解旅游地所在国人民的道德观念，却可以蛮有兴趣地观察、体验所处旅游地的人民及周围环境的一切，从中领略异族风情，获得各类知识，得到美的享受。旅游介入文化也是如此。虽说旅游介入文化具有地域性、民族性等属性，但在强调“与国际接轨”的今天，旅游服务文化、景观开发文化、旅游宣传文化、旅游规范文化、旅游研究文化不正在快速地接受所谓的“国际标准”而开始国际化了吗?

旅游文化是在文化冲突与文化融合过程中形成的，旅游文化不能不具有开放性的特点。旅游文化的开放性也与旅游文化主客体的多样性有关。旅游文化主体——旅游者、旅游从业人员、旅游地居民、旅游研究者并非一个群体，他们有不同的价值观念、审美标准、思维方式；旅游文化客体——旅游及其要素也是多种多样的、同时并存的，由此也决定了旅游文化必然是一种开放性的文化。

旅游文化的开放性使旅游文化成为不断增值的充满活力的文化。旅游文化的增值在时间和空间两个维度展开。在时间维度表现为，由于现代交通工具和传播工具的使用，旅游文化产生的时间缩短了，效率增加了；在空间维度表现为，旅游文化溢出了传统的固有疆界，衍生出新的价值和意义。旅游文化的增值不断拓展着旅游活动的空间，增添着旅游活动的内涵。当代旅游之所以能够与时俱进，其活动方法、模式之所以能够推陈出新，旅游文化功不可没。

随着社会的不断进步和旅游的全面开展，旅游文化的开放性特征将更加显著。旅游文化的开放性要求我们在研究旅游文化时，必须不断地开阔视野，于动态、整体中把握旅游文化。

3. 多质性

旅游文化是一个整体，这个整体不是由单一要素构成的，而是由多种要素构成的。其中既有本土的，也有外来的；既有传统的，也有现代的；既有精神因素，也有物质成分。旅游经营者们在深圳建立起“中国民俗文化村”，把多种少数民族文化编排成节目和活动，配备了相应的建筑设施和场景，汇成一个有机的整体后，成为专题的旅游文化。这个专题的旅游文化就包含了多个少数民族的文化特质。作为旅游文化，“中国民俗文化村”是多质的，沈阳世博园也是多质的。那里不但有国内各地文化的因子，更有世界各地文化的因素。人们的旅游体验文化更是多质的：客源地文化、目的地文化、旅游环境文化……其文化因子在旅游体验文化中都能找到。尽管世界上任何一种文化都是多质的，但若论要素之多，旅游文化可以名列前茅。可以说，构成文化的各种因素在这里都能找到，旅游文化简直就是文化的缩影。学者大都提到旅游文化具有综合性，也是看准了这一点。

旅游文化的多质性是由其开放性所决定的。如前所述，旅游文化本身并不排斥异质文化，相反，在一定条件下它愿意吸收异质文化来作为壮大自己的养料。旅游文化正是吸收了相关文化的优秀成果，不断地给自己补充血液和营养，才逐渐形成了自己的多质性特点。旅游文化的多质性与文化的多样性有关。对于不同的民族，其主体的文化观念和行为模式是不同的。例如，中国人多数比较内敛稳健，而西方人多数比较外向和具有冒险精神；中国人注重内心的感受，而西方人则注重对外部世界的观察与探究；中国人比较看重道德功效且富于人文情怀，而西方人则更看重知识的价值且富于科学精神。文化的多样性直接影响着旅游文化的多质性。正是由于这个原因，旅游文化才能不断推陈出新。

旅游文化的多质性一方面造成了旅游文化内部诸要素之间的相互矛盾、相互冲突、相互碰撞、相互斗争，使得旅游文化经常处于活跃状态中；另一方面也造成了旅游文化内部诸要素之间的相互联系、相互依存、相互交流、相互转化，使得旅游文化成为一个相对稳定的有机整体。我们常说，旅游文化是活跃的，也是稳定的。从某种程度上说，这是由旅游文化的多质性决定的。旅游文化的多质性也使得旅游文化一开始就走上了多样化的发展道路。

现代的旅游文化是多质的，未来的旅游文化更是多质的。旅游文化的多质性使得旅游文化变得异常复杂，剪不断，理还乱。人们普遍感到认识旅游文化实在不容易，这和旅游文化的多质性是密切相关的。

4. 情感性

旅游文化充满了强烈的情感色彩。这在旅游体验文化中表现得最为充分。无论旅游者是观赏自然还是体验社会，也无论旅游者是乘车还是住进饭店，总会有情感体验伴随着。这种情感体验可能是欢乐的，也可能是痛苦的；可能是强烈的，也可能是平缓的；可能是审美的，也可能是非审美的。其间苦辣酸甜，一言难尽。一部旅游体验文化的发展史，其实也是一部旅游情感发展史。翻一翻古今的旅游体验记录——游记，便能强烈地感受到这一点。情感性在旅游介入文化中也有充分表现。旅游服务之所以被称为最有人情味的服务，情感服务是其利器之一；景观设计、规范制定、旅游宣传也纷纷打出人性化、个性化的旗帜，在情感方面下足了工夫。所有这些都使得旅游文化具有了鲜明的情感特征。

旅游文化的情感性首先取决于旅游者。人是感情的动物，旅游者有着各种各样的情绪和复杂的情感。他们的旅游体验的动机可能并不相同，但有一点是相同的，即使自己的身心得到享受，产生愉悦的心情。良好的情绪情感又能推动和谐愉快的旅游活动。因此，旅游者往往把“人情味”看得重如千斤。旅游者对情感的重视不但使旅游体验文化充满了感情色彩，也使旅游介入文化打上了情感的烙印。据来自英、美、澳三个国家的一些旅游者的反映，他们认为服务最重要的就是要有人情味。为了满足旅游者的需要，占领或巩固、扩大市场，旅游介入文化强调要真情、要倾情，大量注入情感因素，其情感色彩也因此越来越浓。

旅游文化的情感性一方面使旅游文化热力奔放地朝着个性化、多样化方向发展；另一方面也使旅游文化中的理性成分不断地销蚀。乔治·萧伯纳有句名言：“理智的人努力使自己适应外界，而非理智的人则顽固地企图让外界来适应自己。因此，世界能否向前进步，取决于非理智者的努力。”情感属于非理智形式，是旅游文化发展的重要推动力。由于人们的情感需求并不一致，旅游文化的发展才出现了个性化、多样化态势。在群体思维中，情感和理智往往是交织在一起共同加工处理信息。情感成分过多，势必削弱理智的力量。对于一部旅游文化史，若感性成分越来越多而理性成分越来越少，则旅游文化的情感性难辞其咎。由此也不难理解，为什么旅游者喜欢放纵自己的情感，为什么“顾客是上帝”这类自欺欺人的口号至今依然盛行不衰。

在快速工业化的今天，流水线上的人机对话阻断了人与人之间的情感交流，人们已把旅游当做情感发泄、情感交流的重要手段；在工业化高度发达的明天，人情更显淡化，人们将更加寄情于旅游，旅游文化的情感性将有增无减。旅游文化的情感性给旅游文化增添了厚重的感性色彩。它告诉我们：旅游文化既是一种理性文化，也是一种感性文化。

5. 适应性

不同文化的适应性是不一样的。有的文化适应性强，生存下来了；有的文化适应性差，逐渐消亡了。旅游文化具有极强的适应能力，几乎不择地而生，不择时而长。有旅游的地方就有旅游文化，有旅游的时代就有旅游文化。地域变化了，它会在新的地方立地生根；时代变化了，它会随时代的发展而发展。旅游开始了，旅游文化也随之开始，旅游结束了，旅游文化却并不随之结束。三峡库区蓄水了，区内旅游文化面临灭顶之灾，但随着人口的外迁和文物的转移，它又在别处安家了。旅游文化从发生到现在也有几千年的历史了。在漫长的历史进程中，无论是朝代的更替还是灾祸的冲击，旅游文化始终以坚忍不拔的毅力延续了下来。旅游文化是随着旅游的开始而开始的，旅游结束了，旅游文化却以游记等形式保存下来。前面举过的“顾客是上帝”的口号由美国传遍全球、生态旅游的体验方式由肯尼亚传到全世界、近年来欧美的景观开发理念已在我国立地生根、“驴友”一词似乎一夜之间传遍全国等，也都反映了旅游文化超强的适应性。

一般若谈到旅游文化的特点，往往会谈到地域性、民族性。如果从旅游的三要素的角度看，这似乎有道理，旅游主体、旅游介体、旅游客体确实存在地域性和民族性问题；但不要忘了，旅游文化是人们的旅游体验与介入过程及其精神产品的总和，它既不同于旅游主体文化，也不同于旅游介体文化，更不同于旅游客体文化，它是在客源地文化、目的地文化、旅游环境文化等基础上形成的一种新型文化，这种文化融合了不同地域、不同民族文化的因素，已不好再简单地把它归属于某一地域或某一民族。旅游文化的地域性、民族性特点只在同一地域的同一民族中存在。随着跨地域、跨民族旅游特别是国际旅游的开展，旅游文化的地域性、民族性特点已变得不那么突出了。

旅游文化的适应性与旅游文化的流动性、开放性、多质性、情感性高度相关。旅游文化的快速、多向流动使旅游文化突破了地域、民族的局限，养成了“以四海为家”的品格；旅游文化整合吸纳的开放性使得旅游文化已习惯于面对并很好地回应不同的文化环境；旅游文化的多质性说明了旅游文化本来就是一个拥有多种文化血统的“混血儿”，由此也决定了它具有极好的文化适应潜质；旅游文化的情感性则推动了其主体的不断探索，从而强化了旅游文化的适应性。上述种种原因形成了旅游文化的适应性特点。

旅游文化的适应性特点使旅游文化具有极强的生命力。在古代，它生存于各种文化夹缝之中，历经磨难，顽强生长；在现代，它凭借自己的优势，左右逢源，蔚为大观。

未来的旅游文化将更具适应性，千百年的风风雨雨已经练就了其超强的生存本领，随着历史的发展，这种本领将越来越强。旅游文化的适应性特点既有利于引导其向健康的方面发展，也很难克服其固有的糟粕因素。

6. 易变性

易变性是文化的共有特点，但就其变异的难度而言则有难有易。旅游文化在各种文化中是最容易发生变化的：20世纪60年代以前，它还属于少数人的贵族文化，20世纪60年代开始则突然变成多数人的大众文化；大众旅游文化刚刚开始，后现代的旅游文化又粉墨登场；旁观式的旅游体验还未来得及在全民中普及推广，参与式的旅游体验又喧嚣而至；“顾客是上帝”的口号在我国还没流行几年，我们便又听到了“员工第一、顾客第二”的声音；就我国的旅游研究文化而言，对于旅游还没搞清楚是怎么一回事，又一头扎入更难搞清楚的范畴——休闲之中，休闲学取代旅游学的鼓噪时有耳闻；至于旅游宣传文化更是日新月异，花样翻新。旅游文化变化之快，简直就像一个追逐时髦的少年，一会儿长发飘飘，一会儿聪明“绝”顶；一会儿西装革履，一会儿牛仔装扮。

旅游文化的易变性是由旅游需求的易变性所决定的。旅游者的旅游需要总是随着时代、社会、个人和经济条件等方面的变化而迅速变化，而且将永无止境地变化下去。旅游需要既是旅游体验文化的一部分，也是旅游体验文化的内在推动力。它的快速变化必然导致旅游体验文化的快速变化。旅游需求的易变性也会导致旅游介入文化的快速变化。例如，旅游者对于住宿的需要，最初是结构简单、功能单一，如今是设施齐全、豪华舒适。旅游者对于旅游纪念品的需要，最初是经济、实惠、耐用，如今是美观、小巧、精致。所有这些都会促使旅游服务迅速完成由简单到周全、由实用到审美的转变。旅游文化的易变性也与旅游文化的流动性、适应性、情感性有关；由于旅游文化的流动性，旅游文化不断遭遇新的文化冲击，不断地改变自己；由于旅游文化的适应性，旅游文化也愿意改变自己，稳定性较差；由于旅游文化的情感性，旅游文化也容易受外界的影响，说变就变。

旅游文化的易变性使旅游文化本身不断出现新的表现形式。从传统旅游文化到现代旅游文化，从现代旅游文化到后现代旅游文化，从地方旅游文化到全球旅游文化，从民族旅游文化到世界旅游文化……旅游文化无时无地不在变化，而且花样翻新、层出不穷。

未来的旅游文化仍将是易变的文化，因为造成这种易变性的原因仍将存在。旅游文化的易变性既给旅游文化本身增添了魅力，也为把握旅游文化增加了难度。

二、旅游文化的本质

（一）关于旅游文化本质的几种说法

关于旅游文化的本质，目前探讨不多。

马波先生认为：文化的本质在于创新，旅游文化不是一般社会文化向旅游领域的简单移入，而应该是在继承或局部包容一般文化形态的前提下创造出来的新型文化。如果不是这样，旅游文化的提出就失去了任何价值（马波，1998）。

李学江认为旅游文化的本质和特征可从以下几方面加以认识：就文化历程而言，旅游文化是传统性和“现代性”交融的文化；就文化层次而言，旅游文化是一种从属于社会主文化的亚文化；就文化价值而言，旅游文化是一种具有精神价值和审美价值的文化；就文化风格而言，旅游文化是一种个性张扬、外向开放、充满活力的文化。[1]

谢贵安认为：旅游文化的本质取决于人的本质属性——追求个性自由和人性完善。超越和回归、跨越和联结的旅游过程正是人类“协调人与自然的关系和人与人的关系”的结果，也是实现人的自由本质的结果。因此，旅游文化的本质是旅游主体在客体和中介体的参与下的“人文化成”过程和结果，也即摆脱人的自然属性、发展文化人格并追求人性自由和个性解放的过程及其成果（谢贵安，1999）。吴莉淳（2002）、章海荣（2004）等也持同样的观点。

李学江从四个角度探讨旅游文化的本质和特征，每一个角度得出一条结论，视野开阔，很有深度，但似乎还不到位：旅游文化的本质应该只有一个，一条足矣。一个人从四个角度探讨旅游文化的本质，居然不能殊途同归，说明所得结论还有待于进一步提炼。

谢贵安先生从人类追求个性自由和人性完善的本质出发探讨旅游文化的本质，气魄宏大，非同凡响，但论据与结论仍值得怀疑：论者所谓的旅游包括了人类求生性的迁徙和劳作性的旅行，这些旅行实非旅游，以非旅游的事例求证旅游文化的本质，论据是否可靠？“人文化成”是文化的本质，即“自然的人化”，所“化”的对象是自然，包括人的自然性。如果“人文化成”也是旅游文化的本质，旅游文化与文化有何本质区别？难道旅游文化的本质真如某学者所说的是“旅游的人化”过程？如果是的话，旅游岂不变成了一种自然现象？

马波先生的说法倒极具启发性，只可惜未见进一步的论证、发挥。

看来，关于旅游文化本质的讨论还有必要继续下去。

（二）旅游文化本质新解

人们在讨论旅游文化本质时，之所以未能抓住本质，还有一个原因就是

---

[1] 李学江．旅游文化论［J］．东岳论丛，2004（16）．

对本质的内涵有误解。何谓本质？辩证唯物主义认为：本质是指事物固有的，决定事物性质、面貌和发展的根本属性，是一事物与他事物相区别的内在根据。本质有四个方面的特征：第一，对事物内部各部分而言，它是共有的（但不是唯一的）；第二，对其他事物而言，它是独特的；第三，对事物的面貌、发展及非本质属性而言，它是决定者；第四，它隐藏于事物的内部，单纯、深刻而抽象。把旅游文化的本质具体描述成是一种这样文化、那样文化的做法，显然是把事物的所属类别理解成了该事物的本质；而把旅游文化的本质说成是“人文化成”，又是把事物的“共同性”理解成了该事物的“独特性”。要知道，不管是该事物的所属类别还是该事物与他事物的共同性，它们所反映的都只是某类事物的共性，离本质即“一事物区别于他事物的最根本性质”还差得远哩！

基于本质的特点，我们可以通过以下三步来把握旅游文化的本质：其一，确定主要旅游文化现象的共性（抽象的而非具象的）；其二，确定哪种旅游文化共性为其所特有；其三，确定哪种旅游文化共性决定旅游文化的面貌、发展及其非本质属性。

如前所述，旅游文化主要包括旅游体验文化和旅游介入文化两大类。作为两类旅游文化共同的抽象属性，主要有以下几点：第一，继承性。旅游体验文化和旅游介入文化并非一夜之间突然形成的，而是有其历史渊源的。它们都是通过时间隧道一代一代传承并发展下来的。现在的旅游文化有过去的旅游文化的血统，未来的旅游文化也会有现在的旅游文化的基因。第二，时代性。一个时代有一个时代的文化。现代旅游体验文化与近代旅游体验文化不同，近代旅游体验文化与古代旅游体验文化也不同。旅游介入文化也是如此。各个时代的旅游体验文化和旅游介入文化均有时代的烙印。第三，人们对旅游的感受与应对过程。旅游体验文化重在体验，而体验本身就包含了感受成分。旅游者在旅游体验前或体验中，要根据情况变化作出决策并付诸实施，这实际上就是一个对旅游的应对过程。旅游介入文化也是一个对旅游的感受与应对过程。面对汹涌的旅游大潮，旅游从业人员、旅游地居民、旅游研究者等旅游介入者或欣喜，或憎恨，或引导，或排拒……感慨各异，招法不同。

以上这些都是旅游体验文化和旅游介入文化的共性。然而共性的东西不一定就是本质。要确定旅游文化的本质，还必须在此基础上确定哪种旅游文化的共性为其所特有。以上三个方面的共性中，哪种为旅游文化所特有呢？

第一、第二方面的共性显然不是。正如学者所说，那是所有文化的共性，连旅游文化的一般特点都够不上。那么第三方面的共性——人们对旅游的感受与应对过程是否为旅游文化所特有呢？回答是肯定的。第一，这一过程的主体与众不同：这里的“人们”不同于旅游的主体——旅游者，不同于旅游业的主体——旅游从业人员，不同于旅游地文化的主体——旅游地居民，也不同于旅游研究的主体——旅游研究者，它不是上述主体中的哪一个，而是上述主体的综合。第二，这一过程的客体与众不同：它不同于旅游的客体——旅游资源，不同于服务的客体——旅游者，也不同于其他客体，它的客体是旅游。第三，这一过程的内容与众不同：对旅游的感受主要是旅游体验的感受，此种感受因主客体的多样性而比其他感受更为复杂，几乎所有感受在这里都能找到，甚至连下地狱、上天堂的感受有人都能体验到。对旅游的应对主要是旅游介入者对旅游的应对，此种应对因涉及方方面面而比一般应对更为多样，除了战争手段外，其他手段在这里都能派上用场。

至此，我们可以得出初步的结论：旅游文化的本质应当是人们对旅游的感受与应对过程。这个结论之所以是初步的，是因为它到底算不算旅游文化的本质还要看它对旅游文化的面貌、发展及非本质属性是否有决定作用。

“人们对旅游的感受与应对”确实对旅游文化的面貌、发展及非本质属性起决定作用。第一，它对旅游文化的面貌、发展有决定作用。旅游体验文化的核心是旅游体验，而旅游体验的核心是旅游感受。旅游感受不同，必然导致旅游体验不同。旅游体验的不同或变化，必然导致旅游体验文化各种各样、生生不已（见旅游体验文化的分类）。旅游介入的主体、目的、方式、程度等不同，则会导致旅游介入文化的类型不同（见旅游介入文化的分类）。第二，“人们对旅游的感受与应对”也决定了旅游文化的其他属性。旅游文化的情感性受制于“人们对旅游的感受与应对”自不必说，旅游文化的开放性、多质性、易变性也多由此决定：旅游文化本质强调感受与应对，当然是积极地、主动地感受与应对，这本身就是一种开放的态度、外向的性格，旅游文化具有开放、多质的特点与此是一致的；积极、主动地感受与应对还意味着反对固守、顺势而为，由此也决定了旅游文化的易变性。当然，并非所有旅游文化现象都是由旅游文化本质决定的，有些旅游文化外部因素也会对某些旅游文化现象起决定作用，但这并不能动摇旅游文化本质的决定地位。

综上所述，笔者基本可以确定：“人们对旅游的感受与应对”才是旅游文化的本质所在。

【本章小结】

目前的旅游文化定义有几十种。对旅游和文化的理解不同，对旅游文化的定义自然不同。然而不管怎样界定，都应坚持以下几点原则：第一，定义应揭示旅游文化的基本特征，且不得出现同语反复。第二，定义应与概念相一致。第三，作为旅游学科的研究对象之一，旅游文化不能等同于旅游“三体”文化之一，对旅游文化中的“文化”也不能作广义理解。第四，旅游主客体与旅游文化主客体应有区别。依据界定旅游文化的原则，综合诸说之长，旅游文化宜定义为：“是人们的旅游体验与介入过程及其精神产品的总和。”这个定义主要包含四层含义：①旅游文化既包括其创造过程——“旅游体验与介入”，也包括这个过程的结果——“精神产品”。②旅游文化是一种精神现象。③旅游文化的主体——“人”，除旅游者外，还包括旅游从业人员、旅游地居民、旅游研究者等。④旅游文化的客体——“旅游”，既包括旅游要素，也包括旅游整体。

关于旅游文化的结构也有多种说法，其中影响最大的是“三体（旅游主体、客体与媒体）文化结构说”。三体文化并不全都属于旅游文化。研究旅游文化结构，应从文化学的视角直指旅游文化本身而不是旅游。从文化创造的角度看，旅游文化由两大部分构成：①旅游体验文化：如旅游审美体验、旅游求知体验、旅游交往体验、旅游情感体验等现实体验文化及“神游体验”、“心游体验”等虚拟体验文化；②旅游介入文化：如旅游服务、景观开发、旅游宣传、旅游研究等现实介入文化和“网上导游”等虚拟介入文化。从文化层面的角度看，旅游文化由三个层面构成：①心理层面：旅游者的旅游体验心理、旅游介入者的旅游介入心理；②行为层面：旅游者的旅游体验行为、旅游介入者的旅游介入行为；③产品层面：旅游者的旅游体验产品、旅游介入者的旅游介入产品。本书对旅游文化结构的分析虽然两者并用，但更倾向于后者，旅游体验文化和旅游介入文化也因此成为本书极为重要的关键术语。

文化功能是指文化整体或文化因素对自然、人类发展所发挥的效能与作用。以往的旅游文化功能研究实为旅游功能研究，而且多着眼于对内功能即旅游（文化）内部诸要素的相互作用。本书则从旅游文化自身出发，重点探讨旅游文化的对外功能。旅游文化在改塑自然、发展文化、推动社会、发展经济、陶冶人格方面具有独特的功能。

旅游文化作为文化的类型之一，具有一般文化形态的共同属性；但作为文化的一种特殊类型，旅游文化又有着自己的特殊性质，这种特殊性质即构成了旅游文化的特征。其中，一般特征称为特点，根本特征称为本质。特点一般是外显的，而本质则深藏于内部。关于旅游文化的特点，学界多有研究，但不少结论与其说是针对旅游文化的，还不如说是针对旅游或其他。旅游文化不是旅游，也不是一般文化。作为一种相对独立的精神文化现象，它具有以下几个主要特点：流动性；开放性；多质性；情感性；适应性；易变性。关于旅游文化的本质，目前探讨不多。笔者认为：旅游文化的本质是人们对旅游的感受与应对过程。“人们对旅游的感受与应对”不但决定了旅游文化的面貌和发展，也决定了旅游文化的其他属性。

【参考文献】

[1] 魏小安．旅游文化与文化旅游［J］．旅游论丛，1987（2）．

[2] 卢云亭．旅游文化学及其系统结构分析［C］//旅游文化论文集，北京：中国旅游出版社，1991．

[3] 贾祥春．旅游文化的特点及其在旅游业中的地位和作用［J］．复旦大学学报·社科版，1997（3）．

[4] 崔延南．旅游文化新视野［M］．北京：中国旅游出版社，1999．

[5] 李学江．旅游文化论［J］．东岳论丛，2004（6）．

[6] 于行行．旅游文化的界定与特征［J］．甘肃农业，2005（11）．

[7] 郭少棠．旅行：跨文化想象［M］．北京：北京大学出版社，2005．

[8] 邹本涛，谢春山．旅游文化新论［J］．旅游管理，2010（3）．

第 2 章　旅游体验文化论

外游者求备于物，内观者取足于身。取足于身，游之至也。求备于物，游之不至也。

——壶丘子

壶丘子是战国时期的旅游行家。按照壶丘子的观点，“外游”与“内观”的根本区别是“求备于物”还是“取足于身”。这里的“外游”（身游）、“内观”（心游）、“求备于物”（追求客体刺激）、“取足于身”（追求主体领悟）正属于我们今天所说的旅游体验文化。旅游体验文化是本书提出的旅游文化学核心概念之一。什么是旅游体验文化？它拥有怎样的结构？有何特点？各层面的本来面貌又是怎样的？目前学界对此尚未展开讨论。本章将就上述问题略抒己见。

第 1 节　旅游体验文化总论

旅游体验文化是旅游文化的核心，内容十分庞杂，包括旅游体验文化的内涵、结构、类型、特点、功能，涉及成因、途径、过程、效应、影响因素等。本节将从宏观的角度重点探讨旅游文化的内涵、结构与特点，为后续各节的展开奠定基础。

一、旅游体验文化界说

（一）旅游体验文化的含义

旅游体验是旅游者特有的心理与行为活动，其本身就是一种精神文化，当然称得上旅游体验文化。然而旅游体验文化并不局限于旅游体验。旅游体验从离家旅游开始，旅游体验文化则应始于旅游体验之前的心理准备如体验的需要、动机、期望等。因为这些心理准备是旅游体验的心理准备而不是其他，其主体即将是旅游者（可称为准旅游者，不同于潜在旅游者）。旅游体验的物化产品如游记之类一般也不属于旅游体验本身，但它们不能不属于旅游体验文化，因为这些物化产品是旅游体验的凝结，其主体曾经是旅游者（可称为前旅游者，也不同于潜在旅游者）。另外，规范旅游体验行为的旅游法规、旅游道德、旅游习俗等不是旅游体验，老庄式的“神游”、“心游”等虚拟体验也不是真正的旅游体验，但其都属于旅游体验文化。因为前者是旅游体验行为的规范，属于旅游体验行为文化；后者是以旅游为基础的，其主体是前旅游者或准旅游者。显然，旅游体验文化的内涵要比旅游体验的内涵丰富得多。旅游体验文化的内容如此广泛，它的定义该如何概括呢？

旅游体验文化是旅游文化的两大部分之一。本书将旅游文化定义为“是人们对旅游的体验与介入过程及精神产品的总和”，其中的“对旅游的体验”观照的正是旅游体验文化；其中的“人们”、“过程及精神产品”则包含了旅游体验文化的主体、创造与产品。作为相对独立的概念，旅游体验文化的定义可完整表述为“旅游参与者对旅游的体验过程及其精神成果的总和”。这个定义主要包含四层意思：

其一，旅游体验文化以旅游体验为核心。如前所述，“对旅游的体验过程”有直接、间接之分：前者是亲临其境的体验即现实的旅游体验（通常称旅游体验），后者是非亲临其境的体验即虚拟的旅游体验（如“神游”、“心游”之类）；“旅游体验”过程中，还如影随形般地附带着体验行为规范。这些都属于旅游体验文化。其中，旅游体验是根本，虚拟旅游体验和旅游体验规范是派生。若没有旅游体验，则旅游体验文化无异于无本之木、无源之水。正因为旅游体验在旅游体验文化中处于核心地位，旅游体验文化才以“旅游体验”命名。

其二，旅游体验文化既包含其创造过程——“对旅游的体验”，也包含这个过程的结果——“精神成果”。“对旅游的体验”包含对现实和虚拟旅游的体验心理、行为及其规范；“精神成果”包括旅游感受及其物化产品。文化是主体与客体在人类社会实践中的对立统一物，有过程，有结果，旅游体验文化也是如此。

其三，旅游体验文化是一种精神文化。定义中的“旅游体验”固然包含行为因素，但按精神物质两分法，行为仍属精神范畴；“旅游体验”的主要成果——“旅游感受”属于精神文化自不必论，就是其物化产品的主要功能也是满足人们的精神需求，观念为核心，物质为载体。

其四，旅游体验文化是旅游参与者创造的。定义中的旅游参与者既包括前旅游者、现旅游者，也包括准旅游者，还有部分被（非）旅游者。他们或曾经、或正在、或开始创造旅游体验文化——旅游体验文化的历史、现在和未来正是由这些旅游者创造的。由于旅游体验文化主要是由旅游者创造的，这就决定了旅游体验文化主要产生于旅游活动之中而非旅游活动之外。虚拟旅游体验虽可产生于旅游之外，但它的根仍是产生于旅游活动中的真实旅游体验，而且不占主流。

（二）旅游体验文化与旅游主体文化

旅游体验文化与旅游主体文化是两个容易混淆的概念。什么是旅游主体文化？笔者认为，旅游主体文化是“内化于旅游者的一般观念文化及其在旅游活动中创造的旅游体验文化的总和”（邹本涛，2006）。旅游体验文化与旅游主体文化既有联系，又有区别。

联系有二：其一，旅游主体文化包括部分旅游体验文化。文化塑造了旅游者，旅游者也在创造文化。作为一种文化，旅游体验是旅游者在旅游活动中创造的，当然属于旅游主体文化。其二，旅游体验文化和旅游主体文化都属于精神文化。内化于旅游主体的一般观念文化包括价值观念、审美情趣、思维方式等属于精神文化，故不必论；旅游体验文化也是一种精神文化。定义中的“体验”固然包含行为因素，但按精神物质两分法，行为仍属精神范畴。

区别主要是内涵不同。旅游主体文化包括内化于旅游主体的一般观念文化。旅游者在成为旅游者之前本是社会的一员，必然受到一般观念文化的影响。这些观念文化有的来自本地、本族，有的来自外地、外族，一经内化就包含在了旅游主体文化中。旅游体验文化则与此不同。它不包括内化于旅游主体的一般观念文化，它是旅游者等以内化了的一般观念文化为工具，加工于旅游而创造出的一种既不同于客源地文化，也不同于目的地文化的新型文化。

二、旅游体验文化的结构

文化是主体与客体在人类社会实践中的对立统一物。这一观点既是把握旅游体验文化实质内蕴的出发点，也是剖析旅游体验文化结构的钥匙。旅游体验文化的实质既然是旅游者创造的精神文化并以旅游体验为核心，如果把它看做一个动态过程与结果，其内在结构应该包括三个部分：旅游体验文化的心理、行为与产品。

1. 旅游体验文化的心理

旅游体验文化的心理是旅游参与者通过与体验对象接触而形成的社会意识。从静态心理要素的角度看，旅游体验文化的心理包括现实和虚拟旅游体验的需要、动机、期望、知觉、想象、理解、兴趣、态度、情绪、情感、意志、满意度等。从动态心路历程的角度看，旅游体验文化的心理包括现实和虚拟旅游之前的体验心理（如决策、期望）、之中的体验心理（如惊奇、兴奋、激动、沮丧、沉迷、深思等）和之后的体验心理（如回顾、总结等）。旅游体验文化的心理发生在体验行为之前，结束在体验行为之后，远比体验行为复杂得多。体验行为前后的旅游体验文化的心理虽不能单独构成现实或虚拟旅游体验，但同样是旅游体验文化的组成部分。旅游体验文化的心理受到多方面因素的影响，具有极强的主观能动性。在旅游体验文化中，旅游体验文化的心理处于灵魂地位。

旅游体验文化的心理也是旅游心理学的研究内容，称为旅游者的旅游心理。在以往的研究中，旅游者的旅游心理就是旅游消费心理，这是不全面的。旅游者的旅游心理除消费心理外，还有生产心理，即在消费的同时还想生产点什么。在古今中外的旅游者当中，有无数文人墨客、科学大家，他们的旅游动机往往带有很强的生产性质——或为创作准备素材，或为科研积累资料。司马迁遍游大江南北，很大程度上是为了撰写《史记》；李时珍遍游京、豫、赣、宁，很大程度上是为了完成《本草纲目》，这已是不争的事实。至于普通游客，旅游中也不时萌发创作冲动，亲手制作一些有意义的东西，自我享受或与人共享。景点内“某某到此一游”之类的涂鸦随处可见、屡禁不止，农田里劳作的游客时隐时现、乐此不疲，其生产欲望可见一斑。

2. 旅游体验文化的行为

旅游体验文化的行为是旅游体验文化的心理的外化，从体验行为的对象看，包括旅游体验行为、虚拟旅游体验行为等；从体验的环节看，包括现实和虚拟的旅游交通体验行为、旅游饮食体验行为、旅游住宿体验行为、游览体验行为、旅游购物体验行为、旅游娱乐体验行为等。按行为文化的一般分类，针对现实和虚拟旅游体验行为的法律、道德、习俗、规则等规范亦可划入旅游体验文化中的行为文化。现实或虚拟旅游体验行为与相应旅游体验的心理既不相始，也不相终，它比相应旅游体验的心理发生得晚而结束而早。它与相应旅游体验的心理一起“复合”为现实或虚拟的旅游体验活动。现实或虚拟旅游体验行为虽然比相应旅游体验的心理发生得晚而结束得早，但它的开始与结束决定了现实或虚拟旅游体验活动的开始与结束，换言之，现实或虚拟旅游体验活动与现实或虚拟旅游体验行为相始终，后者是前者的标志。在旅游体验文化中，现实或虚拟旅游体验行为处于表层地位。旅游体验文化的行为也是旅游行为研究的重要内容。与旅游心理的情况相类似，在以往的研究中，旅游者的旅游行为似乎就是消费行为，这也是不全面的。旅游者的旅游行为除消费行为外，还有生产行为。这既是旅游者生产心理的必然要求，也是不容抹杀的铁的事实。旅游者在旅游活动中的拍照、录像、题词、绘画、写作、考察、狩猎、垂钓、采集等行为无疑具有生产属性，因为这些行为包含了借助一定的工具、施加体力或脑力于对象之上等生产环节，而且还有自己的产品（详下）！这些行为固然发生在旅游消费过程之中，但绝非“旅游消费”四个字所能概括。消费与生产往往如影随形，旅游活动也是如此。若旅游者只有消费而没有生产，那是不可想象的。只不过旅游生产主要是一种精神生产，相对于旅游消费不占主流罢了。有的学者坚称“旅游活动是一种没有物质回报的纯消费性活动”，这未免绝对化。

3. *旅游体验文化的产品*

旅游体验文化的产品是旅游体验文化的心理与行为的结晶。旅游体验文化的产品丰富多样，以现实旅游体验的产品为例，按具体形式划分，旅游体验文化的产品可分为文学、艺术、史哲、科技、猎物、果菜、草木、贝石、水土诸类；按大致用途划分，旅游体验文化的产品可分为旅游用品和非旅游用品两大类；按基本性质划分，旅游体验文化的产品可分为物质性产品和观念性产品两大类。旅游体验文化的产品是旅游心理与行为的物化形态，其外壳固然表现为物质形式，但其内核大都是观念性的。因此，旅游体验文化的产品就其整体属性来看基本上属于精神文化。旅游体验文化的产品特色鲜明，有粗放性、观赏性、纪念性、有用性、观念性、多样性等突出属性。

旅游体验文化的产品是旅游者旅游产品的主要内容。流行的旅游产品定义把旅游产品说成是旅游业产品，这是典型的张冠李戴。旅游者在旅游活动中或以旅游活动为基础自己创制的产品才是名副其实的旅游产品[1]。在以往的旅游研究中，旅游者被认定只消费产品而不生产产品，这是不对的。旅游者

---

[1] 曲玉镜．旅游产品新论［J］．旅游管理，2002.

旅游行为的产物——照片、音像、楹联、画卷、游记、诗赋、词曲、资料、猎物、标本，甚至所采之奇花、异草、珍木、怪石，无一不是旅游者借助一定的工具、通过施加其体力或脑力于对象之上而获得的，怎能说旅游者不生产产品呢？由于旅游者产品主要是非卖品，几乎没有经济价值，经济学的视野当然是看不到的。如果能兼用文化学的视角，情况可就不一样了。须知，“生产”、“产品”也是文化学的概念，尽管在使用上与经济学有所不同但最基本的含义还是一样的，文化学并不因为旅游者产品没有经济价值而无视它的存在。

关于旅游体验的心理、行为与产品，笔者将在本章第2～4节作进一步的探讨。

三、旅游体验文化的特点

同旅游体验文化的分类研究一样，目前针对旅游体验文化的特点的研究成果也不多，仅有的成果主要集中在对旅游体验的特点的研究上。黄鹂（2003）认为旅游体验具有情感反应、个体性、参与性、综合性四个特点；梁彦明（2005）认为旅游体验具有深刻性、干扰性两个特点。这些研究虽然还只限于旅游体验，但对于我们研究旅游体验文化的特点同样具有重要启示。笔者认为，旅游体验文化主要有以下几个特点。

1. 广泛性

旅游体验文化涉及面广、范围大，呈现出明显的广泛性特点。

首先，旅游体验文化的主体具有广泛性。从古至今，各阶层都有旅游体验文化的主体，而且呈现出自上而下逐渐扩大的趋势。大众旅游的兴起成为现代旅游活动发展的一大特点。所谓大众旅游，首先是指旅游活动参加者的范围已扩展到普通的劳动大众。据有关部门统计，2010年我国居民旅游达20亿人次，世界国际旅游达9.35亿人次。一种文化的主体如此广泛，应该说并不多见。

其次，旅游体验活动具有广泛性。随着旅游逐渐成为人类社会的基本需求，现代旅游体验活动已延伸到各个领域。就体验的游踪而言，现代旅游者的游踪早已遍布世界各地：从繁华的城市到偏僻的乡村，从热闹非凡的风景名胜到默默无闻的荒山野岭，从飞鸟不过的沙漠峡谷到人迹罕至的南极北极，到处留下了游人的足迹，连浩瀚的太空也开始被游人光顾。就体验的内容而言，更是五花八门：概括地说是行、住、食、游、娱、购；具体地讲是人生的各个方面。诚如谢彦君先生所言：旅游领域“是一个相对封闭的世界：展开来，就是人们生活；掩闭上，就是一个与日常生活迥异的世界”。

再次，旅游体验产品具有广泛性。如前所述，旅游体验产品丰富多样，按具体形式划分，旅游体验产品可分为文学、艺术、史哲、科技、猎物、果菜、草木、贝石、水土诸类；按大致用途划分，旅游体验产品可分为旅游用品和非旅游用品两大类；按基本性质划分，旅游体验产品可分为物质性产品和观念性产品两大类。其内容之广泛，几乎涉及文化产品的各个方面。

如果说广泛性也是旅游的特点，那么较之旅游体验文化，旅游的这一特点就显得不那么“特”了。旅游体验产品有不少已经溢出旅游之外；旅游开始前和结束后的旅游体验心理不属于旅游，但属于旅游体验文化。

2. 享受性

旅游体验文化的享受性是指旅游体验文化能够使人们获得生理或心理上的满足。旅游体验者的最终目的就是追求生理或心理上的满足，由此决定了其所创造的旅游体验文化不能不具有享受性。

首先，旅游体验的过程具有享受性。按体验对象划分，旅游体验主要有对景观的体验和对服务的体验两大类。无论是对景观的体验还是对服务的体验，其过程都是一个享受过程：通过保健旅游、疗养旅游，可以增强体质、恢复体力、消除心理紧张、缓解心理压力，获得身心愉悦；通过探险旅游、科考旅游、教育旅游，可以探险猎奇、增长见闻，满足旅游者的好奇心和求知欲；通过参加游乐活动、游览名山大川，可获得乐趣、美感，满足旅游者的求悦求美需要；通过结识新朋、探访亲友，可以扩大交往、沟通情感，满足人们爱和归属的旅游需要。

其次，旅游体验产品具有享受性。如前所述，旅游体验产品特色鲜明，有观赏性、纪念性等属性。旅游者不但希望从旅游条件、旅游对象中获得美的享受，也希望借助旅游条件、利用旅游对象亲手创作美的东西，自我欣赏或与人共享。同时，为了让美好的旅游经历长留心中，旅游者大都愿意购买或自制一些有纪念意义的产品，以馈赠亲友或永久珍藏。因此，他们创制的旅游产品大多具有可享受性。其中的文学、艺术、草木、贝石类产品自不待言，就是史哲、科技、猎物、果菜诸产品也无不具有可享受性。

旅游体验文化的享受性不单单是对旅游体验者而言的，对非旅游体验者也具有同样的功能。通过阅读他们的旅游文学作品、欣赏他们的旅游艺术作品、品味他们的馈赠品、倾听他们的关于旅游感受的诉说，作为非旅游者，虽未亲临其境，多少也能获得些精神满足。

3. 自由性

旅游体验文化是一种流动、开放的文化，规范性小，自由度高，有明显的自由性特点。

从旅游体验文化主体看，消遣型旅游者是纯粹的旅游者，也是旅游队伍的主力军，其特点之一就是自由度高。消遣型旅游者在旅游目的地、旅游活动方式、旅游路线、旅游交通工具和旅游出发、停留时间上都拥有较大程度的选择自由。如果预定目的地的不安全因素增加、交通工具不便利、旅游产品质量下降或提价过高，旅游者便会临时改变计划，取消旅游或选择新的旅游线路和旅游目的地。此外，在时间选择上也一样，在某地旅游过程中，若对旅游景点的服务质量和人文、自然景观感觉好，则可能延长停留时间，反之则可能提前离去。旅游体验文化主体的高自由度既是旅游体验文化自由性的一个原因，也是旅游体验文化自由性的一个标志。

从旅游体验文化的过程看，旅游体验心理和行为是高度自由的。旅游体验的一个重要目标就是要摆脱日常环境的压力和桎梏，到异地获得片刻自由。旅游既是一种休闲活动，又是一个轻松环境，恰好为旅游体验提供了自由的平台。在这里，少了日常的桎梏和压力，多了新异的诱惑和刺激。于是，心灵得以放飞，行为得以解放，旅游体验者可以随心所欲，以欣然之态做心爱之事，甚至连道德和法律也不管不顾。心理和行为由此获得空前自由。这不是个别人的现象，而是一群人的现象；不是偶然的现象，而是惯常的现象；虽然没有规定要求他们这样，他们却不约而同地认为就应该是这样。一群乌合之众的个人体验心理和个人体验行为就这样演变为一种高度自由的群体文化——旅游体验过程文化。

从旅游体验产品看，旅游体验文化产品本身具有极大的随意性。旅游体验产品种类繁多，各有特色；但它不同于一般产品，既不整齐划一，也不标准规范，同一类型甚至同一产品也不尽一致。同是旅游文学，作者不同则风格各异；同是一顶“遮阳帽”，两次所做则必不相同。旅游体验产品的随意性与旅游体验产品的有用性密切相连。旅游体验产品主要不是用于销售的，因此旅游体验产品的生产也基本不受市场制约，过程比较随意。只要生产条件允许，自己愿意，旅游者生产什么、怎样生产、生产多少，完全可以随心所欲。加之生产旅游产品的时间比较短促，工具比较简单，特别是旅游体验产品不是批量生产，并无统一要求，旅游体验产品更难整齐划一、标准规范。

旅游体验文化产品的随意性从另一个侧面反映了旅游体验文化的自由性。

4. 情感性

旅游文化充满了强烈的情感色彩。这在旅游体验文化中表现得最为充分。无论旅游者是观赏自然还是体验社会，也无论旅游者是乘车还是住进饭店，总会有情感体验伴随着旅游者。这种情感体验可能是欢乐的，也可能是痛苦的；可能是强烈的，也可能是平缓的；可能是审美的，也可能是非审美的。其间喜怒哀乐，应有尽有。一部旅游体验文化的发展史，其实也是一部旅游情感发展史。翻一翻古今的旅游体验记录——游记，便能强烈地感受到这一点。

游客的个人经历、知识背景、兴趣爱好影响着情感反应的强烈程度。当旅游吸引物与游客的兴趣或心境相符合时，就会产生一种积极肯定的情感，表现为一次愉悦、难忘的经历；当其与人们的爱好或心境不符时，就会产生一种消极否定的情感，产生负面的体验。因此，对于同一个旅游景区、同一个旅游项目，不同的游客会产生不同的情感体验。只有那些伴随美好情感的经历才能成为游客记忆中的瑰宝，让游客留恋并引导他们追逐这种体验的再现。情感体验是旅游体验的重要内容。

在快速工业化的今天，流水线上的人机对话阻断了人与人之间的情感交流，人们已把旅游当做情感发泄、情感交流的重要手段；在工业化高度发达的明天，人情将更显淡化，人们将更加寄情于旅游。因此，旅游体验文化的情感性将有增无减。

5. 个体性

旅游体验文化具有很强的个体性。所谓个体性，即个人化色彩浓厚。

旅游体验是个人情绪、体力、智力或精神达到某一特定水平时所产生的美好感受。因此，旅游体验是个人的，没有两个人的体验是完全一样的。旅游世界是异于日常环境的私人空间，是人们从事放松身心等私人性活动的最佳场所；尤其是观光、休闲旅游，自由空间极为广大，为人们从事消遣、娱乐等纯私人性的活动提供了广阔的平台。旅游体验环境的私人性决定了旅游体验文化不能不带有浓烈的个体性色彩。旅游者又是一种自由性的角色，少了重重规范性的角色约束，游客越发追求个性的张扬和爱好的满足，旅游体验内容和方式的个性化也就成为必然。世界散客旅游成为主流，各种探险旅游、主题旅游越来越受到欢迎就是其佐证。满足游客个性化体验的需求是旅游业发展的方向。

旅游体验文化的个体性还表现在旅游体验产品上。旅游体验是个人的，旅游体验产品也是个人的。旅游体验产品是个人旅游体验的结晶，很少由群体通力合作完成。因此，没有两个人的旅游体验产品体是完全一样的，哪怕是同一类型的产品。1923 年作家俞平伯和朱自清同游秦淮河，相邀各写一篇游记，题目相同，都叫《桨声灯影里的秦淮河》，然而结果风格各异、内涵不同，一时传为文坛佳话。

旅游体验文化的个体性是相对于旅游体验文化的共同性而言的，旅游体验文化是共性与个性的统一，旅游体验文化中的共性使旅游体验文化成为一个统一体，旅游体验文化中的个性使旅游体验文化丰富多样。

第 2 节　旅游体验文化的心理分析

旅游体验文化的心理是旅游参与者通过与体验对象接触而形成的社会意识。从静态心理要素的角度看，旅游体验文化的心理包括现实和虚拟旅游体验的需要、动机、期望、知觉、想象、理解、兴趣、态度、情绪、情感、意志、满意度等。由于旅游体验心理在旅游体验文化的心理中占核心地位，本节重点探讨旅游体验的内在动因及心理过程。

一、旅游体验文化的内在动因

人为什么要进行旅游体验？这从内因上讲是因为其有旅游体验的需要与动机。旅游体验是旅游活动的重要组成部分，所以旅游体验的需要、动机同旅游的需要、动机基本上是一致的。本目重点探讨旅游体验的需要和动机的含义与类型，以及中西旅游体验文化内在动因的差异。

（一）旅游体验需要

1. 旅游体验需要的含义

需要是个体生理或心理的匮乏状态及由此产生的平衡驱动力在头脑中的反映，是人们的匮乏感及由此产生的平衡驱动感的总和。旅游体验需要是人的一般需要向旅游领域的延伸，是人们对旅游体验的愿望和要求。现代社会的生活节奏日益加快，人们的身心日趋疲劳紧张；在物质生活丰富的同时，人的精神生活却相对匮乏。身心的疲劳紧张和精神生活的相对匮乏引起生理或心理的平衡失调，并由此产生去外地摆脱紧张、补偿缺乏、恢复平衡的驱动力。这种疲劳紧张、相对匮乏、平衡失调的状态和去外地摆脱紧张、补偿缺乏、恢复平衡的驱动力必然通过人的大脑形成主观反映，旅游体验需要就此产生。客观存在的旅游对象也是产生旅游体验需要的必备条件之一。旅游体验需要具有对象性，亦即具有自己的旅游体验对象。旅游体验需要里的旅游体验对象是主观形态的东西，是旅游体验需要不可或缺的内容。作为主观形态的旅游体验对象，实际上是客观存在的旅游体验对象在人脑中的反映。没有客观存在的旅游体验对象的刺激，旅游体验需要里也就没有主观形态的旅游体验对象，旅游体验需要也就不称其为旅游体验需要。

按照马斯洛需要理论，旅游体验需要属于一种较高层次的需要。旅游体验需要虽然也有吃、穿、住等基本方面的需要，但这些需要并不仅仅局限于生理层面，更多已发展为对吃得好、穿得好和住得好的追求，已进入较高层次。这是旅游体验需要与人的一般需要的最大区别。

旅游体验作为自由的生命表现的一种形式，摆脱了异化劳动的束缚。旅游者不吝金钱、不辞羁苦的空间位移活动不具有“谋生”的性质，而是出于“乐生”的需要，是一种有意识的、对象性的乐生活动，是人的“精神状态得到自由解放的象征，其起步的地方，也正和具体的游戏一样，是从现实观念中得到解脱”。因而，旅游体验需要本质上是文化性的需要。

2. 旅游体验需要的类型

明确地以旅游需要作为探讨对象并为之分类，要属菲利普·皮尔斯(F. L. Pearce)的模型。皮尔斯所提出的旅游需要层次基本上是马斯洛需要层次理论的翻版，是从旅游的角度对马斯洛的模型所进行的重新注解。这个模型中包含了五个层次的旅游需要：放松需要、刺激需要、关系需要、自尊与发展需要和自我实现需要（谢彦君，2005）。

类型划分服务于研究目的。研究目的不同，则类型划分各有侧重。从识别不同旅游体验需要的目的出发，按一定标准，旅游体验需要可以划分出以下几种类型。

按起源划分，旅游体验需要可分为天然性需要和社会性需要两大类。

天然性需要源于自然本能，包括生理性需要（如对衣着、住所、休息、交通的需要）和对安全健康的需要。旅游者的天然性需要与马斯洛需要层次理论中的生理需要和安全需要有很大的区别，它并不局限于生存层面，而是渗透到了发展和享受层面。以旅游者的住宿体验为例，旅游者需要的是环境优雅、清洁卫生、设备齐全的休息场所，以便体验生活和美的享受，而不是一般意义上的“居者有其屋”。

社会性需要源于社会生活，它是旅游者对于名誉、权力、尊重、交往和友谊等方面的需要，对应于马斯洛需要层次理论中“归属和爱的需要”及“尊重的需要”。旅游者交往体验的需要表现在很多方面，如探亲访友、故地重游、寻根求源、结交朋友、增进友谊等；旅游体验需要中的尊重需要主要是希望通过旅游这种方式摆脱工作中遭人冷落的烦恼，重新感受人间的温暖和他人的尊重。

按对象的属性划分，旅游体验需要可分为物质需要和精神需要两大类。

物质需要主要是指旅游者对服饰、食物、住所、交通等物质产品的需要。旅游体验主要是为了追求精神上的满足，但精神上的满足离不开物质产品的支持，所以旅游者的物质需要是普遍存在的。旅游者的物质需要不全是低级需要，除了生存需要部分外，有的属于发展需要，有的属于享受需要。在旅游活动中，后两者还比较突出，这也是旅游物质需要同一般物质需要的重要区别。

精神需要主要是指旅游者对于艺术、道德、宗教信仰和美的需要。旅游者在旅游过程中普遍都有一种追新猎奇的需要。一个人利用自己的休息时间，千辛万苦，不远万里，无非是想通过旅游这种活动寻访名胜古迹和风土人情，或者通过旅游欣赏艺术珍宝、琴棋书画以获得精神上的满足。所以我们说，精神享受的需要是旅游者最为普遍和共同的需要。

按需要的复杂程度划分，旅游体验需要也可分为单一性需要和多样性需要两大类。

单一性需要是指旅游体验者对平衡、和谐、熟悉、没有冲突和可预见性的向往和追求。单一性需要理论家认为，如果在正常生活中出现非单一性，人们就会表现出紧张和不安。人们为了减除紧张和不安，常会采用可预见的（单一性）事、物或活动来抵消由非单一性造成的紧张和不安心理。旅游世界是一个可以满足不同需要的环境，那些具有单一性需要的人，一旦日常生活受到非单一性的干扰，就会在单一性需要的驱使下投身于旅游世界中，在符合单一性需要的环境里获得片刻安宁。大批旅游者之所以喜欢世界驰名的景观，而且愿意享受大众的、标准化的旅游服务，很大程度上是单一性需要使然。因为体验这些景观和服务的过程和结果都是可预见的，能够满足其单一性需要。

多样性需要是指旅游体验者对新奇、出乎意料、变化和不可预见性事物的向往和追求。多样性需要理论家认为，人的生活是极其复杂的，单纯依靠单一性需要是无法享受生活和理解生活的。多样性需要能驱使人们追求全新的刺激，使人们生活得更美好。根据多样性需要理论，旅游者之所以愿意游览他以前从没去过的地方，而且喜欢乘坐不同的交通工具、光顾不同的旅店，乃是受多样性需要的推动。因为体验这些景观和服务的过程和结果新奇变化的，有不可预见性，能够满足其多样性需要。

（二）旅游体验动机

1. 旅游体验动机的含义

动机是个体发动和维持其行动并导向某一目标的直接内在驱动力。根据心理学的动机定义，我们可以对旅游体验动机作这样的界定：旅游体验动机是直接推动、引导一个人进行旅游体验的内部动因或动力。

主体的旅游体验需要是产生旅游体验动机的首要条件。社会心理学告诉我们：动机的动力成分源于需要。旅游体验需要产生后，如果不能得到满足，体内就会感到紧张，并产生一种动力，驱使人们采取行动、满足需求、消除紧张。这种动力为旅游体验动机中动力成分的形成奠定了基础。如果没有旅游体验需要引起的紧张及由此产生的推动力，旅游体验动机的动力成分将无法形成，旅游体验动机也就不称其为旅游动机。

如果说旅游体验动机的动力成分源于内在的旅游体验需要，那么旅游体验动机的导向成分则源于个体在后天社会生活中所习得的各种观念、规范准则以及个体当时所处的社会环境，特别是外在的旅游体验目标，即能够满足旅游者旅游体验需要的旅游地。其中的旅游体验对象尤为关键。旅游体验动机的导向成分，一是指“定向”即确定旅游体验行为方向；二是指“导航”即规定旅游体验行为方式。不管是确定旅游体验行为方向还是规定旅游体验行为方式，都离不开旅游体验目标的刺激。

旅游体验动机和旅游体验需要有联系，亦有区别。两者之间的区别还是主要的。

第一，旅游体验动机对旅游体验行为的推动是直接的，而旅游体验需要对旅游体验行为的推动是间接的。旅游体验动机对旅游体验行为具有推动作用，这种作用来自于个体的旅游体验需要，一旦客观条件成熟，它将直接推动旅游体验行为的发生，旅游体验动机与旅游体验行为之间没有其他中间环节；旅游体验需要固然也有推动旅游体验行为的作用，但旅游体验需要还不足以使个体产生满足需要的旅游体验行为，它要通过旅游体验动机而对人的旅游体验行为产生作用，旅游体验需要与旅游体验行为之间隔着旅游体验动机。

第二，旅游体验动机对旅游体验行为具有维持和指导作用，而旅游体验需要对旅游体验行为不具有指导和规定作用。旅游体验动机不但能直接启动个体旅游体验行为，还能直接指导和规定个体旅游体验行为达到一定的目的，对违背目标的行为进行修正；旅游体验需要对旅游体验行为则仅具有间接推动作用，只能间接推动行为指向需要对象，却不能指导和规定行为怎样行动以获得对象。旅游体验动机对个体旅游体验行为的指导和规定作用来自个体在后天社会生活中所习得的各种观念、规范准则以及个体当时所置身其中的社会环境，所以旅游体验动机就其本质而言是社会性的。

旅游体验动机之所以称为旅游体验动机，一则因为它所启动的行为是旅游体验行为；二则因为它所要满足的需要是旅游体验需要。凡是启动旅游体验行为的动机都称为旅游体验动机；凡是满足旅游体验需要的动机也都称为旅游体验动机。比如，有人本来打算去外地开会，却启动了旅游体验行为。在这里，“开会”不是为了满足旅游体验需要，但它启动了旅游体验行为，因而称为旅游体验动机。再如，有人本来打算去游览，却启动了商务之旅。在这里，旅游体验行为虽然没有发生，“游览”仍因其为了满足旅游体验需要而可称为旅游体验动机。又如，有人打算去观光，并因此启动了旅游体验行为。在这里，“观光”既为满足旅游体验需要，又启动了旅游体验行为，更是旅游体验动机。

由此看来，作为旅游体验行为的直接内在推动力，旅游体验动机与旅游体验行为并非完全一致。“正打正着”虽属常态，“歪打正着”或“打而不着”也是有的，这是动机与效果的不完全一致；旅游体验动机与旅游体验行为的不一致还表现为两者在数量上的不对应性：一种旅游体验动机可能导致多种旅游体验行为，多种旅游体验动机可能导致一种旅游体验行为。如同样是健康动机，它可能导致度假旅游，也可能导致疗养旅游；探险动机和考察动机并不相同，但都可能导致登山旅游。

2. 旅游体验动机的类型

国外对旅游动机类型的研究起步较早，并取得了不少成果。20 世纪 60 年代，美国人约翰·A. 托马斯提出了驱使人们进行旅游的 18 种重要动机。20 世纪 70 年代，麦金托什将旅游动机归纳为身体健康动机、文化动机、交际动机、地位与声望动机四大类。旅游动机的研究为旅游体验动机类型的划分奠定了坚实的基础。结合旅游体验实际，旅游体验动机主要有以下几种类型。

（1）身心健康动机。

这包括两个方面的内容：一是指生理上的健康动机，如以增强体质、恢复体力为目的的旅游体验动机；另一是指心理上的健康动机，如以消除心理紧张、缓解心理压力为目的的旅游体验动机。健康动机的特点主要是：以促进身心健康为目的，推动人们从事调节身心节律、增进身心愉悦的旅游体验活动，满足人们身心健康的旅游体验需要。纵观古今旅游则不难发现，许多旅游体验类型的背后都有健康动机的存在，如保健旅游、疗养旅游等主要是健康动机推动的结果。

旅游体验的健康动机历史悠久，而且相当流行。从罗马帝国时期每年一次的避暑旅游，到16世纪英格兰医师倡议的矿泉旅游，无不说明旅游体验的健康动机自古以来就一直长盛不衰。今天，随着人们对健康的高度重视，健康旅游已成为旅游者最主要的旅游体验动机之一。随着社会文明的进一步提高以及健康理念的深入人心，旅游体验的健康动机在所有的旅游体验动机中将更为突出、更为重要。

（2）探奇求知动机。

这是驱使人们认识和了解自己生活环境和知识范围以外的事物的旅游体验动机，包括以探险猎奇为目的的探险动机和以增长见闻为目的的求知动机。探奇动机和求知动机往往互相渗透，密不可分，故归为一类。探奇求知的特点主要是：以满足旅游者的好奇心和求知欲为目的，推动旅游者从事具有新异性、知识性乃至冒险性的旅游体验活动。探奇求知的动机在旅游体验动力中很普遍，森林旅游、沙漠旅游、民俗旅游甚至娱乐旅游、宗教旅游等都有探奇求知动机的成分，探险旅游、科考旅游、教育旅游等更是探奇求知动机的产物。

探奇求知的旅游体验动机同身心健康的旅游体验动机一样古老，古中国周穆王的昆仑山之游、古希腊亚里士多德的地中海之游等都足以证明探奇求知的旅游体验动机早在奴隶社会即已形成。此后，探奇求知的旅游体验动机不断扩大，成就了一大批徐霞客式探险科考旅行家。发展到今天，探奇求知的旅游体验动机已成为推动现代旅游的主要动机之一。由于此类动机能推动人们获得奇特的感受和全新的知识，所以即使在将来，它也不会呈萎缩之势。

（3）娱乐审美动机。

旅游体验活动也是娱乐审美活动，所以娱乐审美也是人们旅游体验的重要动机之一。娱乐动机以获得快乐、乐趣为目的；审美动机以获得愉悦、美感为目的。娱乐动机和审美动机往往如影随形，也是密不可分，故归为一类。娱乐审美动机与身心健康动机有共同之处，但前者生理成分较少，属于精神性动机，层次较高；后者生理成分较多，属于天然性动机，层次较低。娱乐审美动机的特点主要是：以满足旅游者求悦求美需要为目的，推动旅游者从事快乐有趣、具有审美价值的旅游体验活动。在旅游体验动力中，娱乐审美动机同探奇求知动机一样普遍，甚至有过之而无不及。几乎各类旅游体验活动的背后都有娱乐审美动机的推动。如去异地参加游乐活动、游览名山大川等，其动机便是娱乐审美。

旅游体验的娱乐审美动机属于非功利性动机，大概形成于封建社会，似乎不太古老。获取快乐、美感是人人所向往的，所以该旅游体验动机一经形成便发展迅速。近代以来，娱乐审美动机已成为最普遍的旅游动机之一。在今后相当长的时间内，娱乐审美动机仍将在各种旅游体验动机中居于中心地位。

（4）社会交往动机。

社会交往是人之本性，它既是人类需要的层面，也是人们外出旅游的重要动机。旅游体验的社会交往动机包括以结识新朋、探访亲友为目的的亲和动机和以寻根怀古、认祖归宗为目的的怀旧动机。社会交往动机的特点是：以扩大交往、沟通情感为目的，推动人们从事增进友谊、联络感情的旅游体验活动，满足人们爱和归属的旅游体验需要。任何一种旅游活动都需要接触新的人际环境、进行新的人际交往，所以每一种旅游的背后都不同程度地存在社会交往的旅游体验动机。社会交往动机还是探亲游、故国游等旅游形式的主要动机。海外华侨、外籍华人、在华居住过或出生的外国朋友到中国旅游，美国人去欧洲旅游等，大多都是出于这种动机。

社会交往的旅游体验动机古已有之，这从中国古代“交游”的存在即可看出。封建时代游客写下了大量的怀古诗篇，亦可见那时该旅游体验动机的强烈。发展到今天，社会交往的旅游动机已普遍开来。随着人们非工作交流的日益减少和孤独感的日益加重，社会交往的旅游体验动机也会越来越强烈。

（5）自我实现动机。

自我实现动机主要包括展现自我动机和发挥自我动机。前者以炫耀自己的特殊经历、提高自己的社会地位为主要目的，后者以挖掘自己的最大潜能、充分发挥自己的个性为主要目的。自我实现动机的特点是：以展现自我、发挥自我为目的，推动人们从事能够体现自我的旅游体验活动，满足人们自我实现的旅游体验需要。人人都有被尊重、被承认、被注意、施展才华、取得成就的需要。这种需要往往产生巨大的动力，驱使人们去展现、去发挥。旅游是极富有象征意义的活动，它能赋予旅游者地位、声望和与众不同的感受，引起他人的仰望和羡慕。旅游又是一个自由的环境，人们完全可以按照自己的意愿去体验人生价值，发挥自己的个性。于是，旅游便成为满足人们这一需要的理想形式之一，越来越多的人把旅游体验看做实现自我的一种有效手段。豪华旅游、探险旅游在很大程度上是这种旅游动机推动的结果。

实现自我的旅游体验动机源于自我的觉醒、自我的提高。在世界范围内，旅游正经历着一个由自发到自觉的演变过程。旅游自发阶段和自觉阶段的最大区别在于：自发阶段的旅游体验动机大都出于被迫和无奈，而自觉阶段的旅游体验动机则主要出于自我理解、自我提高的需要。所以，自我实现的旅游体验动机目前虽然未成主流，但随着自我的觉醒和自我的提高，该旅游体验动机必将成为旅游动力中的主力军。

(6) 宗教信仰动机。

宗教信仰动机是指直接推动某一宗教信徒暂时离开常驻地参加宗教活动的内在驱动力。宗教信仰动机的特点是：以增强认同、规范行为、调节心理、整合社会为目的，推动某一宗教信徒暂时离开常驻地朝拜、求法、传教或参加宗教节日，满足人们宗教情感或宗教式情感的需要。宗教信仰动机也是重要的旅游体验动机之一，所谓宗教旅行就是该动机推动的结果。即便宗教旅行不算旅游，该旅游体验动机也不容忽视。每年有数以万计的游客涌向宗教场所，旅游体验类型各种各样，多数类型都有宗教信仰动机的推动。

宗教信仰动机是最古老的旅游体验动机之一。人类文明之初宗教旅游的存在即是证明。进入封建社会，风靡世界的宗教旅行更昭示了它的旺盛。近代以来，宗教信仰有所淡薄，宗教信仰的旅游体验动机却势头不减，宗教旅游资源的大规模开发已说明了这一点。随着科技的发展，宗教信仰将更加淡薄，但宗教信仰的旅游体验动机不会在短时期内有所减少。

(三) 中西旅游体验需要与动机的差异

由于文化差异等原因，中西旅游体验需要和动机有明显差别。这种差别主要体现在强弱和类型上。

1. 旅游体验需要和动机的强弱差异

中国与西方旅游体验需要和动机的强弱差异非常明显。中国近代第一批到欧洲考察的同文馆学生张德彝就发现，“盖西俗，无论男女，皆得遨游外国”，迥异于中国。[1] 总的来说，西方人的旅游体验需要与动机要比中国人强。中外旅游史上，外国到中国来的远比中国出外的多。越是出门少就越是觉得旅途可怕，“在家百日好，出门一时难”，“物离乡贵，人离乡贱”；而越是排斥出游就越是觉得自己的家乡好，越是觉得家乡好就越是不想出游。

也许会有人说，这主要是由中西之间经济水平的差异造成的。笔者并不否认经济发展水平对旅游体验动机的影响，相反也认为这种影响是相当重要的；但必须指出，这种差异的形成有着更为深远的文化原因。西方传统文化强调支配自然、强调着眼于未来、强调个人主义、强调自致的取向，这塑造了西方民族较普遍和较明显的外倾型性格特点；而中国传统文化熏陶下的国人不能不说带有内向的性格特征。据心理学家研究，外倾型的人或民族较内倾型的人或民族更乐于动，更乐于出游。中国民间有“好出门不如歪在家”、“看景不如听景”的俗语，或多或少地反映了中华民族的内倾型民族性格特征及其对中国人旅游体验需要和动机的阻抑。

需要强调说明的是，中西旅游体验需要和动机强弱差异的比较结论只适合于近现代以来的情况，于古代并不适用。在古代，西方远游者是比中国多，但大多不是真正意义上的旅游者；西方中世纪时期，旅游几乎绝迹，以致严谨的西方旅游研究者认为西方的旅游是从 16 世纪开始的（罗伯特·朗卡尔，1989）。而反观古代中国，严格意义上的旅游从未中断，有关记载汗牛充栋。那些认为旅游需要与动机西强中弱自古已然的学者，是把西方的迁徙者、征服者、殖民者都算做旅游者了。这些人的旅行需要和动机是很强烈，但那不是旅游需求和动机！

2. 旅游体验需要和动机的类型差异

从社会文化学的角度看，一方面，人们所提出的各种旅游体验需要与动机可能是人类所共有的，具有普遍的意义；另一方面，不同文化背景下的旅游体验需要与动机的种类又必然会存在程度上的差异。

从大的方面着眼，因传统文化不同所导致的中西之间在旅游体验需要上的类型差异，主要表现为中国人对于单一性的需求——求和谐、熟悉、稳定、可预见性的倾向较为明显，而对于多样性的需求——求意外、新奇、变化和不可预见性的倾向则远逊于西方人。在天人合一的思想熏陶下的中国人多钟

---

[1] 张德彝．航海述异［M］．长沙：湖南人民出版社，1981．

情于小桥流水、闲云翔鸥、青山夕阳、草长莺飞的平和景观，以在对其静观默想中获得内心的审美体验，感受人与自然的和谐。而西方民族则有强烈的探索意识，甚至不惜冒险。在天人对立的自然观的指导下，他们往往选择波浪滔天的大海、挺拔雄峻的高山、水流湍急的江河、险象环生的森林、神秘原始的村寨、人迹罕至的荒原、浩瀚无垠的沙漠等充满惊险、充满刺激的旅游目的地，以在对之的征服中获得快感，感受到人的力量的伟大。

由于西方人的旅游需求往往是多样性的，而中国旅游者的需求往往是单一性的，所以中西旅游体验动机的类型也不同。大体来说，西方旅游者试图通过旅游寻求强烈的感官刺激，在征服自我、征服世界的过程中满足个人的好奇心，体现人的本质力量，获得以我为主的人格意识；中国人则试图通过旅游活动找寻精神的家园，在天人合一、物我交融中满足个人的审美需求，强化个人的道德修养，得到心灵慰藉和道德的升华。

上述不同之处，因中西方在人与人关系问题上的观点的不同而得到进一步的强化和扩散：受个人自由主义影响，西方旅游者在出游动机上较少受他人的影响和支配，想旅游就能自我决定；而中国人则有较强的群体精神和从众意识，易受他人支配。中国人出游喜欢阖家共游，而西方人出游有时竟会出现一家三口分赴三地的情况，这种在我们看来缺乏亲情的旅游方式其实正体现了不同民族间受不同文化、不同社会心理的影响而表现出的不同旅游性格。

如果说西方人旨在通过旅游寻求热烈的感官享受，从探求征服中获得以自我为主体的人格意识，中国人则旨在通过休闲，从回归自然中找寻飘飘然的快意，在天人合一、物我交融中得到心灵的慰藉；如果说西方人的旅游需要如怒海烈日，躁动不安、率真外露，那么中国人的旅游需要则像平湖秋月，平和稳定、含蓄内敛。中西旅游体验需要和动机有明显的类型差别，却很难说有高下之分。

二、旅游体验文化的心理过程

旅游体验心理是人的心理的一部分，从心理过程的角度看，其包括认知、情感、意志三个过程。旅游体验心理活动过程是这三个过程的统一，它们相互联系、彼此渗透和相互影响。

（一）旅游体验的认知过程

旅游体验的心理过程，一般是从旅游体验者对旅游体验对象的认知过程开始的。该过程是通过感觉、知觉、记忆、想象、思维等环节来实现的。这一过程可以分为两个阶段，即对旅游体验对象的认知形成阶段和认知发展阶段。它是旅游体验决策和旅游体验行为形成的重要基础。

1. 对旅游体验对象的认知形成阶段

旅游体验者对旅游体验对象的认知形成阶段属于感性认知阶段，是旅游体验者通过自己的感觉器官获得有关体验对象的各种信息及其属性的过程，主要包括旅游感觉和旅游知觉两种心理现象。

旅游感觉是直接作用于感觉器官的旅游现象在旅游者头脑中的零散反映，它是旅游认知活动的起点。旅游现象作为客观事物，由于旅游者的接触和享用而直接作用于旅游者的外部感觉器官，刺激了旅游者的视觉、听觉、嗅觉、味觉和触觉，由此形成了对该旅游现象的个别属性的反映。

旅游感觉按刺激物与感受器的内外差别可分为外部感觉和内部感觉两大类。外部感觉是由外部刺激物作用于外部感官引起的，包括距离感觉和接触感觉。内部感觉是指由人体内部各器官运动的刺激所引发的感觉，包括平衡觉、运动觉和机体觉。

旅游感觉遵循感觉的一般规律。这些规律包括：适宜刺激——每种器官只能反映特定性质的刺激；感受性和感觉阈限——人的感官只有在一定刺激强度的范围内才能产生感觉；舒适性——人们的感觉都有一个舒适度；适应性——刺激对感受器的持续作用使其感受性增强或降低以适应环境。

旅游知觉是指直接作用于旅游者感官的旅游刺激现象在人脑中的整体反映。与旅游感觉相比，旅游知觉所反映的是对象的整体属性，诸如声、光、色等复合属性；而旅游感觉所反映的是对象的个别属性，诸如声、光、色等个别属性。所以，旅游知觉是旅游感觉的综合。

按知觉的简单与复杂程度划分，旅游知觉可分为简单（一般）旅游知觉和复杂旅游知觉两大类。简单（一般）旅游知觉是指以某种感觉为基础的知觉，包括旅游视知觉、旅游听知觉、旅游味知觉、旅游嗅知觉、旅游肤知觉等。复杂旅游知觉是指以多种感觉为基础或缺乏感觉基础的知觉，包括旅游空间和旅游时间的知觉及旅游运动知觉。按知觉的对象划分，旅游知觉又可分为对人的知觉和对物的知觉两大类。对人的知觉包括对他人、人际、自我的知觉；对物的知觉包括对时间、距离、目的地的知觉。

旅游知觉具有选择性、整体性（组织性）、解释性等特点。当旅游者处于丰富多彩、千变万化的环境中，对于感知什么、忽略什么、拒绝什么、旅游知觉都会自动地进行选择；当旅游知觉对象是若干个刺激物时，如果它们相近、相似或共同包围一个空间，旅游知觉并不把它们看成是若干个，而是看成一个整体；旅游知觉并不像照相机那样仅仅机械地反映出旅游刺激物的形状，它还能对对象的内涵作出解释。

2. 对旅游体验对象的认知发展阶段

在认知的形成阶段，旅游者获得了对旅游体验对象直观形象的了解。要想进一步加深认知，还需要利用记忆、注意、想象、思维等心理活动来完成和深化其认知过程。

记忆就是把感知过的经验积累起来，从而加深认知的过程。如感知过的事物、体验过的情感、进行过的行为等，都能以经验的形式在头脑中保存下来，并在一定的条件下被激活而重新再现出来，这就是记忆的过程。记忆是一个复杂的心理过程，它包括识记、保持、再现三个基本过程。识记就是识别和记住事物的过程。从信息加工的观点来看，识记是信息的输入和编码的过程。保持是巩固已获得的知识经验的过程，也就是信息的储存和继续编码的过程。把经历过的事物重新回想起来的过程，叫做再现。

旅游者的记忆对享受旅游体验和认知旅游体验具有十分重要的作用。由于有了记忆的心理活动，旅游者就可以把美好的体验经历储存并再现出来，以便自我回味或与人分享；由于有了记忆的心理活动，旅游者在下次旅游体验之前，就可以用记忆中的经验作为行为的参考依据。如果先前的生活经验和旅游体验在旅游者头脑中没有留下一点痕迹，他的旅游感受便不够完美，也必然会影响到下一次旅游体验过程，甚至难以完成这一过程。

思维是对事物的一般属性和事物内在联系的间接的和概括的反映，它是认知的高级阶段。间接性和概括性是人的思维过程的主要特性。间接性是通过其他媒介来认识客观事物，比如通过书籍、报刊、旅游宣传材料等来间接地了解外面的精彩世界；概括性是指借助已有的知识和经验来理解和把握那些没有感知到的或根本不可能感知到的事物，比如星级酒店服务质量好、信誉高，这就是对星级酒店的本质特征的概括反映。

思维是在感知的基础上产生和发展起来的。通过对感知所得到的材料进行分析、综合、比较、抽象、概括、具体化等复杂的心理活动，使人们获得对事物更全面、更本质的反映。例如，旅游者通过对某一风景区个别属性和整体形象的感知，运用分析、综合、比较、判断等思维形式，了解该风景区的历史文化价值、美学价值、科学价值，评定风景区的综合价值，从而获得心理上的满足。独立、灵活、敏捷的思维是旅游体验深刻性的保证。我国旅游体验文化在宋代达到全面成熟，这与宋人充分发挥思维在旅游体验中的作用是分不开的。

想象是利用头脑中已有的知识经验去设想、创造一些前所未有的东西。文学艺术家、发明家会在脑海里想象出各种新形象、新事物。想象是创造活动的重要心理条件。依据想象产生时有无预定目的，想象可分为无意想象和有意想象。根据想象的独立性、新颖性和创造性的不同，想象又可分为知觉性想象再现性想象和创造性想象。知觉性想象指伴随知觉的想象。再现性想象指再现记忆表象的想象。想象还可以对记忆表象进行改造制作，通常称为创造性想象。想象与思维有着密切的联系，它也是一种高级的心理过程。

想象是旅游体验者的翅膀，旅游体验离不开想象，高峰旅游体验更离不开想象。在旅游之前，由各种正面信息引发的对体验对象和过程的想象，可以使准旅游者身未临其境而心已入佳境；在旅游中，由体验对象和过程引发的想象更可以使旅游体验蒙上瑰丽的色彩，推动旅游体验进入高峰状态。

（二）旅游体验的情感过程

旅游者在旅游体验中不但会认识周围的事物，而且会产生某种情绪和感情。看见一朵花，感知它的颜色、香气，会产生美好、愉快的心情；发生意外，认识到事故的严重后果，会感到悲伤、痛苦。旅游者在旅游体验过程中表现出的高兴、悲伤、害怕、恐惧、喜悦、苦恼等各种形式的情绪和感情(感情一作情感，用词不当，因此出现“情感包括情绪和情感”这样的病语)，统称旅游情感。所以，旅游体验的情感过程就是旅游者对旅游现象的情感发生与变化过程。

情绪一般指与生理需要相联系的较低级情感。当生理需要得到满足时人就会有积极的情绪，当人在饥、渴、疼痛时则会有明显的消极的情绪。情绪按程度划分，有心境、热情和激情三种。心境即平时所说的心情，是一种比较微弱、平静又持久的情绪状态，如喜气洋洋、心灰意冷等。在旅游体验活动中，心境这种情绪司空见惯。同样是夕阳，李商隐的体验是“夕阳无限好，只是近黄昏”，一丝淡淡的哀愁挥之不去；唐庚（宋）的体验是“草青仍过雨，山紫更斜阳”，平静中伴随着持续的愉悦。热情是一种强有力的、稳定而深刻的情绪，如痴情、热爱等。在旅游体验活动中，热情这种情绪也屡见不鲜。孔子讲过“仁者乐山，智者乐水”，实际上这也是他本人终生热爱山水的表白；李白自称“五岳寻仙不觉远，一生好入名山游”，可见其对山水的热情堪称典范。激情是一种爆发迅速强烈而时间短暂的情绪体验，如狂喜、暴怒、绝望等都属于这种情绪状态。对于旅游者来说，激情的发生通常是由于旅游活动中的重大刺激所引起的。比如，某旅行社将旅游团半路转到另一旅游团，到目的地后竟然没有人管该团的游客，这些游客自然是怒发冲冠、气愤异常。

感情是指与人的社会性需要紧密联系的较高级情感，它是人在认识世界和改造世界的过程中产生和发展起来的，带有社会历史性。与情绪相比，感情具有较大的稳定性和深刻性。感情集中体现在理智情感、道德情感、审美情感之中，“三感”以感情为主、情绪为辅。道德情感是人们根据一定的道德标准评价自己或他人的言论、行动、思维、意图是否符合人的道德需要而产生的情感，如正义感、耻辱感等。在旅游体验活动中，道德情感俯拾皆是。中国传统旅游体验的主要目标就是追求道德包括道德情感的升华。理智情感是人的求知欲望是否得到满足时而产生的高级情感，如科学研究中的喜悦、疑惑、惊讶、不安等情感。在旅游体验活动中，理智情感随处可见，因为旅游体验活动也包括求知活动，旅游者的求知欲不管是否得到满足，都会产生某种理智情感，这一点在科学考察旅游者中尤为突出。审美情感是人们根据美的需要，对自然、社会生活和它们在艺术上的反映进行评价时所产生的情感，如优美感、崇高感、戏剧性中的情感等。在旅游体验活动中，审美情感无处不在，因为审美体验是旅游体验极为重要的内容，古今中外概莫能外。旅游审美情感以优美感、崇高感中的情感为主。

旅游情感的过程比较复杂，不但贯穿于旅游活动的各个环节，也存在于旅游活动开始之前和结束之后。在旅游准备阶段，“准”旅游者的旅游情感活动十分复杂和活跃，向往和盼望、好奇和激动交织在一起，表现为一种兴奋、亢进的状态。在旅途中，交通安全、畅达、舒适而不单调等问题是旅游者特别关心的方面，如果出于长途旅行而产生生理和心理上的不适，就会引起烦躁的情绪。当旅游者刚抵达某游览地时，陌生、新奇、人地生疏等心理状态也会产生不安、紧张的情绪。而在游览过程中，旅游者的心理活动与行为都非常活跃，常常表现出一种激动和兴奋的情绪。旅游尾声阶段，念友、思归等心理情感往往表现出敏感、易变的情绪特征。旅游结束后回顾、总结时，“前”旅游者会出现出满意或不满意等情感。

（三）旅游体验的意志过程

旅游世界是一个新奇的世界，也是一个充满风险的世界，面对这个极具魅力的世界，旅游者在获得认知和情感体验的同时也面临意志的考验。在风险和困难面前，有的人心里打起了退堂鼓，有的人心里犹豫不决，有的人信念坚定、不屈不挠。旅游者这种面对困难而有意识地支配和调节自己行动的心理过程，就是旅游体验的意志过程。旅游者的意志强弱不同，旅游体验的意志过程也不尽相同。根据预定的目标，主观能动地行动，克服一定困难，坚持达到目的的心理活动过程，属于意志过程；放弃预定目标，消极被动地行动，逃避困难，半途而废的心理活动过程，也属于意志过程；介于两者之间的心理活动过程，同样属于意志过程。以往界定意志过程往往只强调第一种情况，有失偏颇。

旅游体验的意志过程也是一个比较复杂的过程，同旅游体验的情感过程一样，也贯穿于旅游活动之中和旅游活动前后，但以旅游前和旅游中最为突出。旅游前要进行旅游决策，在进行旅游决策的过程中，旅游者要选择旅游方式、旅游地点、旅游时间、旅游食住、消费水平等，要制订几套方案，往往颇费心思，要经过一番思想斗争才能下定决心；旅游过程中，在旅游决策时常常遇到一些干扰因素，由此考验旅游者的意志，刺激旅游者的意志活动再度活跃。特别是那些探险旅游者、极限项目游乐者，面对种种高风险、强刺激，其意志活动往往达到高峰状态。

第3节　旅游体验文化的行为探讨

旅游体验文化行为是旅游体验文化心理的外化。从旅游体验行为的对象看，其包括旅游体验行为、旅游环境体验行为及虚拟旅游体验行为等；从体验的环节看，其包括现实和虚拟的旅游交通体验行为、旅游饮食体验行为、旅游住宿体验行为、游览体验行为、旅游购物体验行为、旅游娱乐体验行为等。按行为文化的一般分类，针对现实和虚拟旅游体验行为的法律、道德、习俗、规则等规范文化亦可划入旅游体验文化中的行为文化。由于旅游体验行为在旅游体验文化的行为中占据核心地位，本节重点探讨旅游体验的行为及其规范。

一、旅游体验的行为活动

（一）旅游体验行为

旅游体验行为是旅游体验的外显活动，既是产品消费行为，也是文化创造行为。它与旅游体验心理相复合，构成所谓的旅游体验。探讨旅游体验行为，一般多代之以“旅游消费行为”，包括行、食、住、游、购、娱等行为。实际上，“旅游消费行为”一词并不能涵盖旅游体验行为的全部内容，旅游体验行为除了产品消费外，还包含文化创造；况且，行、食、住、游、购、娱等行为也不仅仅是消费，同时也是创造。所以，这里对旅游体验行为的探讨不是从“旅游消费行为”一词开始，而是直接分析行、食、住、游、购、娱等主要旅游体验行为。

行即旅游交通。从旅游体验者的角度看，旅游交通是指旅游者由定居地到目的地及在各地区往返的空间移动行为。旅游交通除具有一般交通的属性外，还具有游览性、舒适性、季节性等独特特点。旅游者借助于旅游交通实现游览行为，并在旅途中创造旅游体验文化：咀嚼离别滋味，观赏沿途风光，体验交通服务，尝试人际交往，回味旅游经历，酝酿新的目标。古人创造的道别、赠言、洗尘等旅游交通习俗流行至今姑且不论，单单是旅游体验文化产品，就有多少形成于旅途之中！

食即旅游饮食。作为一种行为，旅游饮食是指旅游者在旅游过程中的喝与吃。同日常饮食相比，旅游饮食更强调方便、卫生、营养、经济和特色。旅游饮食既可以发生在沿途的宾馆饭店中，也可以发生在目的地的农家小院内，甚至可以发生在自备的旅行帐篷里。旅游饮食既是一种生理行为，也是一种文化行为。它在消费食物的同时，也在创造文化：欣赏烹调艺术，领悟食艺之美；品尝特色食品，体验地方文化；猜拳行令，极尽饮食之乐；饮酒赋诗，更添文雅之色！旅游饮食行为同旅游饮食生产、旅游饮食服务、旅游饮食礼仪、旅游饮食制度等一起构成了丰富多彩的旅游饮食文化。

住即旅游住宿。作为一种行为，旅游住宿亦即旅游者在旅游过程中的投宿与居住。旅游住宿讲究方便、安全、卫生、宁静、价廉、舒适。同旅游饮食一样，旅游住宿既可以发生在沿途的宾馆饭店中，也可以发生在目的地的农家小院内，甚至可以发生在自备的旅行帐篷里。旅游住宿行为除了睡觉、休息外，更多的是社交、娱乐、健身、通信等文化行为。旅游住所也是旅游者家外之家，旅游者常借此栖身之地将旅游所见、所感、所思等体验诉诸文字，创造了大量旅游体验产品，如孟浩然的《宿建德江》、林逋的《宿洞霄宫》便是其中的代表。

游即游览。一般来说，游览是指旅游者在目的地从容行走、观赏景物的行为。在现代社会中，导游服务常与游览活动相随，享受导游服务已成为游览活动的重要组成部分，所以游览活动也包括导游服务接受行为。游览是旅游体验行为六大环节之一，而且是旅游体验行为最重要的一环。相对于行、食、住三大环节而言，游览是核心，也是目的。游览行为中的享受服务行为固然要付费，从而使游览行为带上经济色彩；但游览仍不失为典型的旅游文化行为，所谓旅游是文化，主要因为“游”是文化，这一点已有共识，不赘述。

购即旅游购物。旅游购物是旅游体验活动六大环节之一，通常是指旅游者在旅游过程中对有形产品的购买行为。由于旅游购物过程中旅游者经常接受附加其上的有偿服务，所以旅游购物也应包括旅游者对附加服务的购买。在旅游体验六大环节中，旅游购物最具经济色彩，但这并不意味着旅游购物行为没有文化内涵。其实，旅游购物行为也是文化行为。旅游者所购之物除旅游日用品外，还有大量的旅游纪念品、旅游收藏品、旅游馈赠品等文化性产品，这是其一；旅游购物抢购成风，特别是中国出境旅游者的抢购行为令外国人瞠目结舌，既惊又喜，抢购之风已然成为一种文化现象，这是其二。在旅游体验行为中，作为行为文化，旅游购物行为跟抢购之风一样抢眼。

娱即旅游娱乐。作为一种行为，旅游娱乐是指旅游者在旅游过程中的求乐求趣行为。娱乐行为贯穿于旅游体验各个环节，在旅游体验行为中同游览一样处于核心地位。其性质也同游览一样，属于典型的旅游文化行为。这一点也是共识，不赘述。

（二）旅游体验的行为方式

所谓旅游体验的行为方式，亦即旅游体验行为的方法、形式。提起旅游体验的行为方式，人们自然会想到科恩总结的旅游体验方式。科恩在《舞台化了的本真性：旅游情景的社会空间配置》（1973）一文中将旅游体验方式划分为五种类型：休闲的方式、排遣的方式、经验的方式、实验的方式和存在的方式。细读科恩总结的五种旅游体验方式，实际上是五种旅游体验的类型，与笔者讲的旅游体验行为方式不是一个问题。按照笔者对旅游体验行为和行为方式的理解，旅游体验的行为方式主要是行、食、住、游、购、娱等体验行为的方式。

旅游交通体验的行为方式可分为两大类：徒步与乘骑。徒步即凭借一双脚板旅行；乘骑则是凭借交通工具旅行。徒步无疑是最古老的旅行方式，人类一开始就是徒步行走的，凭借一双脚板奔向一个个目标，踩出一条条道路。旅游出现时，交通工具已经出现，有的旅游者坐上了舟车，有的旅游者还是坚持徒步行走，这一传统一直延续到交通发达的今天。至今仍有大批背包客徒步旅游，有的甚至徒步环球旅游。乘骑的出现虽然比徒步晚，但后来居上，逐渐成为主要的旅行方式。从畜力工具到人力工具，从内燃机式到喷气式，从陆地到水上，从天空到太空，交通工具林林总总，还是满足不了旅游者的旅行需求。徒步与乘骑，方式不同，旅游交通体验各有其妙。徒步对自由、人生领悟深刻，乘骑对舒适、快捷体验较多。

旅游饮食体验的行为方式主要是品与尝。品是品味，亦即体会、体味的意思；尝是尝试，亦即辨别、试验的意思。旅游饮食与日常饮食有一定的差异，这种差异是：旅游者的饮食需要更多体现一种心理文化上的需要，除求实（经济实惠）外，还强调新、异、特、名、美。旅游者离开惯常的饮食对象和饮食环境，来到一个新的地方，对目的地的饮食对象和饮食环境会感到既陌生又好奇，希望通过品与尝加以了解。地方饮食是奇特的，不品味无以体会或体味当地食品之奇、文化之特；地方饮食是陌生的，不尝试便贸然行动，轻者吃坏胃口或闹出洋相，重者伤害自家性命或引发流血冲突。同样是品尝，具体的方式又不相同：有的细嚼慢咽，谨遵食礼；有的狼吞虎咽，旁若无人。前者饮食体验深刻细腻，后者饮食体验痛快过瘾。

旅游住宿体验的行为方式主要是露宿与住店。露宿即以天地为家，投宿于洞穴、河谷、花间、树下或自带帐篷之中；住店即以旅店为家，投宿于驿站、农舍、宾馆、饭店等住宿服务场所。露宿无疑是最古老的居住方式，人类一开始就是露宿于天地之间的。那时只有旅行，没有旅游，旅居于自然之中是再正常不过的事了。后来出现了房屋，旅行者也有了暂时歇脚的家外之家。旅游出现时，旅馆设施已经出现，有的旅游者还是愿意露宿，同徒步旅游一样，这一传统一直延续到住宿业发达的今天，至今仍有大批背包客不但徒步旅游，而且露宿野外。住店形式的出现虽然比露宿形式晚，但也后来居上，逐渐成为主要的旅游住宿方式。露宿与驻店，方式不同，旅游住宿体验也不相同。露宿对自然的体验有独特的感受；住店对文化的体验机会较多。

游览体验的行为方式主要有行军式和考察式两大类。行军式游览体验行为即通常所说的走马观花式，表现为很快地从一个景点转移到另一个景点，匆匆忙忙，蜻蜓点水，浮光掠影。观光旅游是其代表。考察式游览体验行为即所谓“凝眸盘桓”，表现为在景物跟前长时驻足，仔细观察，用心体味。科考旅游是其代表。行军式游览体验泛泛而肤浅，考察式游览体验细致而深刻。有学者把行军式游览体验行为与组团旅游挂钩，把考察式游览体验行为同个性化旅游对接，贬低前者而推崇后者，这实在是见仁见智。其实，不管是组团旅游还是个性化旅游，都存在行军式和考察式两种行为方式。至于这两种行为方式孰优孰劣，那要看个人的需要。上海中医药大学附属岳阳医院朱南孙教授爱好旅游，自称游览时徐疾随心，行止任意，该行走时走马观花，该逗留处凝眸盘桓，畅快无比。可见两种行为方式各有其妙，就看你如何运用了。

旅游购物体验的行为方式主要有问与试。问即询问，包括问价格、问产地、问功能、问质量、问品牌、问档次、问服务、问说明……只要和购物有关，无所不问。试即试用，包括试看、试听、试尝、试坐、试穿、试戴、试搽、试玩……只要能试，无所不试。反复询问和试用是购物行为的一般特点，所以售货员的一个基本职业要求便是“百问不烦，百拿不厌”。购物行为的这一特点以旅游购物为甚。因为旅游购物不同于日常购物。对于旅游购物，旅游者身在异地，往往并不了解商品的实际情况，对商品价格、质量、服务等极不放心，加之旅游商品价高质低的现象十分突出，旅游者购物指向随意性强，购物需求精神成分高，问与试自然成为旅游购物体验的主要行为方式。通过问与试，旅游者获得多重购物体验：或欣喜，或沮丧，美感、成就感、挫败感不一而足。

旅游娱乐体验的行为方式主要是看与做，看即旁观，做即参与。旅游者不同，娱乐项目不同，旅游娱乐体验的行为方式也不相同。有的项目有可参与性，一些旅游者却只想旁观而不想参与；有的项目没有可参与性，一些旅游者却跃跃欲试。看与做，行为方式不同，游乐体验也不相同。看的方式使旅游者与游乐对象保持一定距离，固然可以确保安全，但只有部分感官发挥作用，无法获得全方位的体验；做的方式使旅游者融入游乐对象之中，全部感官零距离与对象接触，接受对象的全方位刺激，让旅游者情绪高涨，如痴如狂，从而获得更大的心理满足。因此，越来越多的旅游者已不再满足于只当“看的人”，而是要当“做的人”了，希望得到操作与表现的经历。

（三）中西旅游体验行为的差异

以上所谈旅游体验的行为方式是从共性角度说的。实际上，不同时代、不同民族的旅游体验行为是有差别的。下面仅就中西旅游体验行为略作比较。

在旅游交通方面，中西旅游体验行为的差异主要表现为独与群。即西方人喜欢单独外出旅游，中国人出游喜欢阖家共游。为了尽情享受属于自己的时间和空间，西方旅游者往往单独外出旅游度假，认为与人结伴或与家人同行很不自由，会损害自己的旅游效益；而中国人则喜欢结伴同行，认为这样既可热热闹闹、轰轰烈烈，有旅游气氛，人们之间又可以相互照应，获得安全感。这一差异与中西方人际观的不同紧密相连。在人与人的关系上，西方人强调个人本位，家庭观念薄弱；中国人强调集体主义，家庭观念很重。这不能不对东西方的旅行方式产生影响。

在旅游饮食方面，中西旅游体验行为的差异主要表现为合与分。合即合餐，分即分餐。外出旅游在吃饭的时候，人们容易看到中国人习惯于拿着碗筷同吃一桌菜肴，没有你我之分；而西方人习惯于拿着刀叉各吃各的饭菜，界限分明。前者就是合餐，后者就是分餐。西方历来盛行分餐制，到了餐桌前，直截了当，直指主题。你吃你的，我吃我的，这种"个人主义"的行为在人际关系上既体现了个性独立，又表现了对他人饮食行为和习惯的尊重。中国宋代以前实行过分餐制，宋代以后实行合餐制。合餐制首先强调人际和谐，然后再指向食物。因此，在合餐制的宴会过程中常常更注重人际关系、社会角色、人情债务的协调和分配。

在旅游住宿方面，中西旅游体验行为的差异主要表现为私与共。私即强调隐私性，共则保持一定的公开性。在旅游世界里我们会看到，中国人住宿的房间里经常有一些亲朋好友相聚娱乐或闲谈，白天如此，深夜也是如此。一些刚刚熟悉的房客也应邀或自动互相串门。而西方人居住的房间则显得很清冷，聊天、娱乐活动很少在卧室进行。这一差异是中西方居住文化在旅游居住行为中的必然反映。中国人讲求一种和谐的亲情邻里关系，故在居住方式上习惯聚族而居、毗邻而居，习惯和喜欢相互谈论家庭事务。与此相反，西方国家则主张父母兄弟分爨而居、屋与屋之间保持距离，家庭事务属于隐私，不愿外露。这一文化差异使许多中国老人到西方国家后感觉特别不习惯。

在游览方面，中西旅游体验行为的差异主要表现为静与动。静即安稳、平静、和平气象。动即变动、活跃，少受拘束。每个国家和民族都有自己的文化和国情，这就决定了不同国家、民族旅游者的游览行为会有所不同。一般情况下，中国人性格内向，信奉"天人合一"，乡土意识、宗族观念较强，喜欢小桥流水、流云飞鸥、波澜不惊的和平景观，多选择熟悉的甚至是人人皆知、规划成熟的目的地，故里、祖庙类景点也很有吸引力；美国人开朗，大方，喜新奇，重实利，爱结交朋友，喜欢讲话，不爱拘束，游览中往往是想做什么就做什么，有时还会临时提出新的要求；英国人矜持、冷静，尊重妇女，有绅士派头，不轻易表露自己的意愿，游览中大都时间、纪律观念较强，遵从安排，多看少语，不随便提出计划外的活动要求；法国人热情，豪放，不拘小节，热爱生活，喜欢与人交往，重视自由，容易激动，游览中比较活跃，无拘无束，喜欢自由活动。

在旅游购物方面，中西旅游体验行为的差异主要是冲动与理智。冲动即好感情用事，易受别人影响；理智即按计划行事，靠理性支配行动。中国人出境旅游购物是出了名的，常常被描述为抢购。"新加坡一家商场的欧莱雅柜台前出现了大混乱。一群中国游客拥向柜台，吵吵闹闹地要买各种护肤品。华裔售货品尤凯伦一面接过大把钞票，一面不悦地瞪大了眼睛：'我的天，他们太吵了，我不得不吼着说话，喉咙都疼了。'"这是 2005 年 10 月 21 日美国《纽约时报》一篇报道的描述。作者总结道："美国和日本的游客把钱花在豪华的房间上，然后去海边晒太阳；中国的游客则主要把钱花在观光和购物上。"[1] 这种情况似乎表明了购物已成为国人出境旅游的重要动机。但据《中国出境旅游者消费模式研究》（中国出境旅游者消费模式研究课题组，2003）的统计结果，虽然购物花费高居中国出境旅游者全部花费之首，却没有旅游者把旅游购物列为旅游动机！显然，中国游客的购物行为多半不是有备而来，而是由某种刺激引起冲动所致。反观来华旅游的欧美客人，购物行为显然属于理智型的。他们对有鲜明特色的中国民间工艺品较喜欢，尤喜丝绸、瓷器、景泰蓝、玉佩、中国风格的服饰和刺绣品。他们购买景泰蓝，不喜欢只作摆设，而喜欢其实用价值。欧美客人对于顺序有相当严格的态度。如果柜台前一时间出现较多的欧美客人购物时，只要营业员遵守秩序售货，他们即使稍等较长时间也不会计较。

在旅游娱乐方面，中西旅游体验行为的差异主要是轻松与剧烈。西方旅游者多具有主动、热情、不畏艰险的外倾性特点，因而喜欢攀岩爬壁、驾船冲浪、跳伞蹦极、拳击赛车等；中国人性格内向，保守稳健，重节制，求安稳，喜欢寻求一些轻松、安稳的游乐项目，缺乏主动性和冒险性。这种情况近年虽有改变，但总体上仍然如此。

二、旅游体验的行为规范

（一）旅游行为规范界说

旅游行为规范是以旅游法律法规、旅游道德、旅游习俗为主要形式来指

---

[1] 环球时报，2005 - 10 - 24（7）.

导和约束旅游活动的规定、标准等的总和，其目的在于保障旅游活动的文明健康发展。本书的旅游是狭义的旅游亦即旅游者的活动，因此，这里的旅游行为规范是指专门针对旅游者及其旅游活动的规范，不同于专门针对旅游业者及其旅游经营活动的旅游业规范。旅游行为规范属于行为文化，也是广义的精神文化的一部分。它因旅游而产生并规范旅游体验行为，故归于旅游体验文化中的行为文化。

旅游法规、旅游道德、旅游习俗等是旅游行为规范的主要形式，从整体的角度看，旅游行为规范的主要内容包括旅游规范的理念、行为、方法以及最终目标等。旅游规范理念主要解决“规范的指导”问题，具体涉及规范的原因、目的、原则、要求等。旅游规范的行为主要解决“规范的落实”问题，具体设计规范的对象、范围、层次、程度等。旅游规范的方法主要解决“如何规范”问题，具体涉及规范的途径、手段等。旅游规范的目标实际上是对旅游规范效果的期待，目标的实现反映出旅游规范的最终结果。

旅游规范通过法律法规、伦理道德、风俗习惯等从不同的层次和层面对旅游者的旅游活动提出某种约束和限制条件来影响和规范旅游者及其旅游活动，其目的在于通过积极主动地介入旅游者的旅游活动来树立和倡导一种健康、规范、文明的旅游行为，实现旅游者和自然环境、人类社会及其他旅游者之间的和谐相处，最终促进旅游的持续健康发展。因此，旅游规范作为旅游体验文化的组成部分之一，对旅游者的旅游活动具有较为重要的影响。特别是当旅游者的旅游活动违背相关的旅游法律法规、伦理道德、风俗习惯的时候，旅游规范的影响显得尤为突出。

（二）旅游行为规范的分类

相对于旅游体验文化其他组成部分的类型划分而言，旅游行为规范的类型划分较为复杂。其既可以按照规范的主体进行分类，也可以按照规范的效力来分类，还可以按照构成成分的不同进行分类。这里按照旅游规范构成成分的不同将旅游规范分为旅游法规、旅游道德、旅游习俗三类。

1. 旅游法规

旅游法律是旅游法规的原则与规则总称，是旅游法规的核心。所以，旅游法规一般被定义为“由国家立法与行政部门制定、修正、废止的关于调整旅游活动中各种法律关系的规范体系”。我国旅游法规包括由人大制定的旅游法、国务院制定的旅游行政法规、各部委制定的部门规章以及各级地方政府制定的相关旅游法规等。本书的旅游是指旅游者的活动亦即狭义的旅游，所以本书的旅游法规特指专门规范旅游者及其行为的法规。

目前，在我国旅游基本法尚未制定实施而相关的法律又不针对旅游活动的特定条件之下，国务院的旅游行政法规——《旅行社管理条例》、《导游人员管理条例》是调整我国旅游法律关系的主要法律依据。同时，国家旅游局发布的《旅行社管理条例实施细则》、《旅行社质量保证金暂行规定》、《旅行社质量保证金赔偿暂行办法》、《旅行社投保旅行社责任保险规定》、《旅行社经理资格认证管理规定》、《导游人员资格考试制度》、《导游证管理办法》、《导游人员管理实施办法》等文件，也对旅行社经营活动和导游人员的导游服务进行了相应的规范，其中涉及旅游者的权利和义务。此外，关于饭店管理、景区管理、旅游规划、出境旅游的《旅游涉外饭店星级的划分与评定》、《5A风景区评分标准》、《旅游发展规划管理办法》、《中国公民自费出国旅游管理暂行办法》等以及涉及旅游的相关法律法规、各级地方政府颁布实施的旅游法律法规等也是我国旅游法规的重要组成部分，其中也有关于旅游者权利和义务的规定。

上述有关旅游的法律、法规及部门规章既规范和约束旅游者及其旅游活动，也规范和约束旅游业者的旅游经营活动，目的在于促进旅游和旅游业的持续健康发展。但从规范旅游者的旅游活动的程度和方式而言，针对旅游业者及其旅游经营活动而制定实施的旅游法规实际上是旅游业法规，对旅游者及其旅游活动的影响并不是那么直接和明显。到目前为止，尚没有一部专门针对旅游者的法律规范体系，相关的内容只能从国家立法与行政部门制定颁布的法律、法规中去寻找。由于旅游活动的特殊性，这些零散的关于旅游者的法规已无法应对日益复杂的旅游者及其行为，制定专门规范旅游者及其活动的旅游法规势在必行。

2. 旅游道德

“道德”最初的含义是指走路的德行，类似于约定俗成的交通秩序，后来引申为人在社会上为人处世的规则。一般认为，道德是以善恶评价为标准，依靠社会舆论、传统习俗和人的内心信念的力量来调整人们之间相互关系的规范体系。旅游道德是人们在广泛的旅游实践的基础上形成的由一定的善恶标准、情感意识、境界理想和行为准则所构成的旅游规范体系，旅游道德约束旅游者之间的相互关系和个人行为，并与法律一起对旅游者的旅游生活的正常秩序起保障作用。

第二次世界大战后，大众旅游在世界范围内的兴起和迅速发展在某种程度上对环境和资源造成了一定的损害，尤其是对旅游目的地的自然环境的损害和社会文化遗产的损害，使人们开始对未来旅游发展可能产生的损害表现出越来越多的担忧。虽然造成这种局面的影响因素较多，但旅游者个人的各种有悖道德的行为无疑是较为重要的一个。❶ 因此，自 20 世纪 80 年代以来，西方旅游发达国家纷纷借助道德力量的支持，寻求保证旅游持续、健康发展的对策，对旅游者的旅游行为提出了各种道德要求。

旅游道德的内容较为复杂和宽泛，在表述上也见仁见智、互不相同，但总体来看应当包括如下内容：

第一，使用得体语言，杜绝旅游噪声。首先要求旅游者在旅游过程中多用礼貌用语，不讲粗话、脏话；其次要求人们不得在旅游过程中大声喧哗、吵闹；再次也要求旅游者在旅游过程中尤其是在旅游目的地尽量少使用方言。

第二，注意环境卫生，杜绝旅游污染。要求旅游者在旅游过程中不随地吐痰、吐吃剩的东西、随处大小便、擤鼻涕，不随意丢垃圾。

第三，遵守行动秩序，杜绝旅游混乱。要求旅游者在买票、坐车、购物、照相、登记旅馆及其他拥挤场所不插队、哄抢；在听导游讲解时不随意打岔；在就餐、聚会时勿大声猜拳行令、酗酒滋事。

第四，讲究举止文明，杜绝旅游陋俗。具体要求旅游者在旅游过程中做到：不随时随地抽烟；天气炎热时不袒胸露背；情侣之间在公共场合少一些勾肩搭背；行走困乏时不要席地而坐，不要见平物就躺。

第五，爱护社会财富，杜绝旅游破坏。要求旅游者在旅游过程中爱护旅游设施，并且不任意践踏草皮、攀折花木、乱刻乱写乱画、损害古迹文物。

3. 旅游习俗

习俗是习惯和风俗的简称，是指人们在群体生活中逐渐形成并共同遵守的习惯与风俗。❷ 习俗是人类社会最早产生的一种社会行为规范，对本族成员的行为方式与生活方式具有较大的约束力。旅游习俗是指在旅游活动中逐渐形成的专门规范旅游者及其旅游活动的各种习惯和风俗的统称，包括备行习俗、临别习俗、抵达习俗、旅途中的食宿游购娱习俗等。旅游习俗对旅游者来说既是其在旅游活动中所应遵守的行为规范，又对旅游者旅游活动的顺利

---

❶ 戴艳军，戚风芝．论我国旅游伦理思想及其建设［J］．思想战线，2001（4）：48-50.

❷ 傅立民，贺名仑．中国商业文化大辞典［M］．北京：中国发展出版社，1994：1023.

展开、旅游活动质量的提高与保证具有重要的影响。

旅游作为一种特殊的活动，封闭起来是一个相对独立的世界；打开来则是人类生活的一部分。其既关涉自然与社会，也关涉个人与心灵。何时出行吉、如何出行好、到哪儿旅行宜、应该注意什么等，成为人们普遍关注的问题。久而久之，当上述问题在特定群体中达成共识并形成自觉遵守的规范时，也就形成了旅游习俗。由行神祭祀引发的旅游活动是古代游乐活动的重要内容，这类活动的仪式有着非常严格的限制与要求或者约定俗成的规定性。即使普通的远足旅行也不乏相应的程式，如古时出行有占卜择吉之说，以便于安排行期，并往往有相送礼俗。春踏青、秋登高、游必有记则是古今中外普遍的旅游习俗。

由于文化等原因，中西旅游习俗有很大差异。西方民族的旅游者单独外出度假的情况相当普遍，而中国人因为有强烈的群体意识和保守性格，旅游中多喜欢组团的形式，个人单独外出旅游的情况比较少见。中西方民族不同的风俗习惯在旅游各个环节上也有所体现。例如，中国人对数字很讲究，他们往往选择带 3、6、8、9 这些数字的日子出游，也喜欢住带这些数字的楼层和房间，而不喜欢带 4 的数字。西方人则忌讳“13”。在宴席上，中国人喜欢劝酒甚至灌酒，而这在西方人看来简直是无礼之举；美国人不吃蜗牛，印度人不吃猪肉，犹太人不吃鱼类等，而中国人几乎无所不吃。中国人有“上马饺子下马面”（临行时吃饺子，抵达时吃面条）的习俗，西方则无此说法。

在现代旅游活动中，除了业已形成的传统旅游习俗之外，还有一些正在形成的新的旅游习俗。新的旅游习俗主要源于相关组织（包括政府组织和非政府组织）和研究人员根据旅游发展的需要制定的各种“守则”、“指南”和“规范”。一旦这些“守则”、“指南”和“规范”在旅游活动中为旅游者所认可并共同遵守，长此以往，约定俗成，便会逐渐发展成为新的旅游习俗。

第 4 节　旅游体验文化的成果研究

旅游体验文化有过程，当然有成果。旅游体验文化成果包括心理感受和物化产品，有阶段性的，也有总结性的。本节仍以旅游体验的成果为重点，探讨旅游体验的心理感受和物化产品。这里的心理感受是总结性的整体感受，而其物化产品则阶段性与总结性兼容并包。

一、旅游体验的整体感受

（一）旅游体验整体感受的要素

旅游体验的整体感受是旅游结束前后形成的一种对旅游的综合性体会。旅游结束前后，我们常常听到旅游者关于此次旅游的一些总结性评论：“感觉挺好”、“感想很多”、“有所感悟”、“没什么感觉”、“糟糕透了”……这些评论的内容正是所谓的旅游体验整体感受。在构成旅游体验整体感受的众多心理要素中，既有认知成分，也有情感成分，还有意志成分，当然还有需要、动机、态度、兴趣等成分。其中，认知成分、情感成分最为重要。

旅游体验整体感受中的认知层面主要指旅游体验主体对旅游体验对象的了解和评价。例如，“桂林游，爽!”这是对桂林之旅的感受，其中既包括了解的成分——我对桂林已有了解，也包括评价的成分——桂林不错。旅游体验整体感受中的认知层面必须是内化的认知，这种认知既具有分化性——能够把对一种事物的认知扩展并运用到其他各种具体事物上；又具有概括性——可以将许多类似特性的事物聚拢，进行归类认识；还有迁移性——就是利用媒介体传递某类信息而形成人们对某类事物的认知，最后迁移到相关的其他种类事物上。

旅游体验整体感受中的情感层面主要指旅游体验主体对体验对象的好恶等情绪情感。前举游客对桂林游的感受“桂林游，爽!”，喜欢之情溢于言表。情感层面多为旅游体验主体对体验对象的两种极端体验，如喜好与厌恶、神秘与平淡、气派与大众、广袤与狭窄等。旅游体验整体感受中的情感层面不一定有严格的心理推断过程，往往是简略的。

旅游体验整体感受中的认知层面决定旅游体验整体感受的清晰度。在对体验对象原有认知相同的前提下，谁在旅游体验中对体验对象的认知深刻，谁的体验感受就越清晰。同样知识水平的人游桂林，同样是感觉“爽”，认知深刻者要比认知肤浅者“爽”得清楚。毕竟认知是感受的基础。旅游体验整体感受中的情感层面决定旅游体验整体感受的强度。在对体验对象原有情感相同的前提下，谁在旅游体验中对体验对象的情感深刻，谁的体验感受就越强。同样情感水平的人游长城，同样是感受清晰，感受强度却不一样，内在原因就在这里。

（二）旅游体验整体感受的层次

主体不同，对象不同，旅游体验整体感受并不处在同一水平上。按体验的深浅程度，旅游体验整体感受可分为浅、中、深三个层次。

传统旅游以观光为主，尤其是包价旅游，游客只是走马观花地参观自然和人文景观，很少接触目的地居民、地方民俗文化。游客只能被动地接受旅游体验对象，旅游体验对象基本不能对其产生影响，这种体验所带来的旅游感受一般属于浅层的体验感受。浅层体验感受要发展为中、深度感受，有待于体验主体综合素质的提高和体验对象吸引力的增强。体验主体综合素质越高、体验对象吸引力越强，游客的体验感受才越深；在体验主体心理不够成熟、资源品质和服务质量不高的情况下，游客难以获得独特、难忘的体验效果。浅层体验感受在我国旅游发展开发初期普遍存在。

随着游客消费心理的成熟和旅游业产品的优质化、特色化、多样化，越来越多的旅游者已不满足于急行军式的观光体验，转而近距离、多方式地与旅游吸引物接触。如参加滑沙、滑草项目，品尝地方美食，参与目的地节庆活动等。通过直接参与特色活动，视觉、触觉、味觉等感官多层面、多方位参与到体验对象之中，游客在身体上、精神上获得了独特的体验感受。这种感受一般属于中度体验感受。国内一些景区已开始注重参与性强的休闲、运动、娱乐、节庆活动的开发。如峨眉山在观光旅游的基础上着力打造了滑雪、温泉等参与性强的项目，为游客创造了属于其个人的体验。

当游客完全融入旅游体验对象中，与旅游景区和当地居民进行零距离的接触，深刻体验景区的特色和文化时，游客会获得深度旅游体验感受。深度旅游体验感受又称最佳旅游体验感受，是一种特殊的、不同平常的、有意义的心理状态，通常被概括为高峰、畅和沉浸。高峰体验感受表现为：有一种最高的幸福感和成就感；对某一刺激的深度关注和感知；无我的境界；或暂时的迷醉状态……畅的感受表现为：有一种无比的惬意；对某一活动高度投入以至于觉得没有任何事情比这更重要……沉浸的感受表现为：个人完全融入某一神奇的刺激中；自我和时间感的消失……我国旅行社在帮助游客获得深度体验感受方面作出了许多尝试：如深圳国旅推出了深度旅游第一线："沿着洛克的道路——最后的香格里拉"十天科考探险团，使旅游者获得了终生难忘的感受；广之旅也推出了"穿越罗布泊"的探险之旅，让游客深刻体验了挑战自然的艰苦与乐趣。目前，我国旅游正在改变观光体验占主体的局面，向休闲、探险等深度体验转变。

（三）旅游体验整体感受的特点

旅游体验整体感受具有以下几个特点。

第一，主观性。旅游体验整体感受是体验主体对体验对象的主观的、能动的反映，同其他心理现象一样具有主观性。而同其他心理现象相比，旅游体验整体感受的主观性更为突出：面对同一个体验对象，每个人的旅游体验感受都不一样，以至于我们很难进行类型划分；每个人的旅游体验感受都不甚清晰，以至于我们很难对它进行精确描述；客观性太弱，以至于我们无法用客观的标准进行测量。旅游体验整体感受的主观性之所以如此强烈，从思维的角度看是因为旅游体验主体对体验对象的判断基本上是一种价值判断，感受好坏取决于需要的满足程度，而体验者的需要又是如此的不一致。旅游体验的感受里虽然有认知成分并且地位重要，但这种认知导致的事实判断总的来说服务于价值判断，它最大的作用是决定体验感受的清晰度，并不导致体验的整体感受由价值判断为主转为事实判断为主，否则那就不是真正的旅游而是典型的研究了。明乎此，所谓的旅游体验真实性问题其实是一个不成问题的问题。

第二，综合性。所谓综合性是指旅游体验整体感受的内容是综合的而不是单一的。旅游体验感受的内容五花八门，从自然到社会，从景观到服务，从生活经验到哲学思考，应有尽有；而且，作为旅游体验整体感受的内容，它们不是一盘散沙，而是有机地结合在一起的。从理论上讲，旅游体验感受是体验主体对体验对象的主观的、能动的反映，体验对象因性质不同可以分为单项，旅游体验感受也可以分为单项。但那是单项旅游体验感受，不是这里讨论的整体旅游体验感受。显然，旅游体验整体感受的综合性是由体验对象的综合性决定的。旅游体验对象是一个由不同要素构成的松散综合体，游客与其各要素的接触产生各种不同的体验感受，各种单个体验感受共同形成旅游体验整体感受。

第三，复杂性。旅游体验整体感受无论是内容还是过程，都是非常复杂的。对于内容的复杂性，我们从旅游体验整体感受的综合性中已经看得很清楚，兹不具论。旅游体验整体感受过程更是复杂。体验的内在感受是主体通过客体的刺激而产生的，但它不像镜子反射成像那样机械简单，它是主体先行经验和体验对象及诸种主客观因素共同作用的结果，其具体过程至今也未研究清楚而只能得其大概。一般地说，主体感受性越强、客体刺激性越高、环境熟悉度越低，旅游体验整体感受也就越复杂。

第四，差异性。主体不同，对象不同，个人旅游体验的整体感受也不一样，从而使旅游体验整体感受呈现出差异性。旅游体验整体感受的差异性首先表现为因程度而异。旅游体验程度不同，旅游体验感受也不相同。如前所述，旅游体验有浅、中、深之别，旅游体验感受便有浅、中、深之异。旅游体验整体感受的差异性还表现为因主体而异。主体类型不同，旅游体验整体感受也不相同。安乐型旅游者常常愿意随团旅游，他的整个旅程都是预先安排好的，他要观赏的所有景物也都是精心设计好的，他自己几乎不用作任何决定，只是跟着导游匆匆忙忙地从一个景点奔向另一个景点，所得感受往往泛泛而肤浅；猎奇型旅游者喜欢独立地安排自己的旅游，尽可能远离别人走过的路线，尝试与当地的人们交往，所得感受往往细致而深刻。

二、旅游体验的物化产品

（一）旅游体验的物化产品：概念与含义

在以往的旅游研究中，旅游者被认定只消费产品而不生产产品，这是不对的。旅游者旅游行为的产物——照片、音像、楹联、画卷、游记、诗赋、词曲、资料、猎物、标本，甚至所采之奇花、异草、珍木、怪石，无一不是旅游者借助一定的工具、通过施加其体力或脑力于对象之上而获得的，怎能说旅游者不生产产品呢？旅游者旅游体验的过程中生产的产品有观念形态的，有物质形态的，但大都以物化形态呈现于世。遗憾的是，这些产品一开始就不被承认，当然也就没有名字（概念）了。既然旅游体验的物化产品是存在的，那么其应该叫什么名字，又该如何定义呢？笔者认为：它的名字应该叫旅游体验产品，它的含义是旅游者在旅游体验活动中或以旅游体验活动为基础自己创造的产品。然而有些学者却硬要把旅游体验产品这个名字送给旅游业生产的产品。

把旅游产品说成是旅游业产品，这已经是一个错误，是典型的张冠李戴。按产品的命名规律，旅游业生产的产品就应该叫旅游业产品，旅游者在旅游活动中或以旅游活动为基础自己创制的产品才是名副其实的旅游产品[1]。而现在又把旅游体验产品说成是旅游业产品，更是错上加错。

首先，这把旅游业为旅游体验创造的条件与旅游者借助于这些条件创造旅游体验混为一谈了。论者的逻辑是：旅游者需要某些条件获得特殊体验，

---

[1] 曲玉镜．旅游产品新论［J］．旅游管理，2002.

而这些条件是旅游业创造并提供的，所以旅游体验是旅游业产品。现代旅游业所提供的条件如服务、“场景”、“舞台”、“道具”等对旅游者获得某种体验确实是不可缺少的，旅游者为此多付费确已开始；但不能说旅游多付费就是购买体验，旅游者所付之费实际上是旅游体验条件费，这一点同传统的购买旅游商品和服务没有本质区别，只是其价格因旅游业多付出劳动而上扬了。旅游体验仍需要旅游者借助于这些条件自己创造。如果说旅游体验是旅游业产品，为什么在同一个地方、同一个时间，花一样的钱而所得旅游体验却不一样呢？同地、同时、同价、同样的商品无论落到谁的手里，都应该是一样的！

其次，把旅游业生产的满足旅游体验需要的产品称为旅游体验产品，属于乱用概念。旅游体验产品这个概念的应有之义是什么？其无非是两种可能：用于旅游体验的产品和生产于旅游体验活动的产品。旅游业提供的产品是用于旅游体验的吗？当然是。从这一点看，旅游业产品可以叫旅游体验产品。然而用于旅游体验的产品不都来自旅游业，旅游业生产的产品也不都用于旅游体验。显然，旅游业产品不能因此叫旅游体验产品。用于旅游体验的产品也不是旅游体验产品的应有之义。按第二种解释，旅游业产品就更不能叫旅游体验产品了，因为旅游业产品生产于旅游业活动，不生产于旅游体验活动中。既然旅游体验产品是生产于旅游体验活动的产品，那么谁生产的产品可以叫旅游体验产品？只有旅游者。因为旅游者是旅游体验活动的唯一主体，而且有自己的产品。

综上所述，旅游体验产品应指旅游者在旅游体验活动中或以旅游体验活动为基础自己创造的产品，而不是旅游业提供的产品。把旅游体验产品这顶帽子扣在旅游业提供的产品这个脑袋上，也是典型的张冠李戴。旅游业为旅游体验提供的产品按命名原则应叫旅游业体验性产品（有的学者已准确地使用了这个名称），不应叫旅游体验产品。

（二）旅游体验产品的分类

旅游体验产品种类繁多，可按不同标准进行划分。

1. 按具体形式划分

按具体形式划分，旅游体验产品可分为文学、艺术、史哲、科技、猎物、果菜、草木、贝石、水土诸类。

文学类包括旅游者以旅游体验为基础创作的诗词、曲赋、散文、楹联等。自古游人多墨客。以旅游体验为素材，或写景，或论事，或抒情，或言志，旅游文学蔚为大观。杜甫的《望岳》、白居易的《忆江南》、张养浩的《山坡羊·潼关怀古》、孙绰的《游天台山赋》、柳宗元的《永州八记》、契盈的《碧波亭联》等皆属此类，而徐弘祖的《徐霞客游记》更是旅游文学的经典之作。

艺术类包括旅游者以旅游体验为基础创作的书法、绘画、石刻、照片、音像、雕塑等。艺术起源于生活，旅游生活为游人施展才艺提供了广阔天地：或临池而挥毫，或对松而泼墨，或登高而勒石。此三者由来已久，流传至今。王羲之的《兰亭集序》、石涛的《黄山汤池图》、李斯的《泰山石刻》，无不是旅游体验的产物。至于照片、音像、雕塑之类，今游人更喜为之。大好时光尽收镜底，微缩景观起于沙中（沙雕）。游人的艺术杰作既以艺术形式凝结了自己的旅游体验，又为艺苑培育了朵朵奇葩。

史哲类包括旅游者以旅游体验为基础搜集、撰写的有关史学、哲学、宗教学、美学、民俗学、伦理学等方面的论著和资料。旅游不同于治学，但旅游是治学的途径之一。“读万卷书，行万里路”，此乃古训。有成就的史学家、哲学家大都寓治学于旅行之中，不放过旅游提供的所需答案。或追踪历史真相，或体验天地大道，或探索神人之际，或探讨美丑之谜，或考察风俗之别，或搜寻善恶之源。所得体会，或编为资料，或结为篇章。翻一翻司马迁的《史记》、柏拉图的《理想国》、康德的《判断力批判》、伏尔泰的《风俗论》、亚当·斯密的《道德情操论》……从中不难发现：其中的大量文字堪称是旅游体验的记录，为我们研究旅游体验提供了宝贵的参考资料。

科技类包括旅游者以旅游体验为基础积累的天文、地理、数学、医药等方面的成果。旅游不同于科技发明，但旅游也是科技发明的源泉之一。因此，古今科学家大都跋山涉水，游览景物，广博搜寻，用心体物，“对天地问难，向山水求知”，他们的科技成就也无不折射着旅游体验的理性之光。僧一行的《大衍历》及其天文、数学方面的成就，乃其游历天台山、当阳山，访师求学的必然结果；斯特拉波的地理学巨著《地理学》，乃其遍游山水的不朽杰作；李时珍的医药学经典《本草纲目》，凝结着其游历的心得；老普林尼百科全书式的科技名著《自然史》，也是其游历的结晶。

猎物类包括旅游者在旅游活动中亲手捕获的飞禽走兽、河鲜海味等。射猎、捕鱼本为谋生手段，几经演变竟成为旅游者喜爱的旅游活动。从人工的苑囿场池、园林陂渠，到天然的山林河海、草原大泽，不知有多少披毛戴角、生鳞长甲之类落入欢呼的游人之手。这些渔猎体验的战利品，侥幸者放归自然，不幸者死于非命。

果菜类包括旅游者在旅游活动中采集的山果、野菜等。大自然在向游人展示其迷人景色的同时，也不断推出各色山果野菜：秋后的葡萄、山梨令游人垂涎欲滴；成熟的核桃、榛子令游客爱不释手；野生的芹、蕨、蒜、菇令游人胃口大开……如无法令禁止，自然各取所需；纵有禁令在前，也不由跃跃欲试。所得果菜，或大快朵颐，或留为纪念，或馈赠亲友。采集的过程甘苦交织，采集的果菜更堪回味。

草木类包括旅游者在旅游活动中采摘的花、草、木、叶等。游客中喜欢花、草、木、叶者大有人在，如无法令禁止也都各取所爱，违禁而采摘者亦不乏其人。游侣赠芍药，《诗经》有载；归客摘枫叶，香山可证。作为一种体验产品，花、草、木、叶虽然柔弱，象征意义却不可小看。

贝石类包括旅游者在旅游活动中采拾的贝壳、石子等。去海滨的游客，难免要采几枚海螺壳；到南京的游人，不禁要拾几颗雨花石。采拾的过程是短暂的，所得贝石却意味深长。

水土类包括旅游者在旅游活动中采集的家乡水、故园土等。久居异国他乡的人们一旦故里重游，总会倍感家乡的水甜、故园的土热，旅游结束时常常带一抔故园热土或一掬家乡甘泉踏上归途。一抔故园土，难解相思苦；一掬家乡水，更生故乡情。

2. 按大致用途划分

按大致用途划分，旅游体验产品可分为旅游用品和非旅游用品两大类。

旅游体验产品中直接用于旅游活动的部分属于旅游用品（广义）。如旅游者在目的地亲手采获的用于一饱口福的果菜、猎物；旅游中精心采集的用于装饰旅居或馈赠游侣的花草木叶、贝壳石子；游览中就地取材、临时自制的用于助行防晒的“手杖”、“遮阳帽”；旅游者之间用于唱和、留念的旅游文学、山水画卷；旅游中亲手整理的用于下次旅游的资料……需要说明的是，旅游体验产品虽然广泛用于旅游活动的食、住、游、娱等各个方面，但旅游用品的绝大部分不是旅游体验产品，而是旅游者的自备品和旅游业及非旅游业提供的产品。因为旅游是有准备的活动，绝大部分旅游用品早已事先有了着落，旅游者用不着也没必要太多依赖就地取材、临时自制。旅游体验产品中的旅游用品不过是一种补充或辅助用品。

旅游体验产品中直接用于非旅游活动的部分属于非旅游用品，包括生产于旅游活动之中而用于旅游活动之外的大部分文学、艺术、史哲、科技、猎物、果菜、草木、贝石、水土类等旅游产品。这类产品或用于旅游后赏析，或用于旅游外研究，或用于返乡时馈赠，或用于永久性珍藏……旅游体验产品中的大部分属于非旅游用品。因为通过旅游者自备、旅游业和非旅游业提供，旅游用品已基本得到了解决。

当然，旅游体验产品中旅游用品和非旅游用品的划分也不是绝对的。有些旅游体验产品既可用于旅游活动，也可用于非旅游活动。两者之间在一定条件下还可能互相转化。

3. 按基本性质划分

按基本性质划分，旅游体验产品可分为旅游物质性产品和旅游观念性产品两大类。

旅游体验的旅游物质性产品是指旅游者在旅游活动中生产的以物质为主的旅游体验产品。旅游体验产品中的猎物、果菜、草木、贝石、水土等基本上属于此类。旅游物质性产品既可以满足人们的物质需要，也可以满足人们的精神需要。

旅游体验的旅游观念性产品是指旅游者在旅游活动中生产的以观念为主的旅游体验产品。旅游体验产品中的文学、艺术、史哲、科技等皆属此类。旅游观念性产品主要是满足人们的精神需要。

从上述定义可以看出，旅游体验产品中的物质性产品与观念性产品的划分也是相对的。物质性产品是观念的物化，观念性产品是物化了的观念；因此，旅游物质性产品中包含了观念的因素，旅游观念性产品中也包含了物质的成分。另外，由于旅游活动主要是一种精神文化活动，旅游消费主要是一种精神文化消费，旅游体验产品中的大部分自然属于精神产品。

（三）旅游体验产品的突出属性

旅游体验产品具有多种属性。就旅游体验产品整体而言，其突出属性主要有以下几点。

1. 粗放性

即粗疏、不细致。旅游体验产品中不乏精雕细刻之作，但由于生产旅游产品的时间比较短促、工具比较简单、过程比较随意，大部分旅游体验产品还都是粗制品，有些产品如猎物、果菜、草木、贝石、水土等类甚至与原料无大差别。即使文学、艺术、史哲、科技等旅游产品，也大多有待于旅游后进一步加工。

2. 观赏性

即具有观赏价值。审美是旅游者旅游的主要动机或目的之一，旅游者不但希望从旅游条件、旅游对象中获得美的享受，也希望借助旅游条件、利用旅游对象亲手创作美的东西，自我欣赏或与人共享。因此，他们创制的旅游产品大多具有观赏价值。其中的文学、艺术、草木、贝石类产品自不待言，就是史哲、科技、猎物、果菜诸产品也无不凝结着旅游者的审美观念和审美情趣。

3. 纪念性

即具有纪念意义。旅游经历是值得怀念的，为了让美好的旅游经历长留心中，旅游者大都会购买或自制一些有纪念意义的产品，馈赠亲友或永久珍藏。在旅游体验产品中最有纪念意义的莫过于水土类了。如前所述，一抔故园土，难解相思苦；一掬家乡水，更生故乡情。其他如文学、艺术、草木、贝石诸类旅游体验产品也同样具有纪念意义：一首《忆江南》、一张旅游照、一枚南国红豆、一片香山枫叶、一颗南京雨花石……谁能说其中不饱含着作者对旅游经历的深深怀念呢！

4. 有用性

即具有使用价值。旅游体验产品中不乏用于出售的，但旅游活动毕竟不是营利性活动。因此，旅游体验产品中的绝大部分不是用于销售的，即不具有交换价值。旅游体验产品主要是自用品或馈赠品，这一点从前面对旅游体验产品的类型分析中即可看出。

5. 观念性

即以观念形态为主，凝结着作者的价值观。旅游体验产品固然表现为物化形态，但就大多数旅游体验产品而言，其基本内核是观念性的。旅游体验产品中的文学、艺术、史哲、科技类最为典型。这类产品无疑是观念性产品，其物质成分不过是观念的载体。另外，旅游体验产品中的猎物、果菜、草木、贝石、水土诸类虽然是实实在在的物质产品，但其中也无不凝结着作者的价值观念，因为这类产品一般都被作者赋予了种种象征意义。

6. 多样性

即种类繁多，各有特色。旅游体验产品种类之多，从上述类型分析中可见一斑。实际上，上述类型的划分只是基本的。如果细分，还可以划出许多类型。不同类型各具特色自不必说，就是同一类型甚至同一产品也不尽一致。同是旅游文学，作者不同则风格各异；同是一顶“遮阳帽”，两次所作则必不相同。旅游体验产品的多样性除了与旅游活动的综合性、旅游目的的复杂性、旅游地的差异性有关外，还与旅游体验产品的有用性密切相连。如前所述，旅游体验产品主要不是用于销售的，因此，旅游体验产品的生产也基本不受市场制约。只要生产条件允许、自己愿意，旅游者生产什么、怎样生产、生产多少，完全可以随心所欲。特别是旅游体验产品不是批量生产，并无统一要求，旅游体验产品更难整齐划一、标准规范。

【本章小结】

旅游体验文化是"旅游参与者对旅游的体验过程及其精神成果的总和"。如果把它看做一个动态过程与结果，其内在结构应该包括三个部分：旅游体验文化的心理、行为与产品。旅游体验文化具有广泛性、享受性、自由性、情感性、个体性等特点。

旅游体验文化的心理是旅游参与者通过与体验对象接触而形成的社会意识。旅游体验的心理包括旅游体验需要、动机及心理过程。旅游体验需要是人的一般需要向旅游领域的延伸，是人们对旅游体验的愿望和要求。旅游体验动机是直接推动、引导一个人进行旅游体验的内部动因或动力。按不同标准，旅游体验需要和动机可分为不同类型。旅游体验心理是人的心理的一部分，从心理过程的角度看包括认知、情感、意志三个过程。旅游体验心理活动过程是这三个过程的统一，它们相互联系、彼此渗透和相互影响。

旅游体验文化行为是旅游体验文化的心理的外化，从体验行为的对象看，其包括旅游体验行为、旅游环境体验行为及虚拟旅游体验行为等；从体验的环节看，其包括现实和虚拟的旅游交通体验行为、旅游饮食体验行为、旅游住宿体验行为、游览体验行为、旅游购物体验行为、旅游娱乐体验行为等。按行为文化的一般分类，针对现实和虚拟旅游体验行为的法律、道德、习俗、规则等规范亦可划入旅游体验文化中的行为文化。

旅游体验活动有过程，当然有结果。这个结果包括作为旅游体验文化的自身成果——心理感受和物化产品。在构成旅游体验整体感受的众多心理要素中，认知成分、情感成分最为重要。旅游体验整体感受可分为浅、中、深三个层次。旅游体验整体感受具有主观性、综合性、复杂性、差异性等特点。旅游体验产品是旅游者在旅游体验活动中或以旅游体验活动为基础自己创造的产品，而不是旅游业提供的产品。按具体形式划分，旅游体验产品可分为文学、艺术、史哲、科技、猎物、果菜、草木、贝石、水土诸类；按大致用途划分，旅游体验产品可分为旅游用品和非旅游用品两大类；按基本性质划分，旅游体验产品可分为物质性产品和观念性产品两大类。旅游体验产品具有粗放性、观赏性、纪念性、有用性、观念性、多样性等多种属性。

【参考文献】

[1] 梅奥，等．旅游心理学［M］．天津：南开大学出版社，1987.

[2] 张卫．旅游消费行为研究［M］．北京：中国旅游出版社，1997.

[3] 谢彦君．旅游体验研究［M］．天津：南开大学出版社，2005.

[4] 曲玉镜．旅游产品新论［J］．旅游管理，2002（4）.

[5] 张继涛．旅游主体文化的特征分析［J］．湖北大学学报．哲社版，2003（5）.

[6] 邹统钎，吴丽云．旅游体验的本质、类型与塑造原则［J］．旅游科学，2003（4）.

[7] 黄鹂．旅游体验与景区开发模式［J］．兰州大学学报．社会科学版，2004（6）.

[8] 邹本涛．旅游体验文化新论［J］．社会科学家，2010（2）.

[9] 邹本涛．旅游情感体验的内容分析［J］．北京第二外国语学院学报，2010（9）.

[10] 徐缉熙，凌珑．旅游美学［M］．上海：上海人民出版社，1997.

[11] 王柯平．旅游美学纲要［M］．北京：旅游教育出版社，1997.

[12] 庄志民．旅游美学［M］．上海：上海三联书店，1999.

[13] 黄艺农．旅游美学［M］．长沙：湖南教育出版社，1999.

[14] 李建欣．论旅游者的四种类型［J］．北京联合大学学报，2000（2）.

[15] 谢贵安．旅游风俗［M］．武汉：湖北教育出版社，2001.

[16] 薛群慧．现代旅游心理学［M］．北京：科学出版社，2005.

[17] 苏珊·朗格．情感与形式［M］．北京：中国社会科学出版社，1986.

第3章　旅游介入文化论

在旅游文化结构中，旅游体验文化处于核心地位，旅游介入文化处于边缘地位。没有旅游体验文化，就没有旅游介入文化；没有丰富的旅游介入文化，也就没有多彩的旅游体验文化。

——本书作者

同旅游体验文化一样，旅游介入文化也是本书提出的旅游文化学核心概念之一。旅游介入文化的整体面貌是什么？其文化心理、文化行为和文化产品有哪些？本章将重点讨论这些问题。

第1节　旅游介入文化概论

对于旅游介入文化可以作宏观探讨，也可以作微观分析。本节将从宏观的角度重点探讨旅游介入文化的含义、结构、特点等全局性问题。

一、旅游介入文化说

（一）旅游介入文化的含义

旅游介入文化是本书提出的一个全新概念，从内容上看，旅游业中那些直接面对旅游活动的部分，如旅游服务、景观开发、旅游宣传等文化现象，因旅游活动的产生而产生，又积极主动地介入旅游活动，对旅游活动的展开具有巨大的影响，属于旅游介入文化；旅游研究者的旅游研究、旅游目的地的旅游传说以及新兴的“网上导游”等均以旅游活动为研究、思考、演绎的对象，对旅游活动具有较为深远的影响，也属于旅游介入文化。旅游介入文化的内容如此广泛，它的定义该如何概括呢？

旅游介入文化是旅游文化的两大部分之一。笔者将旅游文化定义为“是人们对旅游的体验与介入过程及其精神产品的总和”，其中的“对旅游的介入”关照的正是旅游介入文化；其中的“人们”、“过程及精神产品”则包含了旅游介入文化的主体、创造与产品。作为相对独立的概念，旅游介入文化的定义可完整表述为：“旅游介入者对旅游的介入过程及其精神成果的总和”。这个定义主要有以下几个要点：

第一，旅游介入文化既包含其创造过程——“对旅游的介入”，也包含这个过程的结果——“精神成果”。“旅游介入”也是旅游介入文化创造的主要形式；“精神成果”包括观念形态及其物化产品。文化是主体与客体在人类社会实践中的对立统一物，有过程，有结果，旅游介入文化也是如此。

第二，旅游介入文化的介入对象是旅游。介入不同于参与，前者是对某项活动的有意识干预，使之朝着自己预期的方向发展；后者是对某项活动的参加，使自己融入该活动中。不管是旅游服务、景观开发还是旅游宣传、旅游研究，其对旅游的接触都是对旅游的干预而非参与。由于介入的对象是旅游，由此创造的文化被称之为旅游介入文化。如果介入活动主观很少故意，对象不是旅游，所产生的文化即使肇因于旅游，也不能称之为旅游介入文化。比如，旅游目的地因旅游而产生的文化变迁就不属于旅游介入文化——这种文化变迁是旅游对目的地影响的结果，属于旅游效应。

第三，旅游介入文化的主体是非旅游者。如前所述，参与和介入的主体是不相同的，旅游参与的主体是旅游者，旅游介入的主体是非旅游者。这里的非旅游者既包括旅游从业人员，也包括旅游行政管理人员、旅游研究者、旅游地居民、社会上旅游思考者。凡是以各种方式有意识地介入旅游的人，都是旅游介入文化的创造者。

第四，旅游介入文化是一种精神文化。旅游文化是一种精神文化，旅游介入文化是旅游文化的一支，当然也是精神文化。说旅游介入文化是一种精神文化，并不意味着旅游介入活动是一种纯然的文化活动。旅游介入活动既有文化成分，也有其他成分；但从旅游介入活动的整体来看，文化是核心，是灵魂。旅游介入活动的多种成分并存决定了旅游介入文化必然不是一种纯粹的旅游文化。这也是旅游介入文化在旅游文化中处于边缘地位的另一个原因。

（二）旅游介入文化与旅游介体文化

旅游介入文化与旅游介体文化有联系，更有区别。

旅游介体文化一般认为即旅游业文化。旅游业有广狭两义，广义旅游业是指与旅游有关的一切企业、事业、行政部门，狭义旅游业仅指其中的旅游企业。旅游业活动包括对内管理活动和对外服务、开发、宣传、调控等活动，由此形成对内的管理文化和对外的旅游服务文化、景观开发文化、旅游宣传文化、旅游研究文化等文化现象。

旅游业对外服务、开发、宣传、研究文化以旅游为基础，文化指向主要是旅游者，直接介入旅游者的旅游活动，既属于旅游介体文化，也属于旅游介入文化。这是旅游介入文化与旅游介体文化的联系。

旅游业内部管理文化以企业内部管理为基础，文化指向是企业内部的员工，没有直接介入旅游者的旅游活动，属于旅游介体文化而不属旅游介入文化；社会的旅游观念、旅游研究者的旅游研究、旅游目的地的旅游传说均以旅游活动为研究、思考、演绎的对象，并对旅游活动施加影响，属于旅游介入文化而不属于旅游介体文化。这是旅游介入文化与旅游介体文化的区别。

总的来说，旅游介入文化与旅游介体文化既有共同的主体和内容，又有不同的主体和内容，而且前者的主体和内容较后者更为广泛。一言以蔽之，两者是交叉并列关系。

二、旅游介入文化的结构

从文化层面的角度来分析，文化的发生发展最初是从“文化的心态”开始酝酿，然后经过“文化的行为”逐层向外，以特定的“物质形态”——产品的形式表现出来，并以这最外层的“物态文化”直接与人们触碰。因此，文化通常由心理、行为和产品三个层面构成，对旅游介入文化的结构的分析也可以从心理、行为和产品三个层面来进行。

（一）旅游介入文化的心理层面

旅游介入文化的心理层面也称意识层面，包括旅游介入的社会心理和社会意识形式两个层次。

旅游介入的社会心理是指未经理论加工和艺术升华的大众流行的旅游介入心态，诸如旅游介入者的要求、愿望、情感、看法等习惯性心态。旅游介入者有自己的要求和愿望，如希望旅游者多些慷慨，少些吝啬；多些理解，少些刁难；多些尊重，少些歧视。这些愿望和要求是普遍的而非个别的，是朴素的而非深奥的，自然形成，自发自在。旅游介入者有自己的情感和看法，如对旅游及旅游者的喜怒之情、利弊之见。这些情感和看法也是普遍的而非个别的，是朴素的而非深奥的，同样自然形成，自发自在。旅游介入的社会心理是经验的积累，不是理论或艺术的结晶，属于俗文化。旅游介入的社会心理主要流行于社会之中和旅游地居民之间，学界一直呼吁要“更新社会的旅游观念”、“调整旅游地居民的文化心态”，可谓有的放矢。旅游介入的社会心理在现代旅游企业文化中也有一席之地：开业庆典上“开市大吉”的横幅，巨大门柱上“和气生财”的楹联，豪华店堂上“财神爷”的灵位……这些无一不是旅游介入的社会心理的集中反映。

旅游介入的社会意识形式是指经过理论加工和艺术升华的系统化、模式化的旅游介入心态，诸如旅游介入的理念、原则、理论、艺术等心态。如“顾客是上帝”的旅游服务理念、“三大效益并重”的景观开发原则、“人性化”的旅游规范理论、“重形象”的旅游宣传艺术、“实事求是”的旅游研究原则，还有“个性化”的旅游交往艺术、“可持续发展”的旅游发展理论等。这些旅游介入心态有的是从旅游介入的社会心理发展而来，有的是在实践基础上提炼、总结而成，但都经过了理论家和艺术家的专门加工，是理论或艺术的结晶，属于雅文化。旅游介入的社会意识形式主要存在于业界、学界和政界的服务、经营、研究、规划、规范、宣传等领域中，如服务标准、经营规则、旅游论著、旅游规划书、旅游法规文件、旅游宣传品等。

旅游介入文化的心态层面在旅游介入文化结构中居于核心地位，具有动力基础和前提条件的作用，它决定着旅游介入文化行为层面的旅游介入行为的发生及其介入方式，同时也对处于产品形态的旅游介入文化整体产生较大的影响，在一定程度上决定着旅游介入行为是否可行和有效。

（二）旅游介入文化的行为层面

现代心理学家一般认为，行为是有机体的外显活动。文化学中的行为也是指人们的外显活动，有时还包括行为规范，只是这种行为及其规范不是个体的，而是群体的。因此，旅游介入文化的行为层面是指旅游介入的行为方式及其规范。

旅游介入的行为方式有多种，业界、政界、学界、旅游地居民、社会均以各自的行为方式介入旅游活动。业界通常以服务、开发、宣传、研究等行为介入旅游活动；政界通常以调控、引导、规范、宣传等行为介入旅游活动；学界通常以研究、策划等行为介入旅游活动；旅游地居民通常以服务、干扰等行为介入旅游活动；社会通常以监督、引导等行为介入旅游活动。同一类型的旅游介入主体，其旅游介入的行为方式却不尽相同。同为业界的旅游饭店、旅游交通部门、旅行社、旅游商店、旅游开发部门，其旅游介入行为分别侧重于食宿服务、交通服务、游览服务、购物服务、景观开发；同为政界的旅游行政、工商管理部门，其旅游介入行为分别侧重于立法与决策、执法与检查；同为学界的旅游研究者，其旅游介入行为有的侧重于学术探讨，有的侧重于应用对策；同为旅游地居民，其旅游介入行为有的表现为支持，有的表现为反对。至于社会的旅游介入者，其旅游介入行为就更为多样化了。

旅游介入的行为规范也有多种，如针对旅游业及其行为的旅游业法规、旅游业道德、旅游业政策等。旅游介入的行为规范因规范旅游介入行为而分属旅游介入分支文化，又因未介入旅游而不是旅游介入文化。从旅游介入文化整体角度看，其可存而不论。

旅游介入文化的行为层面在整个旅游介入文化的结构中具有桥梁和纽带的作用，是旅游介入活动从心理动因到形成最终产品的过渡环节，对旅游介入文化产品的质量与介入活动的效果具有较大的影响。

（三）旅游介入文化的产品层面

产品是一个内涵非常宽泛的概念，常与过程紧密相连，从一定意义上来说，任何过程的结果都可称为“产品”。国际标准化组织（ISO）把“产品”分为服务、软件、硬件和流程性材料四种通用的类别。产品既可以是有形的，如硬件等；也可以是无形的，如服务等。对旅游介入文化结构中的产品层面的分析与探讨亦当如是观。

旅游介入文化的有形产品包括已开发出来的旅游景观，如文化景观、人造景观等；已开发出来的各种形式的旅游宣传产品，如书籍、文章、电视音像资料、网页资料、广告手册、展销会议、推介会等；已完成的旅游研究，如研究著作、学术论文、研究报告、项目策划书以及各种对策建议、法规、条例等。

旅游介入文化的无形产品主要是作为文化的旅游服务艺术。旅游服务艺术是一种看得见、摸不着的外显活动，集生产和产品于一身：从劳动的角度看，它是服务者施加其体力与脑力于对象之上的行为，是生产；从成果的角度看，它可以出售给旅游者，是产品。旅游观念、旅游传说也是一种无形的旅游介入产品，它们不但是旅游介入的智慧结晶，而且可以转化为商品。

旅游介入文化是一种精神文化，其产品层面虽然包含物质成分，但这些物质成分大多是作为精神载体出现的，在旅游介入文化产品中处于非核心、非主流地位。旅游介入文化产品的核心、主流仍然是精神的。旅游介入文化的产品层面在旅游介入文化结构中居于表层地位，反映旅游介入程度与效能。

关于旅游介入文化的心理、行为与产品，笔者将在本章第二～四节作进一步的探讨。

三、旅游介入文化的特点

旅游介入文化的特点是旅游介入文化的本质属性的外在显现，也是旅游介入文化区别于非旅游介入文化的重要标志之一。对旅游介入文化的特点进行分析探讨有助于认识和掌握旅游介入文化的本质和规律，这对旅游介入文化建设具有重要的意义。

旅游介入文化的特点突出地表现在导向性、功利性、地域性、民族性和规范性等方面。

1. 导向性

导向性特指旅游介入文化对旅游活动的引导作用。前文已经述及，旅游介入文化是介入旅游活动并对其施加影响的文化，这种介入和影响主要表现在依据一定的目的、方向、要求、线路对旅游者的旅游活动的引导上。对旅游服务来说，虽然满足旅游者的需要是其最根本的宗旨，但旅游需要的无限性和旅游服务的有限性之间始终存在着矛盾对立关系，旅游服务只能以有限的服务尽可能多地满足一般旅游者的类似需求。因此，旅游服务的服务内容、方式、时间、地点等对旅游者的旅游活动具有明显的导向性。旅游者只有按照旅游服务所引导的方向才能充分享受旅游服务，提高旅游体验的质量和水平。同样，旅游景观的建筑风格、审美特征、地域特点、知名度、美誉度等都对旅游者的旅游活动具有导向作用，能够吸引旅游者来此参观游览而不是去往他处。旅游宣传对旅游者的导向性则更加明显，其目的就在于通过各种途径与手段的旅游宣传促销活动招徕、吸引更多的旅游者。旅游研究对旅游者的旅游活动也具有一定的导向作用，旅游研究的成果有助于旅游者对旅游活动形成科学的认知，这对于旅游者对旅游活动内容的取舍、方式的选择、感受的品评等具有重要的影响。

2. 功利性

功利性是指旅游介入文化具有明显的经济、社会、环境等功利目的。旅游活动本身是一项消费活动，它会给众多的企业和部门带来无限的商机。尽管各自的目的和动机有所不同，但看中旅游活动所带来的巨大经济利益正是旅游服务与景观开发部门积极、主动介入旅游活动的重要原因之一。所以，旅游服务文化与景观开发文化的功利性主要体现在经济方面——为旅游者提供旅游服务文化需要旅游者以付费的方式进行购买；为旅游者提供景观开发文化需要旅游者到目的地以购买门票的方式支付价款。虽然旅游服务文化和景观开发文化的功利性不局限于经济上，但较其他功利性而言，经济上的功利性无论如何都具有直接性和外显性，需求与供给的关系易被人感知。旅游宣传文化的功利性最终也是体现在经济方面，但这种功利性往往不是那么直接和明显，并且常常和社会、环境等方面的功利性融为一体，很难说哪项较为突出，不妨说旅游宣传的功利性具有明显的综合性特征。旅游研究的功利性主要表现为社会性，经济性不是很明显。总之，旅游介入文化各主体不会无缘无故地介入旅游活动，之所以如此，总会有这样或那样的目的和动机，从而导致旅游介入文化具有明显的功利性。

3. 地域性

地域性是指旅游介入文化因所在区域的不同而呈现出一定的地域性特点。旅游介入文化，无论是优质周到、令人回味的旅游服务文化，或者是风格独特、景色优美的景观开发文化，或者是亦真亦幻、撩人心思的旅游宣传文化等，都是在特定地域形成、发展起来的，难免受所在地域的影响，打上地域的烙印。北方旅游介入文化与南方旅游介入文化不同，东方旅游介入文化与西方旅游介入文化有别，这是人所共知的事实。相对于见怪不怪、熟视无睹的惯常居住环境而言，异地独特的旅游服务、旅游景观、风土人情等往往更令旅游者感兴趣，这也是吸引他们到此一游的重要因素。唯其如此，旅游介入文化的创造者千方百计地在其介入文化中加入地方因素，凸显地方特色。别样的风景、别样的体验、别样的心情，这是众多旅游者对旅游活动乐此不疲的原因，旅游介入者要达到吸引招徕旅游者的目的，必须充分向旅游者展示出具有地域特色的旅游介入文化。

4. 民族性

民族性是指旅游介入文化因所在民族的不同而具有一定的民族特色。相对于旅游者，旅游介入者流动性差，基本是本地本族人，其文化创造主要是建立在本地本族资源基础之上，由此导致旅游介入文化具有浓厚的本民族特色。汉族的旅游介入文化不同于少数民族的旅游介入文化，藏族的旅游介入文化不同于壮族的旅游介入文化，这是旅游者明显感到并愿意看到的。旅游者对旅游介入文化民族性的强烈需要也强化了旅游地对旅游介入文化民族性的塑造。旅游主体对旅游介入者所在民族的独特文化往往产生强烈的好奇，要求在文化的反差中体验感受异质文化的独特韵味，为满足旅游者的需要，旅游介入者大都千方百计从本民族的文化特色出发，精心打造具有民族特色的产品与服务，换言之，努力塑造旅游介入文化的民族性。尽管这种塑造的努力不断地被旅游引起的趋同化所侵蚀，但旅游介入文化只有充分展示其民族的差异性才能焕发出独特的魅力，才能增强旅游吸引力，才能对旅游活动产生巨大的影响。

5. 规范性

规范性是指旅游介入文化对旅游体验和旅游介入具有一定的约束作用。就规范的主体来看，国家和地方各级旅游行政管理部门以行政法规、部门规章等形式对旅游企业、旅游者的经营行为和游览活动作了相应的规范和约束。旅游景区、旅行社、旅游饭店等在提供旅游服务、设计旅游景观、推广旅游形象时也有严格的行业标准和操作规则，甚至对旅游者也提出了种种规范。就规范性的显著程度而言，针对旅游者和旅游业者的各种不当行为而制定的旅游、旅游业规范如法规、道德、政策、章程等，宗旨、原则明确清晰，权利、义务条分缕析，奖励、惩罚严明具体，规范性较为明显。而旅游服务、景观开发、旅游宣传、旅游研究等文化行为本身规范性相对较差，毕竟这些文化行为本身主要是服务于旅游者而非约束旅游者。旅游介入文化的规范性对旅游者的旅游活动具有重要的意义，它是促进旅游活动持续健康发展的必备条件之一。

第 2 节　旅游介入的文化心理

旅游介入的文化心理是旅游介入者介入旅游而形成的社会意识，包括旅游介入的动因及心理过程。

一、旅游介入的内在动因

旅游介入文化是在内外因素的相互作用下形成的，其内在动因主要是旅游介入的文化需要和动机。旅游介入的文化需要和动机既是旅游介入文化形成的内在动因，也是旅游介入文化的重要组成部分。研究旅游介入文化，不能不研究旅游介入的文化需要和动机。

（一）旅游介入的文化需要

旅游介入的需要是旅游介入者对旅游介入的要求和愿望。关于旅游介入的需要，目前学界研究得不多。下面试从总体和具体两个角度对旅游介入的文化需要作一简单的分析。

1. 旅游介入文化的总体需要

旅游介入文化的总体需要是指宏观视角下的旅游介入文化需要。鉴于旅游介入的文化需要主要属于发展需要，本目重点分析旅游介入文化的发展需要。

人类的发展需要表现为发展自己、实现自我的需要，在一定程度上也可以说是最高级的享受需要。对于一个完整的人来说，发展需要是一种内在必然性需要，是人的一种永恒的追求，这种追求超越了生理的或本能的欲望，上升到了社会文化层次，具有社会文化意义。旅游介入文化的发展需要是旅游介入者的普遍需要。

首先，旅游地居民对旅游的介入是文化需要推动的结果。

同其他社会群体一样，旅游地居民也有文化的需要，包括繁荣本地文化的需要、提高教育水平的需要、自我实现的需要等。旅游地居民的文化需要本可以通过其他途径获得满足，为什么也要通过介入旅游这一途径，从而产生旅游介入的文化需要呢？原因很简单：一是旅游具有推动社会进步、促进文化交流、美化自然环境、激发个人才能等积极作用，容易诱发人们介入旅游的文化需要；二是旅游地居民身处旅游世界之中，旅游地居民对旅游的介入既近水楼台，又无法避免，其文化需要与旅游介入的连接可谓天作之合。旅游地居民介入旅游的文化需要也是很强烈的：通过介入旅游解决了温饱，还想通过介入旅游丰富文化生活；通过介入旅游解决了道路问题，还想通过介入旅游改善文化环境；通过介入旅游解决了小学学费，还想通过介入旅游攒下出国费用……在旅游给旅游地带来诸多负面影响的情况下，一位夏威夷人在1986年“第三世界人民与旅游大会”上发出了怒吼：“我们不要旅游者！我们不要你们！我们不想降格为侍者和舞者，那是一种文化娼妓。”这是另一种旅游介入，反映出旅游地居民对本地文化的强烈需要。介入的形式是不一样的，但文化的需要是相同的。

旅游地居民介入旅游的文化需要历史悠久。早在古罗马兴盛时期，旅游胜地叙拉古就有许多当地人凭借一技之长为游客提供向导和讲解服务，有的还因此发迹起来。“发迹”而不收手，这便是发展的需要了，其中就包括文化发展的需要。近代以来，许多目的地居民因介入旅游而发家致富，随着旅游的发展和“旅游致富者”的增多，旅游地居民介入旅游的文化需要必将上升为主流需要。

其次，文化需要是政府介入旅游的主要动因。

政府是一个国家或地区的代表，所以，政府的文化需要往往与所辖的国家或地区的文化需要有重叠之处，至少与某一群体、某一阶层的文化需要相一致。政府的文化需要表现在各个领域，既有政治文化的需要，又有社会文化的需要。旅游是一种综合现象，关涉政治、经济、社会和文化，因此历代政府莫不积极介入旅游，而其介入的动因之一便是文化的需要。以我国政府为例，其近年不断加大旅游介入的力度，除强调是经济的需要外，还强调是维护人民群众和广大游客合法权益的迫切需要，是中国旅游业在国际上树立良好形象的客观需要，是提高国民文化素质和水平的需要……这充分反映了政府介入旅游的文化需要。

政府介入旅游的文化需要在古代即已存在。如中国古代统治者之所以要对旅游进行限制，除了担心旅游动摇自己的统治外，还担心旅游影响主流文化的发展。近代以来，随着人们对旅游认识的提高，各国政府大都积极鼓励旅游，希望通过介入旅游带动文化的发展，文化发展需要成为政府介入旅游的主要需要。目前，政府介入旅游的需要正由重视经济向重视文化转变，鼓励出境旅游就是个例子。在不远的将来，政府介入旅游的需要必将以人而不是以物为中心，推动人的全面发展。

再次，文化需要是学界介入旅游的主要需要。

知识分子是以知识和智慧自立于世的，其固然要通过脑力劳动维持自身的生存，但更看重自身的文化发展，包括学业有成、扬名立万、实现其我、发展自我等。对于知识分子而言，除生存外，没有什么比学业有成、建功立业更重要了，后者的重要性有时甚至超过前者。多数知识分子对自己的生存条件要求不高，而对自己的发展条件格外看重。这里的发展条件就包括文化条件——研究领域。一般地说，多一块研究领域，就多一条发展途径；而那些正在拓荒的领域，特别是与本学科交叉的拓荒领域，更容易刺激研究者的文化发展需要。作为研究对象的旅游就是这样的领域：许多基本问题尚待研究；研究方法涉及多个学科。这样的领域自然容易把学界的文化发展需要转移过来，形成学界介入旅游的文化发展需要。学界有那么多的人研究旅游，除旅游专业出身的旅游研究者外，有的以本专业为主业，兼研究旅游；有的干脆转行以研究旅游为主业，从需要的角度看，文化发展的需要无疑是学界介入旅游的重要原因。实践证明，旅游研究确实满足了一大批知识分子的文化发展需要：而立之年便功成名就的旅游专家不可枚举，不惑之年转行研究旅游声名鹊起的也大有人在。这样大有发展前途的研究领域，学界怎能不动心呢？

学界介入旅游的文化发展需要也是形成于近代以后。近代以来，随着传统学科的日益成熟、知识分子的大量增加和旅游及旅游学科的发展壮大，传统学科的创新难度越来越大，知识分子的发展竞争越来越强烈，旅游及旅游学科越来越受到重视，学界介入旅游的文化发展需要由此形成。未来知识分子的生存环境必将得到进一步的改善，旅游及旅游学科必将进一步成长壮大，所以，学界介入旅游的文化发展需要即使在未来也不会被削弱。

2. 旅游介入文化的具体需要

旅游介入文化的具体需要是微观视角下的旅游介入需要。按需要的主次，旅游介入文化的具体需要包括旅游介入的根本需要和旅游介入的派生需要。前者如技能的需要、创造的需要、实现自我的需要等，是推动旅游介入的内在原因；后者如公平的需要、尊重的需要、合作的需要等，是对旅游介入的主观要求。

（1）实现自我的需要。

施展才能以取得成就、实现自身价值是人的基本需要之一。虽然人的才能不一样，但每个人都希望能把自己的才能充分发挥出来，这是人们高层次需要的体现。旅游世界丰富多彩，为人们实现自我提供了广阔的舞台，不但旅游者可以在此施展才能，旅游介入者也可以通过介入旅游一展身手：服务者可以通过为旅游者提供服务，展示自己高超的服务艺术；开发者可以通过开发优质产品，实现自己的开发理念；研究者可以通过研究旅游，展现自己的学术水平；旅游地居民可以通过接待旅游者，实现各自的价值。于是，自我实现的需要推动人们介入旅游，成为旅游介入的需要。职场中，旅游职业是一个火爆的职业，也是一个流动性极强的职业。为什么火爆？为什么流动？一个重要原因就是：员工为实现自我而来，为实现自我而去。旅游业是新兴的产业，在实现自我方面具有极大的发展空间，自然容易吸引人们投身其中；当员工感到所在旅游企业不能满足自我发展的需要时，便会跳槽到另一旅游企业。“作为旅游业中的一员，应该不断加强学习专业知识和积累各方面知识，拓宽知识，为旅游业的不断强大尽心尽力尽职地工作、贡献自己的力量，实现自我价值。”这是我们经常看到的旅游从业人员的自我表白，更直接反映了旅游介入的实现自我的需要。唯其如此，旅游企业莫不以提供“实现自我”

平台相标榜，努力创造实现自我的良好环境，吸引人才，留住人才。

实践证明，这种做法对激发员工的积极性是非常有效的。

（2）创造的需要。

从人存在的社会意义来说，创造是人社会性存在、发展的需要。人及其社会的发展不是简单重复的循环运动，而是一个体现了主客体之间动态价值增值关系的合目的性的运动过程，这种合目的性运动通过人的创造性的实践活动而得以现实化。创造性的活动连通着人的过去、现在与未来，使人类有着一部自己创造自己的、永远向着未来开放的、有待于不断制作的历史。旅游世界是一个古老而崭新的世界，在这个世界里，不乏创造用的原料，唯独缺乏创造性的产品；不乏创意的消费者，唯独缺乏创新的供给者；不乏创造的空间，唯独缺乏创新的人才。旅游世界的“乏”与“不乏”为旅游介入者创造性的发挥提供了巨大的试验场，于是创造的需要成为旅游介入的普遍需要。谈及旅游介入的内在原因，许多旅游从业人员的回答是：寻找用武之地，一展身手。所谓“寻找用武之地”、“一展身手”反映的正是旅游介入的创造需要。也正因为如此，旅游企业在承诺为应聘人员提供“实现自我”平台的同时，还承诺要为他们提供广阔的创造空间，足见创造需要在旅游介入者诸多需要中的地位。

（3）技能的需要。

技能包括技术和能力。技能是生存发展的必要条件，技能的高低强弱直接决定生存发展的质量和水平。因此，对技能的需要既是生存的需要，也是发展的需要。技能的获得可以通过传授，也可以通过实践。旅游世界是一个复杂、多样的世界，旅游介入是一个实践过程，通过介入旅游世界，人们可以获得或强化多种技能，如服务技能、交往技能、景观开发技能。介入旅游能获得如此多的重要技能，何乐而不为！于是，技能的需要成为人们介入旅游的原因之一。“做旅游是想多结识一些新朋友”，“做旅游也是想锻炼一下自己”，这是旅游从业人员常挂在嘴边的话。这些话出自旅游介入者之口，说明了技能需要确已成为旅游介入需要的一部分。

从旅游介入的原因看，技能需要是旅游介入的根本需要——因需要技能而介入旅游；从旅游介入的要求看，技能需要又是旅游介入的派生需要——因介入旅游而需要技能。由于行业的特点，旅游企业员工一方面需要不断地提高自己的各种操作技能，以适应各种现代化设备设施的要求；另一方面需要不断地提高自身的文化素养和心理素质，以满足不同旅游者的需求。所以，管理者要注意为员工提供带薪学习、出国学习、攻读MBA、业务技能培训等学习和深造的机会，促使员工的知识更新，以适应知识经济与信息时代的要求。

（4）公平的需要。

公平的需要包括公平竞争、机会平等、分配公正等需要。公平的需要是人类发展的普遍需要，公平导致和谐，不公导致动乱，除少数人外，绝大多数人都是需要和谐而不需要动乱的。介入旅游也是这样。人们介入旅游，本来是为了获得某种利益，如果没有公平作保障，旅游介入者就会利用各自的优势巧取豪夺、弱肉强食，最后造成失败者一无所得、胜利者得不偿失的“双输”局面，无法达到获利的目的。因此，旅游介入者普遍要求公平介入。“我们应该自豪身为世界最大产业中的一员，为了我们美好的未来，让我们联手合作，创造一个纯净、规范、公平的旅游业，我们将努力做到最好，让全社会了解，旅游业得到飞跃，则整个国家将飞跃，全世界将飞跃，和平和繁荣将散布到世界的每一个角落，为我们的子孙创造一个更加美好的未来。”[1]格里菲旅游集团亚太区总裁白理德先生的这段发言就反映了旅游介入者的这种公平需要。各地政府一再强调要为旅游业创造更公平的竞争与发展环境，实现机会平等、分配公正，有的还将其列为政府工作重点，这从另一个侧面反映出旅游介入的公平需要是何等的迫切。旅游介入过程中，无论是发达国家（或地区）还是发展中国家（或地区），都有公平的需要，尤其对于后者，公平需要更为强烈。所以，发达国家（或地区）在发展旅游业的方式、手段和途径上，要以维护发展中国家（或地区）人们的利益为前提，在和谐观念的指导下求得各区域旅游业的公平发展。

（5）尊重的需要。

尊重的需要指获得他人的尊敬、尊重的需要。尊重的对象既包括人权，也包括人格。尊重的需要也是人类的普遍需要，而且是高级的需要。在旅游界，一提到尊重的需要，人们首先强调的是旅游者的尊重需要。其实，旅游从业人员的尊重需要更为强烈。在“科层制”的管理体制和“顾客是上帝”的服务理念下，旅游从业人员不但要对自己的主管唯唯诺诺、俯首帖耳，更要对顾客毕恭毕敬、低眉顺眼，长期扮演主管与顾客的“公仆”角色。双重的“公仆”角色使旅游从业人员承受了比顾客更多的委屈：一方面要忍受无

---

[1] http：//travel. tom. com，2004－09－14.

赖顾客的刁难、侮辱甚至打骂，另一方面要接受顶头上司的指责、训斥和惩罚。在尊重需要不能得到满足的情况下，旅游从业人员的尊重需要怎能不强烈呢？旅游从业人员是职业流动最频繁的群体之一，其中一个重要原因就是尊重的需要十分强烈且得不到满足。有的旅游企业开始树立“以人为本”的观念，强调“员工第一、顾客第二”，这同样折射出旅游从业人员尊重需要的迫切性。旅游企业要形成尊重知识、尊重人才的良好风气，旅游者要尊重旅游从业人员，只有这样，才能满足员工的尊重需要，激发他们为企业奉献、为顾客服务的热情。

(6) 合作的需要。

人是社会性的动物，必须结成一定的关系、相互合作才能有所作为。所以，合作的需要也是人的基本需要之一。社会分工越细密，合作需要越强烈。旅游活动是一项综合性的活动，旅游者需要的服务是综合性的服务，介入旅游，满足旅游者的需要，这不是哪一个人、哪一个单位所能单独完成的。不能满足旅游者的需要，就不能达到旅游介入的目的。因此，合作的需要对旅游介入者来说尤为强烈。这里的合作既包括旅游介入者之间的合作，也包括旅游介入者与旅游者的合作。一方面，旅游介入者吃尽了单兵作战、恶性竞争的苦头，强烈要求区域协作，实现“资源共用、客源共享、市场共推、形象共塑、产品共建”，最后达到利益共分的双赢目标；另一方面，旅游介入者更尝到了怠慢旅游者、漠视旅游者的苦果，强烈要求密切与旅游者的关系，最大限度地迎合旅游者的需要，争取旅游者的支持，以扩大自己的市场份额。旅游介入者的合作需要由来已久，在竞争日益激烈、分工日益细密的今天，旅游介入的合作需要更加迫切、更加普遍了。

合作需要诚信，因此，不少学者把诚信也看做是旅游介入者的普遍需要。应该指出的是，合作固然需要诚信，但诚信从未成为旅游介入者的普遍需要。对于最重要的旅游介入者——旅游业而言，利润最大化是其最终目的，诚信同欺诈一样不过是服务于目的的手段。在欺诈所带来的利润远比诚信来得多、来得快且不易暴露的情况下，旅游业的诚信需要远不如欺诈需要强烈、普遍。旅游市场普遍充满欺诈而缺乏诚信，本身就说明了这一点。近来诚信的呼声越来越高，似乎诚信的需要正在增加，其实不然。诚信由己，如果诚信的需要真在增加，为什么诚信的行为不增反减呢？答案是不想做而已。

（二）旅游介入的文化动机

动机是直接推动行为的内在动力。文化的动机是旅游介入的普遍动机。

不管是政府、企业、学界还是旅游地居民、其他社会成员，其介入旅游都有文化动机的推动。

1. 政府介入旅游的文化动机

旅游介入的文化动机包括促进文化交流、保持文化传承、探求旅游真相、提高文化素质等。

促进文化交流、保持文化传承、探求旅游真相、提高文化素质，这既是旅游的功能，也是政府的职责。任何一个负责任的政府都不会忽视旅游的上述功能。当政府采取种种措施发挥旅游的上述功能时，政府介入旅游的动机便属于文化的动机了。许多政府特别是发达地区的政府鼓励出境旅游，其主要动机便是促进文化交流、提高国民的文化素质，这从政府采取这一措施时所作的说明中即可看出；由政府直接组织的交流观光团互相访问目前已是普遍现象，此举“旨在推进两地文化交流”也成固定说法，可见其动机也是文化交流。2006 年我国实施了全民性的提升中国公民旅游文明素质行动计划，这是政府介入旅游的重大举措。该计划开宗明义：其目的是为了深入学习实践社会主义荣辱观，切实加强公民的思想道德教育，提高公民的文明素质，塑造中国公民的良好国际形象。其提高公民文化素质的动机至为明显。作为政府介入旅游的文化动机，保持文化传承主要体现在政府对旅游要素之一——传统人文旅游资源的保护上。传统人文旅游资源是传统文化载体，各地政府大多采取种种措施加以保护，这在很大程度上是出于文化传承的动机。政府在采取保护措施时特别强调要保护人文旅游资源的“生态环境”，在保护性开发时特别强调要“弘扬民族文化”，就说明了这一点。因为保护“生态环境”就是保护其生存空间，使之代代相传；“弘扬民族文化”就是发扬光大民族文化，使之延绵不绝。

政治宣传、政治教育既是政府介入旅游的政治动机，也是政府介入旅游的文化动机。我国目前如火如荼的红色旅游主要是政府介入的结果，其政治宣传、政治教育的动机十分明显。中共中央办公厅、国务院办公厅颁布的《2004～2010 年全国红色旅游发展规划纲要》指出：发展红色旅游，使人们重温党的历史，了解中国共产党领导地位的确立是中国革命发展的必然结果，从而进一步坚定党的领导、走中国特色社会主义道路和中华民族伟大复兴的信念。发展红色旅游，推动老区经济社会发展，提高人民生活水平，发展社会主义先进文化，弘扬和培育民族精神，有利于密切党群关系，保持党的先进性，巩固党的执政基础。发展红色旅游，有利于增强党驾驭市场经济、构建和谐社会的能力，提高党的领导水平和执政水平，巩固党的执政地位。该纲要中，政治、经济、文化三大动机同时并存，而政治宣传、政治教育的动机尤为突出。

2. 企业、学界、旅游地居民介入旅游的文化动机

企业介入旅游的动机主要是经济的动机，但也有文化的动机。旅游业具有经济、文化双重性，它不但要注重经济效益，还要注重社会文化效益。作为旅游主体和旅游客体的中介，它要为两者的文化交流搭建平台；作为生产营销单位，它要向旅游者宣传自己的企业文化；作为景观开发组织，它要保护并挖掘景观文化或赋予景观以文化；作为管理和服务部门，它还有提高员工和旅游者文化素质的义务。企业的上述行为固然以经济效益为中心，但其文化的动机也是显而易见的。随着旅游者文化需要越来越强烈，企业行为的文化动机也越来越突出。一些旅游企业大搞“文化战略”、大树文化品牌就说明了这一点。

文化的动机也是学界介入旅游的主要动机。学界以探求真相、经世致用为己任，追求真理、发展文化是其探索世界的永恒动机，介入旅游也不例外。旅游是一种综合现象，学者对旅游的研究虽各有侧重，但在谈到研究意义时有两点是相同的：揭示旅游发展规律，构建旅游学科体系。其研究旅游的文化动机已不言自明。因为不管是揭示旅游发展规律还是构建旅游学科体系，都属于文化建设范畴。旅游文化在某些学者的眼中就是旅游中的文化，这些学者对旅游文化的研究，其首要动机更非文化莫属。旅游经济研究当然离不开经济的动机，但也离不开文化动机。旅游经济研究要为经济建设服务，首先必须弄清旅游经济现象本身。要“弄清旅游经济现象本身”，没有求知动机是不可想象的，而求知动机属于文化动机。更何况旅游经济研究还有构建旅游经济学体系的任务呢！

同企业介入旅游的情况相似，旅游地居民介入旅游的动机既有经济方面的，也有文化方面的。有时，文化的动机比经济的动机还强烈。旅游地居民介入旅游的文化动机主要包括文化交流、文化保护等。旅游能够促进文化交流，而文化交流能够为本地文化注入新鲜血液，这是大部分旅游地居民所熟知的。所以，旅游地居民对旅游者所带来的文化并不完全排斥，也愿意在平等自愿的前提下介入旅游活动，与旅游者进行文化交流。不少旅游地居民还设立了民间的文化交流中心，专门接待来自他乡的交流观光团，其动机正如机构名称所显示的，就是为了文化交流。当然，在客源地文化大举进入目的

地而对目的地文化构成严重威胁时，异地文化就不那么受欢迎了，旅游地居民会自发地组织起来抵制异地文化。这种抵制行为的发生，其背后的内在动机也是文化——保护本地文化免遭灭顶之灾。著名旅游胜地夏威夷曾发生过抵制旅游者的抗议活动，抗议者高呼："我们不要旅游者！我们不要你们！我们不想降格为侍者和舞者，那是一种文化娼妓。"夏威夷人的怒吼明白地告诉我们，他们介入旅游的动因既有生存的需要，也有文化的动机——文化保护。至于旅游地居民编撰旅游神话行为，也是出于文化的动机：有的是为了扬名，有的是为了娱乐，有的是为了传承文化。

二、旅游介入的心理过程

在目前的旅游心理学中，旅游介入心理过程同旅游介入动因一样，缺乏系统研究，基本没有位置。按照心理现象的一般规律，旅游介入的心理过程由认识、情感、意志三个过程所组成。本书将以此为中心，从不同侧面择要对旅游介入的心理过程作一初步的勾勒。

（一）企业介入旅游的心理过程

1. 服务人员旅游介入的心理过程

旅游服务的心理过程始于认识过程，包括服务人员对本职工作的认识、对旅游的认识等，由感知、记忆、想象、思维等环节组成。

对旅游服务的感知主要是对服务对象的感受、把握，当然也涉及对服务本质的理解，这是服务人员生动直观的感性认识。旅游服务是面对面的交往，旅游服务人员对旅游服务对象即旅游者的感知主要是通过与顾客的直接接触获得的。一般情况下，人们对他人的知觉首先是通过感官去感知对方的言谈举止、神情仪表、行为方式，然后进行深入的了解、判断。所以，观察顾客的言谈举止、神情仪表、行为方式既是感知顾客的开始，也是感知顾客的途径。当服务人员初次接触旅游者时，通过上述途径可以判断旅游者的心理、文化修养、经济状况和社会地位，进而为旅游者提供满意的服务。因此，职业要求旅游服务人员要有较强的感知能力，善于察言观色，能够迅速发现旅游者与旅游者之间的区别和需要，从而有针对性地满足其心理欲求。旅游服务人员对本职工作的认知有赖于职业培训和工作经验。通过职业培训和工作经验，旅游服务人员对本职工作的认知由浅入深。"旅游服务就是伺候旅游者的"，这是旅游服务人员对旅游服务的初始认知。"旅游服务是一门艺术，负有文化与经济双重使命"，这是旅游服务人员对旅游服务的深入认知。职业要求旅游服务人员对旅游服务的性质要有正确、深入的认知，只有对旅游服务的性质的认知正确、深入，才有可能理解旅游服务工作的重要性，从而积极、主动、创造性地开展工作。目前，旅游服务人员对旅游服务的认知普遍肤浅，这是旅游服务质量普遍不高的认知原因。

旅游服务人员的记忆、想象和思维是旅游服务认识过程必不可少的环节，其对象同样既涉及旅游者，也涉及旅游服务本身。旅游服务人员把留下的旅游服务感知印象在头脑中加以编码、储存、再现的心理过程就是旅游服务的记忆过程。比如：记住旅游者的姓名、民族、籍贯、职业、身份、爱好、特征，记住旅游服务的性质、流程、规范、操作、经验、教训等。人们的记忆力有强有弱，但职业要求旅游服务人员有较强的记忆能力，熟记旅游服务所涉及的技能和知识，熟记旅游者的姓名、习惯、兴趣、爱好、需要，熟记旅游服务的项目、质量、等级、规格、单价。旅游服务人员利用头脑中已有的知识经验对旅游服务进行设想、创造的过程就是旅游服务的想象过程，如旅游服务人员对旅游服务的美好预期、对旅游活动的夸张渲染。想象使旅游服务心理丰富多彩，使旅游服务工作生动感人。所以，职业要求旅游服务人员要想象力丰富，能够引导旅游者进入美妙的境界。旅游服务人员借助人们积累的丰富经验，通过概念、判断、推理、分析、综合、抽象、概括和比较等间接、概括地反映旅游者和旅游服务，这个心理过程就是旅游服务的思维过程。如旅游服务人员对旅游者的分析、比较，对旅游服务的总结、概括。旅游服务人员的思维过程是对旅游服务认识的深化，是对旅游服务的理性认识。职业要求旅游服务人员能够独立思考，善于分析，具有创造性思维。

旅游服务者是有情感的人，伴随着对旅游服务的认识，必然对所从事的工作和旅游者产生某种情感。如对旅游服务及旅游者的喜、怒、哀、乐等情绪及道德、审美、理智等情感。“我喜欢做导游员”、“这些游客真可爱!”等是旅游服务者的积极情绪；“我不喜欢做客房服务员”、“有些客人真难伺候!”等是旅游服务者的消极情绪。由于对服务工作的性质、意义的认识不同，旅游服务人员会产生某种自豪感或自卑感，如：“旅游服务给游客送去春风一片，这是一项崇高的事业!”“旅游服务人员就是伺候人的，低人一等啊!”服务令客人满意，会产生成就感和愉悦感；服务令客人不满意，会产生挫败感和耻辱感。在认识旅游服务和旅游者的过程中，对工作本身和旅游者有新的发现、新的收获，每每会感到惊喜、振奋；遇到困难、挫折，往往又会感到沮丧、灰心。

旅游服务是一种情感服务，作为一种产品，情感已纳入管理过程；作为一种商品，情感已成为旅游者购买的一部分。在这种情况下，旅游服务人员的情感表达必然带有“表演成分”。一方面，不管愿意不愿意，旅游服务人员都要按照职业要求保持标准化、规范化的微笑，满足企业的工具性需要；另一方面，不管心里是多么冷漠、歧视，都要把热情、关爱尽量写在脸上，满足旅游者的情感性需要。因此，旅游服务人员表达出来的情感与他内心实际的情感是有差别的。表现于外的情感往往是虚假的，藏于内心的情感才是真实的。旅游服务人员要有良好的情感倾向、深厚的情感基础、持久的情感稳定性、较好的情感表现性、较强的情感控制力，这是职业和旅游者对旅游服务人员的情感要求，只有这种来自外部的情感要求转化为旅游服务人员的内在情感动力，旅游服务人员的内在情感与表现出来的情感才能统一起来。

在旅游服务工作中，从业人员不可避免地会遇到种种困难或障碍。因为旅游服务工作是一项复杂而繁重的劳动，与各式各样的旅游者打交道并不是一件容易的事情。面对种种困难或障碍，服务人员的心理反应是不一样的：有的决心迎难而上，有的打算知难而退，有的则是犹犹豫豫。旅游服务人员这种应对困难、障碍的心理过程就是意志过程。意志过程人人都有，但旅游服务工作的性质决定了旅游服务的意志过程较旅游体验的意志过程更为突出。毕竟旅游体验过程是自由的休闲过程，旅游服务过程是不自由的工作过程。

作为旅游服务人员，职业对其意志有特殊要求：在意志的独立性方面，要求旅游服务人员在认识和实现自己的工作目标时能独立自主，自我奋斗，不随波逐流，不受外界的干扰和影响。在意志的果断性方面，要求旅游服务人员在遇到困难或遭受突发事件时能审时度势，迅速决断，不能犹豫不决或草率行事。在意志的坚忍性方面，要求旅游服务人员有百折不挠的精神，有“富贵不能淫，贫贱不能移，威武不能屈”的斗志，不要轻易因困难而心灰意懒或垂头丧气。在意志的自制性方面，要求旅游服务人员能够约束、控制自己的行为，无论旅游者处于怎样的情绪激烈状态都绝不感情用事。总之，职要求旅游服务人员具备不屈不挠的精神、排除万难的勇气和坚忍不拔的毅力。这些特殊要求从另一个侧面也说明了旅游服务的意志过程是何等的突出。

2. 景观开发者旅游介入的心理过程

景观开发者是旅游从业人员的重要组成部分，其介入旅游的心理过程也要经过认识、情感、意志三个过程。

景观开发需要确立开发的原则、方法、步骤，而原则、方法、步骤的确立不是一蹴而就的，它是开发者在实践的基础上因地制宜、因时制宜、因景制宜而逐步探索出来的，这一探索过程实际就是对景观开发本身的认识过程。开发景观，首先要对旅游资源进行普查、评估，而这一过程实际就是对旅游资源的认识过程。景观开发者介入旅游的认识过程与旅游体验的心理过程不同，它主要是景观开发者运用自己的聪明才智和实践创造能力的思维过程。人类的思维活动主要有两种类型：一是逻辑性思维，即运用逻辑工具对思维内容进行抽象和演绎的思维；二是创造性思维，即人类在认识和改造世界活动中的有创新意义的思维。旅游景观开发属于复杂的社会系统设计，这种设计所依赖的思维主要是逻辑性思维。因为在设计旅游景观这个复杂系统的过程中，景观开发设计者不再依赖通过感知形成的材料，而是以概念、判断、推理等思维方式，通过分析、综合、比较、分类、抽象、概括等思维操作来认识这个复杂系统。通过这种思维活动，复杂的景观系统变得简单了，也更清晰了。创造性思维在认识景观的过程中也十分活跃。景观内涵的选择及其项产品的转换在很大程度上要靠景观开发者的创造性劳动；至于产品的包装、宣传，如旅游景观视觉形象的设计、旅游标志的设计、旅游宣传词的构思，都主要依赖设计者的想象、灵感、直觉、顿悟等创造性思维。

旅游景观开发者是有情感的人，面对自己的开发工作及开发对象总不免产生某种情感。开发工作若得到肯定自然高兴，若不被肯定自然沮丧；工作进展顺利则会欣慰不已，进展受阻则会懊恼不迭；看到一幅幅设计蓝图在自己的手中一一变为现实会是何等的高兴，当自己的完美设计被人胡乱修改时又将是何等的气愤！有的人终其一生从事景观开发，已深深地爱上了这一行；有的人中途转行，留下的恐怕只有遗憾了。景观开发者要面对景观，千姿百态的旅游景观又会使景观开发者产生类似旅游者的情感体验，如惊奇、愉悦、激动、陶醉。当然，景观开发者的情感体验不同于旅游者的情感体验，景观开发者是工作者，其对旅游景观的情感更多受理性的控制，不能随意挥洒；旅游者是观赏者，其对旅游景观的情感则较少受理性的制约，可以自由宣泄。

景观开发是一项复杂的系统工程，牵涉政治、经济、文化和自然，若开发不慎将招致灾难性的后果。如何处理好复杂的关系对于开发者来说实在是一场意志的考验。所以，景观开发的心理过程中，意志过程十分突出。制定开发策略要经过艰难的思索；落实开发策略要克服面临的困难。最让开发者头痛的是如何处理开发与保护的关系。开发的根本目的是为了盈利，而保护在某种程度上又意味着限制开发；保护需要投入大量人力、物力和财力，投入多，回报慢，而为了可持续开发并减轻社会舆论的压力又不得不实施保护。在商品经济的条件下，在时间就是金钱的时代里，对于追求利润最大化的企业来说这真是个两难选择。尽管在经济利益的驱动下，开发者大都选择了经济效益而忽略了保护，但这种选择是要下很大决心才能作出的。“下决心”正是意志过程的生动写照。

（二）政府介入旅游的心理过程

1. 政府介入旅游的认识过程

政府介入旅游的心理过程也是从对旅游的认识开始的。旅游现象出现后，它最初的影响仅局限于为数不多的旅游主客体之间。随着旅游的扩大，旅游的影响逐渐波及社会各个层面。政府是社会的管理者，当旅游对社会影响微乎其微的时候，政府是不会关注它的存在的；当旅游对社会影响日益广泛的时候，就不能不引起政府的注意了。因此，政府对旅游的认识是从旅游的影响开始的。从历史上看，政府对旅游的认识似乎始于旅游的文化功能和政治功能，政府对旅游的最初介入——帝王巡游的出现即是明证。因为帝王巡游既是个人的娱乐行为，又是政府的政治行为，它本身就是对旅游效应的有意识的利用。古代政府是主张节制旅游的，这种主张也是首先着眼于旅游的文化与政治功能，唯恐旅游导致思想混乱、影响政治稳定。

随着旅游的发展，古代政府也意识到了旅游的经济、环境功能。作为旅游介入的心理过程的一部分，古代政府至少在2世纪就已经认识到了旅游的经济功能。因为从那时开始，古罗马帝国原本非营利性的仅供使者使用的官办驿站开始对游客有偿开放。3世纪后，古代中国的官办驿站也走上了营利之路。如果不是意识到旅游的经济功能，这种转变是不可想象的。古代政府对旅游的环境功能的认识要晚得多。明朝时中国某些地方政府开始在景点内立石刊布规约，禁止旅游者踩踏花草，这表明古代政府已经认识到了旅游对环境的破坏作用。

当然，政府对旅游的全面、深刻认识还是在近现代。近现代以来，政府对旅游的经济功能一开始都极为关注，旅游的经济功能成为政府介入旅游的首要诱因；政府对旅游的政治功能的认识也不再局限于影响统治，而在于政治交往。20世纪60年代以来，各国政府特别是西方政府对旅游功能的认识已从经济重心向文化中心转移。20世纪90年代以来，各国政府对旅游功能的认识更集中于旅游对环境的影响上。目前，各国政府对旅游功能的认识已达成共识：旅游对经济、文化、环境既有积极影响，也有消极影响，发展旅游应三大效益并重。近现代政府对旅游的全面、深刻认识还表现在对旅游性质的判断上。近现代以来，各国政府对旅游性质的判断经历了从经济到文化的变迁。20 世纪 80 年代以前，各国政府对旅游性质的认定基本是一致的，即认为旅游的第一属性是经济性。20 世纪 80 年代以后，各国政府陆续认识到：文化性才是旅游的第一属性。

政府对旅游的认识不同于学界对旅游的认识，前者的第一目的是致用，后者的第一目的是求真。所以，在思维方式上，政府对旅游的判断基本属于价值判断，或以价值判断统摄事实判断，判断的第一标准是利害，而不是真假。受此制约，政府对旅游的认识往往不及学界来得客观、准确；但由于政府的特殊地位，政府对旅游的认识往往成为主导意识。

2. 政府介入旅游的情意过程

伴随着旅游介入的认识过程，政府介入旅游的情意过程油然而生。同政府介入旅游的认识过程一样，政府介入旅游的情意过程集中体现在政府决策者和决策执行者身上。

政府介入旅游的情感可以说是忧喜交加。这里的情感既包括对介入本身即过程的情感，也包括对介入对象即旅游的情感。就介入本身的情感而言，介入得当，皆大欢喜；介入不当，忧惧生焉。政府的旅游工作总结可以说是政府介入旅游的情感实录：谈及工作成绩，充满欣慰和成就感，字里行间不时跳动着“高兴”、“振奋”、“鼓舞”等欢快字眼儿，就连一组组枯燥的数字也仿佛是一串串跳跃的音符；谈及不足，则充满遗憾和忧虑，情感色彩暗淡不少，连改进措施也充满了“教训”的色调。政府对介入对象——旅游的情感也是如此。旅游具有积极和消极双重作用，积极作用让政府乐观其成，消极作用让政府忧心忡忡。张家界市市长鲁平益说：“是美丽的风景明珠武陵源造就了张家界市的繁华，是旅游业托起了张家界市这座湘西新城。”从中可见，其对旅游的感激之情溢于言表。威尼斯市长则说：“为了省钱，他们（旅游者）自带食物，除了废物以外，他们什么都没留下。”其对旅游的抱怨之情一望可知。两位市长的言论虽不乏个人色彩，但也反映了政府对旅游的矛盾情感。

旅游世界是一个充满风险的世界，政府介入旅游同样要面临很大的风险。比如：政府投资旅游，有投资的风险；政府规范旅游，有规范的风险；政府平衡旅游关系，有失衡的风险；政府控制旅游，有失控的风险。所以，介入旅游对政府来说也是一场意志的考验，政府介入旅游的心理过程也是一个意志过程。政府介入旅游的意志过程集中表现在政府旅游决策的制定与实施过程中。制定旅游决策需要反复论证多套方案。而这一过程有时议而不决，有时一锤定音。不管是议而不决还是一锤定音，反映的都是旅游决策的意志过程——犹豫或果断。旅游决策的执行同样有一个意志过程。当决策执行过程中遇到困难时，如决策与实际情况不符，执行遭遇阻力，是继续执行还是半途而废，这需要艰难的选择和痛苦的决断。另外，政府旅游决策的制定与实施还有一个时机问题：把握得当，诸事顺利；把握不当，节节失利。如何把握恰当的时机也是一件颇费脑筋的大事，在这一环节上，意志活动显得十分活跃。

（三）学界介入旅游的心理过程

1. 学界介入旅游的认识过程

在旅游介入中，对旅游认识最早、最全面、最深刻的当属学界。学者最初是通过扮演旅游者的角色认识旅游的。他们以学者之身踏上旅途，体验旅游，观察旅游，为我们留下了最初的旅游纪录，如古希腊史学家希罗多德及其《历史》、夏商周时期的史官及其《尚书》，只是他们对旅游的认识还停留在表象的层面上。公元前 6 世纪后，学界特别是中国学界对旅游的认识明显加深。春秋战国时期，孔子、庄子等知识分子就开始讨论“游至”、“游道”等旅游核心问题。其后，针对旅游的讨论范围日益扩大，而关于旅游功能的讨论尤为深入、全面，学界已经认识到了旅游具有愉悦身心、提升道德、扩大眼界、改变思想等功能。可以说，古代知识分子基本上是把旅游当做一种社会文化现象来看待的，而且主要靠经验认识旅游。

近现代以来，学界对旅游的认识开始上升到科学的高度，其深度和广度也是前所未有的。凡举旅游的含义、结构、类型、性质、形成、发展、影响等内容及经济学、文化学、社会学、人类学、心理学等方法，学界无不关注，以致形成了一门新的学科——旅游学。回顾近现代以来学界认识旅游的轨迹则不难发现：学界对旅游的认识大致走过了从文化到经济再到文化这样一个盘旋上升的历程：近代时期，学界对旅游的认识仍重在文化，但也开始把目光投向旅游的经济层面；20 世纪 60～80 年代，学界对旅游的认识基本上完成了从文化向经济的转移；20 世纪 80 年代后，学界对旅游的认识又开始向文化回归。目前，旅游作为一种社会文化现象已得到学界的普遍承认。

如前所述，学界对旅游的认识不同于政府对旅游的认识，前者的第一目的是求真，后者的第一目的是致用。所以，在思维方式上，学界对旅游的判断基本属于事实判断，判断的第一标准是真假，而不是利害，由此决定了学界对旅游的认识要比政府对旅游的认识更客观、更准确。唯其如此，学界对旅游认识的结论往往被政府所采纳，成为政府旅游决策的重要依据。

2. 学界介入旅游的情感过程

同政府介入旅游的情感相似，学界介入旅游的情感可以说是爱恨交织。这里的爱恨既有针对介入本身即介入过程的，也有针对介入对象即旅游的。

针对介入本身，可以说学界是充满热情的。旅游出现不久，学界即投身于旅游研究，而且研究队伍越来越大，研究范围越来越广，研究兴趣越来越浓，若没有热情这是不可想象的。目前，经济学界、文化学界、历史学界、地理学界、社会学界、管理学界、心理学界、法学界等都已纷纷加入旅游研究中来，旅游研究成为学界的"新宠"，学界介入旅游的热情可见一斑。当然，也有学者介入旅游之后因厌恶而退出旅游研究的，但厌恶本身也是介入旅游的情感的一部分。目前旅游研究普遍浮躁，精品不多，许多学者感到忧虑、痛心，这种情绪也属于学界介入旅游的情感过程。

学界对旅游的情感也是爱憎分明。一般地说，经济学界对旅游大多是持肯定态度的，认为旅游利大于弊，甚至有利无弊，对旅游爱惜有加；文化学界、社会学界则有不少学者对旅游持否定态度，认为旅游弊大于利，甚至有百害而无一利，对旅游贬损不已。两种对立的态度反映了学界对旅游的情感冲突。目前，随着旅游的快速发展，学界对旅游的情感冲突不但没有减弱的迹象，反而有加剧的趋势。

（四）旅游地居民介入旅游的心理过程

1. 旅游地居民对旅游的认知

旅游地居民是旅游活动的接待者，他们对旅游的认知主要是通过亲身与旅游接触而形成的，这种认知包括对旅游影响的认知和对旅游者的认知。

旅游地居民对旅游影响的认知主要是对旅游的经济、社会文化及环境效益的认知。由于旅游目的地的经济、社会文化背景及旅游影响程度不同，旅游地居民对旅游影响的认知也是不相同的。在经济效益方面，旅游地居民已经认识到了旅游对当地经济有正负双重影响，深知旅游既能够给他们带来可观的旅游收入和就业机会，也能提高当地的物价。"托旅游的福，我们脱贫致富了！""物价涨得太快了，都是旅游搞的！"这样的评价在旅游地时常能够听得到。因此，在经济欠发达地区的旅游地居民大力发展旅游时，经济发达地区的旅游地居民已开始排斥旅游了。旅游地居民对旅游的社会文化影响同样有切肤的认识。大量的调查资料表明，有不少旅游地居民认为旅游有利于提高本地居民的文化素质、旅游对家庭和睦有重要影响、旅游使当地的犯罪率大幅提高等。这也是旅游地居民迎拒旅游活动的重要原因。

旅游地居民对旅游者的认知主要是对旅游者心理、行为及其附属物如文化、服饰等的认知。一般情况下，旅游地居民对旅游者的知觉首先是通过感官去感知对方的言谈举止、神情仪表、行为方式，然后进行深入的了解、判断。所以，观察旅游者的言谈举止、神情仪表、行为方式，既是旅游地居民知觉旅游者的开始，也是其知觉旅游者的途径。“我们应当注意，旅游者肯定不是第一批世界偏远地区的闯入者，在他们之前有征服者、官员、商人、传教士、探险家、人类学家等，这种早期的接触决定了当地人对旅游者的初始感知和态度，他们没准儿会被归到传统意义的朋友或敌人甚至外国士兵之中。最初当地人会把旅游者当做客人，看做与他们有私人关系的个人，而随着旅游的普及与扩大，当地人再也不能与每一个访问者建立私人关系，于是建立一种‘种族类型’。随着旅游的进一步发展，在当地人的意识中已把大众旅游者与普通人分开，也排除了他们的‘个性与人性’，这种认识就可以使他们的掠夺行为合法化。”❶

2. 旅游地居民对旅游的情感

旅游地居民对旅游的情感同学界对旅游的情感相似，也可以说是爱恨交织。这种矛盾情感集中体现在旅游地居民对旅游及旅游者的态度上。

有人认为，在接待地的演进周期过程中，当地居民的态度总体上会发生如下变化。探索期和起步期：主动积极，热情待客，主客彼此都十分满意。发展期：把旅游业当做创收的目的，对游客的态度趋于冷漠，主客间的接触带有了例行公事的味道。巩固期：开始抱怨旅游带来人满为患及原有生活质量的下降，态度转向恼怒。巩固期和停滞期：出现对抗态度，把旅游视为一切弊端的渊薮。衰退期：保持或者恢复前面某一时期的心态。

从上述态度变化中，旅游地居民对旅游和旅游者的情感可以说暴露无遗。

实际上，在很多情况下，旅游地居民对旅游和旅游者的情感是自相矛盾的。法国学者朗卡尔对此有深刻的观察：“每年9月底，居住在大西洋海边或地中海沿岸的西班牙村庄里的当地居民，便深深地吸一口气，如释重负地说，‘外国佬终于走了’，他们总算又‘过上安稳日子了’。但是，一到来年3月

---

❶ 尹德涛等．旅游社会学研究［M］．天津：南开大学出版社，2006.

份，他们又担心起新的旅游季节是否会游客少，便眼巴巴地盼望着‘外国佬’游客的尽快到来。”[1] 从中可见，真是爱也旅游，恨也旅游。

从发展旅游业的角度出发，当然要防止旅游地居民对旅游和旅游者出现抵触和全盘接受这两种极端倾向；但从克服旅游消极影响、扩大旅游积极影响的角度出发，这种防止就不着边际了。因为抵触那些总体上消极影响大于积极影响的旅游者和旅游基本上是正确的，主要不是防止问题；全盘接受那些总体上积极影响大于消极影响的旅游者和旅游基本上也是正确的，主要也不是防止问题。因此，从克服旅游消极影响、扩大旅游积极影响的角度看，调整接待地居民文化心态的目的不在于防止出现抵制和全盘接受这两种极端，而在于抵制消极影响大于积极影响的旅游者和旅游，保持接待地社会文化的健康发展。

（五）社会介入旅游的心理过程

社会介入旅游的心理过程集中体现在社会的旅游观念上。旅游观念是对旅游的总体看法，包括对旅游事实的看法、对旅游价值的看法、对旅游审美的看法等，集知、情、意于一体。它既是旅游者旅游经验社会化的结晶，又是一般社会价值观干预旅游的结果。“在家千般好，出门万事难”、“旅游就是花钱买罪受”等是中国社会普遍流行的旅游观念，这明显源于旅游者的旅游经验；“金窝银窝不如自家草窝”、“儿行千里母担忧”、“父母在，不远游”等这也是中国社会普遍流行的旅游观念，这明显源于一般社会价值观。

旅游观念是旅游的定向工具，对旅游活动有重要影响。旧有的旅游观念往往会压抑旅游动机，旅游行为；而现代的旅游观念往往会激发旅游动机，推动旅游行为。中国是一个以农业为基础的国家，传统的小农经济和小农意识根深蒂固地制约和束缚着人们的旅游态度。因此，中国人的旅游动机往往比西方人的旅游动机强烈。其实何止是中国，就是先进发达的美国等国家，虽然旅游事业已高度发展，由于受传统价值观念和信念的影响，绝大多数的美国人仍将旅游视做奢侈品和高级奢侈品，而不似购买家电、大衣橱等普通日常生活必需品那样来得自然和舒坦。

要强化旅游动机、推动旅游行为，必须更新旅游观念。更新旅游观念，一方面要破除压抑旅游的旧旅游观念；另一方面要建立激励旅游的新旅游观念。首先，充分肯定旅游的价值，赋予旅游新的内涵，让“旅游是现代大众

---

[1] 罗贝尔·朗卡尔．国际旅游［M］．北京：商务印书馆，1995：136－137.

生活方式”的观念深入人心。其次，引导参加新式旅游，让“生态”、“绿色”等新式旅游普及于大众之中，让旅游者在新式旅游中接受新的旅游观念。再次，继承优秀旅游文化传统，让“适度旅游”、“问难天地，求知山水”等优秀旅游文化传统融入新旅游观念。

第 3 节　旅游介入的文化行为

旅游介入并非全是旅游文化，但其中的文化行为无疑属于旅游介入文化。旅游介入文化的中间层次是行为文化，它是连接旅游介入文化心态层与产品层的纽带，也是旅游介入文化的创造过程之一。从文化学的角度看，旅游介入文化的行为包括行为活动和行为规范。

一、旅游介入的行为活动

旅游介入行为是旅游介入活动的外在标志，同旅游介入心理一样具有经济、文化、政治等多重属性。本目将从文化学的角度对旅游介入行为特别是其中的文化行为作一初步分析。

（一）企业的旅游介入行为

企业的旅游介入行为主要有旅游服务行为、景观开发行为、旅游宣传行为、旅游推销行为等。

旅游服务行为是旅游服务的外显活动，是企业最重要的旅游介入行为，包括旅游食宿服务行为、旅游交通服务行为、游览服务行为、旅游购物服务行为、旅游娱乐服务行为等。旅游食宿服务行为亦即企业为旅游者提供食宿服务的外显活动，如餐饮服务行为、住宿服务行为等，旅游食宿服务行为的主体主要是饭店服务人员。旅游交通服务行为是企业为方便旅游者往返而采取的服务行动，如航空服务行为、铁路服务行为、公路服务行为、水路服务行为等，旅游交通服务行为的主体主要是交通企业的服务人员。游览服务行为是指企业为旅游者游览而进行的讲解、向导等服务活动，如导游服务行为，游览服务行为的主体主要是旅行社导游人员。旅游购物服务行为是指企业为旅游者购买旅游商品所作出的服务行为，如介绍、展示、开票、收款、提货、送货等，旅游购物服务行为的主体主要是商店服务人员。企业的旅游服务行为是一种有偿劳动，根本目的在于营利，从这个意义上讲，旅游服务行为无疑是一种经济行为；但旅游服务又不同于一般的服务，它要求有很高的艺术性，要求有丰富的文化内涵，要求能够满足旅游者的文化需要并提高主客双方的文化素质，身负传播文化、发展文化的重要使命，所以，旅游服务行为也是文化行为。

景观开发行为是开发者施诸旅游景观的外显活动，既涉及景观的设计、建造，也涉及景观的修缮和与周边环境的协调。旅游景观是旅游要素之一——旅游客体，所以景观开发行为也是典型的旅游介入活动。景观开发的主体是多重的，企业是其重要主体之一。从开发主体的角度看，完整的景观开发行为过程大体可以分为普查评估、制定方案、开工建设、工程验收等几个阶段。普查评估是资源开发的基础工作，制定方案是景观开发的决策过程，开工建设是开发规划的实施阶段，工程验收是开发的回馈总结阶段。企业以营利为目的，所以企业的景观开发行为无疑是经济行为；但从开发过程来看，企业的景观开发过程也是一个文化过程：普查评估实际是对景观内涵包括文化内涵的分析、把握，制定方案实际是主体价值向旅游景观的渗透过程，开工建设实际是景观内涵和主体价值的产品化亦即开发主客体的文化外显过程，而工程验收阶段则包括对上述文化过程的回馈总结。另外，旅游企业是经济性、文化性企业，景观开发的目的也包含了文化目的，如为旅游者提供审美、求知、交往等文化性产品。旅游需要是一种文化性需要，旅游景观开发者只有提供高质量的文化性产品才能满足旅游者的根本需要并达到盈利的目的。

旅游宣传是“旅游东道国（含旅游地区）或旅游企业为了树立形象，开拓客源，吸引旅游者，提高经济效益和社会效益而进行的各种信息传递和情报沟通的活动”[1]。旅游宣传行为则是这个活动的外显部分，亦即旅游宣传的实践活动，与旅游宣传心理相对应。旅游宣传行为包括张贴海报、刊登广告、播放音像、散发资料、交流洽谈、会议展销等。企业的旅游宣传行为还包括服务人员的介绍、解说等。企业的旅游宣传行为一般都由专门的人员策划、实施，其最终目的是使本企业的产品为大众或旅游者所知晓，吸引旅游者前来参观游览或购买，进而实现产品的价值，提高经济效益。从这一点来说，旅游宣传行为似有经济性。但旅游宣传行为不同于旅游服务和景观开发行为，其本身并不直接创造经济价值，它的产品也不是卖给旅游者的，换句话说，

---

[1] 田里．现代旅游学导论［M］．昆明：云南大学出版社，1994：216.

旅游宣传是企业免费强加给旅游者的。旅游宣传不是经济行为，却不能不是文化行为，因为旅游宣传是一种艺术，旅游宣传品是一种文化产品。旅游宣传效果的好坏除取决于其科学性外，最重要的还是取决于它的文化性，特别是它的艺术性。当然，在具体的旅游宣传过程中诚实信用也是影响宣传效果的一个重要因素。

（二）政府的旅游介入行为

政府的旅游介入行为多种多样，主要包括向旅游者宣传促销、为旅游者提供信息服务、调解旅游需求、控制游客流量、规范旅游行为、开发旅游资源、保护旅游环境等。

向旅游者宣传促销、为旅游者提供信息服务，这是现代政府介入旅游的主要行为之一。政府向旅游者宣传促销的形式是多样的，主要有主题宣传年、旅游节庆活动、旅游展销会、旅游博览会、旅游推介会、旅游广告等。其中，旅游主题宣传年活动是较为重要的由政府主导的旅游宣传活动，受到各国政府的高度重视。世界旅游组织几乎每年都推出不同的旅游主题，以引导世界旅游和旅游业的发展。中国国家旅游局自 20 世纪 90 年代以来几乎每年都推出一个旅游主题，从未间断，近几年的如“2001 体育健身游”、“2002 民间艺术游”、“2003 烹饪王国游”、“2004 百姓生活游”、“2005 红色旅游年”、“2006 乡村旅游年”、“2007 和谐城乡游”等，极大地推动了中国国内与国际旅游的发展。政府为旅游者提供信息服务主要通过电视广告、网站发布、报刊登载等形式。其中，网站发布是最快捷、最普遍的形式。因此，旅游网站日益兴旺，成为深受公众喜爱的信息平台。“中国政府网，在政府与社会公众之间架起了一座有益的桥梁，也为世界各国旅游者增进对中国的了解提供了新的重要途径。国家旅游局将继续通过中国政府网，为海内外旅游者做好公共信息服务。”这是中国国家旅游局局长邵琪伟在祝贺中国政府网开通一周年时发表的贺词，从中反映出政府对网站发布形式的偏爱。政府主导的宣传促销和信息服务不像企业那样具有直接的功利性，除了经济目的以外，更多的具有社会公益的性质，对于地区与城市的社会发展与文明进步作用更大。

调解旅游需求、控制游客流量、规范旅游活动也是现代政府介入旅游的主要行为。旅游需求与旅游供给经常发生不平衡的现象，需要政府调节。政府调节旅游需求主要通过定价方式：当旅游需求大于供给时，政府采取高定价措施压抑旅游需求；当旅游需求小于供给时，政府采取低定价措施刺激旅游需求。旅游地的游客承载力是有限的，若超负荷接待游客，旅游地的生命周期便要大大缩短。为了控制游客流量，政府除通过价格引导外，还通过总量控制等方式，把某地游客流量限制在一定范围之内。如果说政府调节旅游需求主要是经济行为，政府控制游客流量则更多具有文化意义，因为控制的主旨在于保护旅游地环境包括文化环境免遭破坏。旅游是一种高自由度的活动，旅游的自由性常常使旅游者放松约束，破坏旅游环境，干扰旅游地居民生活，冲击社会秩序，激化主客矛盾，损害客源地形象。因此，不管是客源地政府还是目的政府，无不对旅游活动加以规范。政府对旅游的规范行为首先表现在各种规章、制度、法规、条例的制定上，其次表现在对各种违规行为的监督、检查与纠正上。就二者的外显性来看，人们经常见到的是后者。旅游规范无论从哪个角度来看都是一种纯文化行为或文化形态，都属于精神文化的范畴。

现代政府介入旅游的主要行为还有开发旅游景观、保护旅游环境。旅游景观和旅游环境是旅游活动的构成要素，旅游景观是否有吸引力、旅游环境是否优良不但关乎旅游者的满意度，也关乎政府、旅游业及旅游地居民的生存和发展。因此，旅游地政府还积极介入旅游景观的开发和旅游环境的保护工作。政府对旅游资源的开发和旅游环境的保护包括制定政策法规、组织普查评估、进行规划设计、直接投资建设、加强监督检查等。旅游景观开发讲究投入与产出、成本与效益，无疑是一种经济行为；旅游环境保护也是为了旅游业的可持续发展，当然有经济成分；但旅游景观开发过程是主体价值的实现和旅游景观的美化过程，旅游环境保护包括保护旅游文化环境和提高主体的环保意识都是一种文化现象，所以，开发旅游景观和保护旅游环境既是经济行为，也是文化行为。由于政府不同于企业，不能唯经济利益是图，政府介入旅游必须注重经济与文化的协调发展，由此决定了政府主导的旅游景观开发与旅游环境保护较之企业行为更具有政治、社会、文化意义。

（三）学界的旅游介入行为

学界介入旅游的行为主要有两类：一是旅游研究，二是旅游规划。

旅游研究主要是一种脑力劳动，相对来说，旅游研究的行为层面在整个旅游研究中的外显性是较弱的，毕竟各研究主体的研究行为不像旅游服务、景观开发和旅游宣传那样因直接面对旅游者或广大受众而易于被外人观察到。绝大多数的旅游研究行为都是研究者“躲进小楼成一统”的个人的、较为私密的行为，不易为外人所察觉。如果进入旅游研究的世界，旅游研究行为就可以看得清清楚楚了：查阅资料、拟定提纲、撰写文稿、修改文字、提交发表……这都是旅游研究必不可少的外显活动。没有这些行为，旅游研究也只是一个旅游思考过程。旅游研究离不开实地考察，在这种情况下，旅游研究行为的调查环节是完全暴露于外部世界的，任何关注旅游研究的人都可以看得到。在前一种情况下，旅游研究行为似乎并不直接介入旅游活动，很难说是旅游介入，其实不然。旅游研究是一项实践性很强的活动，每一位旅游研究者都有与旅游活动直接接触的经历；旅游研究也是一项思维活动，不要求每个研究环节都必须与旅游活动直接接触；旅游研究的对象是旅游，旅游研究行为也不可能与旅游活动完全脱钩。旅游研究行为的特殊性决定了其对旅游活动的介入远不如旅游服务深入、有力。

旅游研究要为经济建设服务，从这个意义上讲，旅游研究行为有一定的经济性；但旅游研究本身是一种智力和脑力活动，也要为文化建设服务，所以旅游研究行为更是一种文化行为。比较而言，旅游研究行为的经济性远不如文化性突出，旅游研究行为是一种典型的文化行为。

旅游规划是一个地域综合体内旅游系统的发展目标和实现方式的整体部署过程。旅游规划经相关政府审批后，是该区各类部门进行旅游开发、建设的法律依据。旅游规划要求从系统全局和整体出发，着眼于旅游规划对象的综合整体优化，正确处理旅游系统的复杂结构，从发展和立体的视角来考虑和处理问题。旅游规划既是政府、企业行为，也是学界行为。实际上，政府、企业的许多旅游规划都出自学界之手。

旅游规划是一套法定的规范程序，是对目的地或景区长期发展的综合平衡、战略指引与保护控制。其基本任务是：通过确定发展目标，提高吸引力，综合平衡游历体系、支持体系和保障体系的关系，拓展旅游内容的广度与深度，优化旅游产品的结构，保护旅游赖以发展的生态环境，保证旅游地获得良好的效益并促进地方社会经济的发展。可见，旅游规划既是经济行为，也是文化行为。旅游规划往往表现为一种战略的文本、一种理性的思考、一种智慧的凝聚，从这个意义来说，旅游规划主要是一种文化行为。

（四）旅游地居民的旅游介入行为

旅游地居民的旅游介入行为是旅游地居民对旅游的应对活动。这种应对是主动的而非被动的，是有意识的而非本能的。旅游地居民对旅游的被动的、本能的反应不属于笔者所说的旅游介入。旅游介入是从旅游介入者的角度而非旅游的角度切入的，后者是旅游影响而非旅游介入。旅游地居民对旅游的介入行为主要表现为对旅游或旅游者的接纳和排拒。

旅游地居民对旅游或旅游者的接纳有多种形式：对所在地旅游景观进行开发、为旅游者的到来创造良好条件是接纳，为旅游者提供食、住、行、游、购、娱服务更是接纳。旅游地居民的景观开发与旅游服务行为不同于企业的景观开发与旅游服务行为。旅游地居民的行为一般是个体行为，多样化有余，标准化不足；企业的行为一般是组织行为，标准化有余，多样化不足。当然，两者也有相同之处，即不管是旅游地居民还是企业，其景观开发行为和旅游服务行为都具有经济、文化两重性。就文化性而言，旅游地居民上述行为的文化性比企业同类行为的文化性还要多。浓郁的地方性文化色彩，温馨的家庭式旅游服务，那样的自然，那样的本色……这都是企业所不能比拟的。唯其如此，许多游客舍豪华交通工具而不用，偏要去尝试乡间的畜力车；舍高级饭店的珍馐美味而不用，偏要去尝尝乡间的家庭菜；置企业巨资打造的景观而不顾，偏要去看看乡村的田园美景；视企业高科技生产的商品如无物，偏要去购买乡村手工生产的土特产品。

旅游地居民对旅游或旅游者的排拒也有多种形式：对旅游者漠然视之，这是排拒；集会抗议旅游者，这更是排拒；至于向旅游者投掷炸弹，这已是排拒的最高形式了。旅游地居民对旅游的排拒行为也有经济、文化双重因素。有的是抗议因旅游而引起的物价上涨，有的是反对因旅游而带来的文化入侵。如果说旅游地居民接纳旅游的行为更多具有经济性，那么旅游地居民排拒旅游的行为则更多具有文化性。文化学者把旅游地居民与旅游者的冲突归结为文化冲突，本身就意味着旅游地居民排拒旅游的行为主要是一种文化性的行为。

（五）社会的旅游介入行为

社会的旅游介入行为是指上述主体以外的社会群体对旅游的介入行为。社会群体主要以舆论、监督、规范的形式介入旅游，因此，较之上述主体的旅游介入，社会群体的旅游介入行为最不显著，以致在谈到社会的旅游介入时，人们常常忽略社会的旅游介入行为，而只提社会的旅游介入心理。其实，社会的旅游介入行为是大量存在的，其中各种非政府、非企业、非学界社会组织的旅游介入行为最具有代表性。绿色和平（Green Peace）是一个国际性非政府组织，以环保工作为主，总部位于荷兰的阿姆斯特丹。它的使命是“保护地球、环境及其各种生物的安全及持续性发展，并以行动作出积极的改变”。其宗旨是促进实现一个更为绿色、和平和可持续发展的未来。旅游对自然、社会、文化的消极影响已引起绿色和平组织的高度关注，世界各地的绿色和平组织越来越积极地以多种方式介入旅游活动。法国的绿色和平组织正在发起一场全国性的运动，要求对旅游严加限制，一股反旅游的浪潮迅速掀起，而且来势凶猛。当然，社会的旅游介入行为也不都是反对行为，肯定、支持旅游的行为也普遍存在。

社会的旅游介入主要采取舆论、监督、规范等文化形式，因此社会的旅游介入行为基本上是一种文化行为。这一点从上述绿色和平组织的旅游介入行为中就可以看出来——不图利、非暴力、非政治，只为绿色、和平、可持续，这正是文化的具体体现。

二、旅游介入的文化规范

旅游介入文化包括行为文化，而行为文化又包括相应的行为规范。旅游介入文化的行为规范，规范的主要是介入行为而不是旅游行为，因而很少具有旅游介入文化成分。如前所述，从旅游介入文化的整体角度看，这些规范可以忽略不计；从旅游介入文化的分支角度看，这些规范又不能不提。本节探讨的是旅游介入文化的分支——旅游介入的行为文化，因而有必要探讨一下旅游介入行为的文化规范。旅游介入行为的文化规范既包括一般的法律、道德、习俗等规范，也包括专门的政策、法律、道德、标准等规范。本目重点讨论后者。

（一）旅游政策

1. 旅游政策的内涵

旅游政策是国家和旅游行政管理部门为实现一定阶段的旅游发展目标而制定的行动准则。一个科学完整的旅游政策应具备以下要素：明确要表达的目标；分析实现目标的条件；指明完成任务、实现目标的主体；指出达到目标所采用的手段和策略；指明实现目标的时间。

旅游政策体系主要包括以下几个紧密关联、互为前提、互为条件的内容：一是旅游产业结构政策，用以明确旅游业在国民经济中的地位及其内外关系；二是旅游产业地区政策，用以确定地区旅游业在地区经济和国家旅游业中的地位；三是旅游资源开发政策，用以指导对旅游资源的调查、评价、开发和保护，并且保护旅游环境；四是旅游市场开发政策，用以调节、管理市场供给和需求；五是旅游服务政策，用以指导旅游业经营者提高服务质量和提高游客的满意度；六是旅游技术政策，用以指导和促进旅游业利用现代科学技术和新兴的技术工具；七是旅游实施保障政策，用以提供方法的指导和其他保障措施；八是旅游体制保障政策，用以指导和保障旅游管理体制顺畅运作。

2. 旅游政策的类型与功能

旅游政策有多种类型。按内容划分，旅游政策可分为基本旅游政策和具体旅游政策。前者指政府旅游行政管理机构提出和实施的国家级的宏观旅游发展方针；后者指以发展旅游事业的某些部门、个别要素为目的而制定的政策。按层次划分，旅游政策可分为全国性旅游政策、地域性旅游政策和社区性旅游政策。全国性旅游政策是对全国旅游发展具有普遍效用的旅游政策；地域性旅游政策是省、市或地方旅游业发展方向的行动指南；社区性旅游政策是针对某一具体景区（点）所制定的旅游政策。

旅游政策对旅游介入具有规范功能。查尔斯·R. 格德纳等认为旅游政策具有以下职能：制定旅游业经营者必须遵守的“游戏规则”；制定可以接受的游客活动和行为规范；为旅游目的地中的旅游业利益相关者提供基本的方向和引导；便于人们对特定目的地的发展战略和目标达成一致意见；为公众或私人讨论旅游业在经济社会发展中的作用和贡献提供基本框架；使旅游业与社会经济中的其他部门更有效地互动。[1] 在这里，旅游政策对旅游介入的规范功能已然成为旅游政策的第一功能，因为查尔斯·R. 格德纳等总结的旅游政策七大职能有四条是指向旅游业的，而“制定旅游业经营者必须遵守的‘游戏规则’”又名列旅游政策七大职能之首。可以说，查尔斯·R. 格德纳等对旅游政策功能的把握是准确的。

（二）旅游业法规

1. 旅游业法规的含义

旅游业法规是指由国家制定或认可，体现发展旅游业的意志，以国家强制力保证实施的旅游介入者的行为准则。

首先，旅游业法规是国家发展旅游业意志的体现。旅游业法规把国家发展旅游业的意志上升到了立法高度。例如，《美国全国旅游政策法》第一篇规定：全国旅游政策将“促使旅游业和娱乐业为繁荣经济、平衡国家的国际收支作出更大贡献”。

其次，旅游业法规是国家制定或认可的。世界上各个国家在制定旅游业法律、法规、规章文件的时候，都要根据该国宪法有关立法的规定，由一定

---

[1] 查尔斯·R. 格德纳，J. R. 布伦特·里奇 . 旅游学 [M]. 北京：中国人民大学出版社，2008：369.

的国家机关按照规定的立法程序进行。经过一定的法律程序加以认定也是世界各国旅游规范性文件形成的一种形式。

再次，旅游业法规是凭借国家强制力保证实施的。旅游业法规的强制性是以国家强制力为后盾的。一方面，各国的仲裁机关、检察机关和司法机关的仲裁、检察和审判活动是旅游业法规强制性得以实现的保证；另一方面，旅游、工商、财政、税务、金融等行政管理部门的业务管理活动是旅游业法规强制性得以实现的重要条件。

最后，旅游业法规是旅游介入者的行为准则。旅游业法规是用以调整旅游关系的，必然涉及旅游者，但它主要是针对旅游介入者的。旅游业法规具体、确切地规定旅游经营者和旅游管理者的行为，包括在旅游经营、管理活动中允许什么、禁止什么、哪些行为是合法的、哪些行为是违法的、违法行为应当受到怎样的制裁等，从而保证旅游业能够持续、健康、有序地发展。

2. 旅游业法规的类别与性质

旅游业法规有法律与规章之分。旅游业法律涉及的面相当广泛，既体现在由全国人大、国务院、地方政府专门制定的关于旅游管理方面的法律和法规中，也存在于宪法及其他法律规范中。旅游业规章泛指一般行政事务所规定的行政命令，其本质虽为行政命令，形式上却类似法律式条文，为避免与行政法律相混淆而称行政规章。规章有许多别称，如“规则”、“通则”、“细则”、“简章”、“准则”、“大纲”、“纲要”、“标准”、“办法”、“须知”、“规范”、“注意事项”等。

旅游业法规的立法宗旨是发展旅游业，规范对象涉及旅游者，似乎是关于旅游业和旅游的综合性法规。其实，其就性质而言主要是关于旅游介入者行为的法律规范。

从旅游业法规的调整对象看，旅游业法规所调整的对象主要是旅游介入者。

傅云新等人认为，旅游法规所调整的对象包括 6 对：旅游行政组织与旅游企业之间的指导与被指导关系；旅游企业与旅游者之间的相互依存关系；旅游企业之间的相互配合、相互依存、相互竞争关系；旅游者与旅游行政组织之间的服务与被服务关系；旅游行政组织之间的领导与被领导及配合关系；其他旅游关系。[1]

---

[1] 傅云新．旅游学概论［M］．广州：暨南大学出版社，2004：156－157.

傅云新等人所指的旅游法规的调整对象其实也是旅游业法规的调整对象。不难看出，在上述6对关系中，绝大部分主体是旅游介入者而非旅游者。

从旅游业法规的特点看，旅游业法规具有强烈的专业性和规范性。

旅游业法规必须反映旅游行业经营管理的业务特点，因而具有鲜明的专业性。旅游法规包括对利用和保护各种旅游资源、兴建和管理各种旅游设施、培训涉外的旅游服务和管理人才等方面的规定，具有旅游特色的众多业务内容和强烈的专业性。

旅游业法规对一定时期的某些旅游业务经营采取鼓励或限制的规定，用以引导旅游业的发展，这体现了旅游业法规的规范特点。任何国家在制定一部旅游法规时，都是为了更好地对旅游行业进行规范，以促使旅游业能够健康有序地发展。旅游政策、旅游业道德也有规范性，但其规范效力远不及旅游业法规。

（三）旅游业道德

旅游业道德又称旅游职业道德，是旅游业必须遵守的道德准则和行为规范。其包括道德原则、道德情感、道德意识、道德境界、道德行为、道德规范等，核心是道德规范。由于价值观念、善恶标准等不同，旅游业道德规范也不尽相同。

国家旅游局于1996年11月20日制定下发了《关于加强旅游行业精神文明建设的意见》，提出了旅游业道德八大规范。

第一，爱国爱企、敬业爱岗。爱国爱企、敬业爱岗要求旅游从业人员热爱国家，热爱企业，尽职尽责，忠于职守。爱国爱企、敬业爱岗是旅游职业道德体系中最重要、最基本的规范，也是从事各个行业的人都应当共同遵守的基本道德规范。

第二，热情大度、清洁端庄、文明礼貌。这三点是对旅游从业人员在招待客人时的态度、仪表、礼貌方面的要求，旅游从业人员要以自身行为树立旅游行业良好的职业形象，一切为客人着想，一切使客人满意。

第三，耐心细致、优质服务、宾客至上。旅游从业人员要树立全心全意为旅游者服务的宗旨，在旅游工作过程中要始终把客人放在首位，竭尽全力为客人服务，这是旅游工作的出发点，也是旅游工作的归宿。

第四，遵纪守法、公私分明。旅游职业道德规范要求旅游从业人员要自觉地遵守职业纪律和有关法律要求，廉洁奉公，处处为集体、国家的利益着想；反对和纠正行业不正之风，秉公办事，不假公济私。

第五，不卑不亢、一视同仁。在旅游活动过程中，旅游从业人员既要谦虚谨慎，又要不妄自菲薄；既要学习先进，又要不盲目崇洋；既要热爱祖国，又要不妄自尊大。这是民族自尊心、自信心以及国格、人格的体现，是爱国主义精神在旅游职业道德规范方面的具体展示。

第六，克勤克俭、诚实善良。克勤克俭要求旅游从业人员本着节约的原则为旅游者提供服务。诚实善良则要求旅游从业人员要讲究诚实道义、与人为善，特别是在提供旅游服务的过程中要诚实可靠，坚持信誉第一。

第七，自尊自强、好学向上。旅游业的不断发展变化要求旅游从业人员不断提高自身的素质和专业水平，这是个人发展的要求，也是职业道德规范的要求。好学向上要求旅游从业人员积极进取，努力钻研业务，不断提高职业技能，以便更好地服务于旅游者。

第八，团结服从、不忘大局。旅游职业道德规范要求旅游从业人员要服从整体利益和目标，以大局为重，组合良好的工作团队。这是一种处理旅游业内部同事之间、部门之间、行业之间相互关系的道德行为准则，它是旅游业发展的可靠保证。

旅游业道德规范的制定与实施，对提升旅游从业人员的道德境界、提高旅游服务质量、净化旅游行业之风、推动旅游业健康发展、带动社会风气的好转起到了良好的作用。旅游业是一个综合性的行业，既包括旅游企业，也包括相关的行政、教研部门，而我国的旅游业道德规范主要是规范旅游企业一线员工的，从这个角度看，我国旅游业道德对旅游介入的规范是不全面的，这势必影响旅游业道德应有功能的发挥。在旅游企业、旅游行政、旅游教研等广义旅游业存在大量道德失范行为的情况下，制定并落实全面、可行、有效的旅游介入道德规范已经到了刻不容缓的地步。

第 4 节　旅游介入的文化产品

旅游介入文化有过程，有产品。什么是旅游介入的文化产品？其有哪些类型？有何特点？这是本节要讨论的主要问题。

一、旅游文化产品与旅游介入的文化产品

（一）旅游文化产品

一般认为：旅游文化产品是以一般文化为内在价值，以人类的行为方式及其创造成果为主要背景和依托，以自然景观为补充，由旅游经营者向旅游者提供的服务与实物的组合（谢元鲁，2007）。在这里，旅游文化产品亦即旅游经营者的产品——服务与实物的组合。尽管论者强调“旅游文化产品作为旅游产品的一个分支，它既有旅游产品的基本特征，也有自己独特的文化特性”，但按照上述定义，旅游文化产品与旅游产品并无分别，因为论者所谓的“旅游产品”是指在旅游市场上由旅游经营者向旅游者提供的，满足其一次旅游活动中所消费的各种物质产品和服务的总和。

笔者认为：旅游文化产品的主体不止是旅游经营者，旅游者、旅游地居民、社会成员也都是旅游文化产品的创造者。把旅游文化产品等同于旅游经营者的产品，不但混淆了旅游文化产品与旅游（业）产品的区别，也把旅游者等其他旅游文化主体的产品排斥在了旅游文化产品之外，否定了这些主体的旅游文化创造。“旅游文化是人们对旅游的体验与介入的过程及其精神成果的总和”，因此，旅游文化产品其实是人们对旅游的体验与介入的精神产品，包括旅游体验文化产品和旅游介入文化产品。前者如照片、音像、楹联、画卷、游记、诗赋、词曲等；后者如旅游服务艺术（既是行为，又是产品）、旅游景观作品、旅游宣传品、旅游研究论著、旅游传说等。旅游文化的产品虽然大都以物化形态表现出来，但它们是旅游心态文化和旅游行为文化的凝结，在本质上仍属精神文化。

（二）旅游介入的文化产品

旅游介入的文化产品亦即上文中的旅游介入文化产品，它是旅游文化产品的重要组成部分。按照本书对旅游文化产品的理解，旅游介入文化产品可定义为：是旅游介入者在旅游介入中创造的精神产品。这个定义包含两层意思：

第一，旅游介入文化产品的主体是旅游介入者。这里的旅游介入者既包括旅游经营者，也包括旅游地居民、社会成员，凡是参与旅游介入文化产品创造的都是旅游介入文化产品的主体。旅游者是旅游体验者，不是旅游介入者，没有参与旅游介入文化产品的创造，因而不是旅游介入文化的主体。

第二，旅游介入文化产品在性质上属于精神产品。从逻辑上讲，旅游介

入文化是一种精神文化，旅游介入文化产品不能不属于精神文化。从事实上看，主要旅游介入文化产品均属于精神产品：旅游服务是旅游介入文化产品的核心，是一种精神文化；文化景观固然有物质成分，但其核心是“意”而不是“形”。旅游宣传品、旅游线路、法规文件、学术成果等旅游介入文化产品亦是如此。

二、旅游介入文化产品的种类

旅游介入文化产品的种类繁多。按生产主体分类，其主要有旅游服务艺术、旅游景观作品、旅游宣传品、旅游线路、科研成果等。

（一）旅游服务艺术

如前所述，旅游服务艺术属于行为，但它又不只是生产行为。从成果的角度看，它也是产品，因为它是用来出售给旅游者的。同时，这种行为本身也会生产看得见、摸得着的有形产品：撤去客人的残羹剩饭，通过妙手摆台，狼藉的餐桌转眼变成赏心悦目的观赏品；撤去客人用过的被褥，通过迅速整理，凌乱的房间很快变成整洁温馨的卧室，这是饭店服务的产品。清冷的候车室，经过精心设置，鲜花盛开，锦鲤竞跃；一条普通的毛巾，经过巧妙折叠，瞬间变成一只可爱的宠物出现在单调的餐车窗边，这是交通服务的作品。一把普通的剪刀再加上一张普通的彩纸，三下五除二，一张惟妙惟肖的游客头像出现在游客面前；一双空无一物的手，轻轻一扬，花瓣如不尽秋叶，纷纷飘落，这是导游服务的杰作。诸如此类，不胜枚举。

旅游服务艺术不同于旅游服务技能。旅游服务技能是指从事这一行业的人员必须掌握的起码的技术、能力，大多可以用条文形式予以规定，做到即为称职。而旅游服务艺术则是具有创造性、观赏性的服务方式和方法，它是服务技能的升华，做到即为完美。旅游服务艺术和旅游服务技能是两码事，所产生的效果也不一样。按服务技能标准完成一项服务工作，一般不会给旅游者留下什么印象，因为在他们看来，这是理所当然的事情。如果超服务技能标准做好一项服务工作，比如提供一项旅游者意想不到、充满感情色彩的服务，被服务者往往印象深刻。因为，对他们而言，这是意外惊喜、艺术享受。

（二）旅游景观作品

旅游景观作品无疑是旅游景观开发的产物。旅游景观作品按其来源划分，可分为依托型和脱离型两类。

依托型景观作品是以固有旅游资源为依托而开发出来的产品，所依托的旅游资源可以是人文的，也可以是自然的。前者如埃及金字塔、法国卢浮宫、中国万里长城、印度泰姬陵等；后者如欧洲阿尔卑斯山、北美尼亚加拉大瀑布、中国长江三峡、韩国济州岛等。不管是人文的还是自然的，一经旅游开发者的加工制作，所生产的产品也就都变成了文化产品，因为其是旅游开发者的智慧结晶，而不是天然的产物。

脱离型景观产品是指不以原有景观为依托或没有景观为依托而开发出来的产品。开发出来的景观产品有的是表现自然的，如青岛的极地海洋馆；有的是表现人文的，如深圳的锦绣中华。不管是表现自然的还是表现人文的，同依托型景观产品一样，其实质都是文化产品，因为其也是旅游开发者的智慧结晶，而不是天然的产物。

旅游景观作品从形态上看大多是物质性的，但其内核是观念的。诚如陈宗海先生所言：景观的“形”是物质的、外烁的东西，是旅游者接触景观文化最初也是最直接的感受，是景观文化的外在表露，是景观文化物化的体现；景观的“意”是文化的、内在的东西，是景观直接依托和体现的文化。旅游景观作品的“意”是无形的，它是凝结在景观内的文化意识，是景观的文化内涵。没有这种无形的“意”，也就不可能有“有形”的景观的生成。（陈宗海，1999）

（三）旅游宣传品

旅游宣传品是旅游组织和企业为获得更多游客认知、确立旅游形象、创建旅游品牌等而推出的各类宣传媒介的总称。简单来说，其就是为达到旅游宣传沟通目的而制作的各种宣传媒介。[1]

旅游宣传品按形态可分为四大类：印刷品、音像制品、网站网络和纪念品。

印刷类旅游宣传品主要是以纸质为媒介的宣传品，又可以分为基础类宣传品、专项类宣传品、节庆类宣传品。基础类宣传品如导游图、指南、招贴画、明信片等，这是旅游景区（点）最基本的宣传物品。专项类旅游宣传品是针对旅游的某一方面而专门策划的宣传品，如专门针对旅游六要素“吃、住、行、游、购、娱”设计的旅游宣传品、针对专项旅游策划的宣传品等。节庆类旅游宣传品是为节日、主题活动等专门制作的宣传品，如各地的旅游

---

[1] 王晨光主编．旅游营销管理［M］．北京：经济科学出版社，2004.

节、音乐节、旅游文化节、开渔节、国际服装节等宣传品。

音像旅游宣传品是以音像为介质的旅游宣传品，如音乐、纪录片、广告片、风光片、电影、电视、多媒体、光盘等。此类宣传品在旅游宣传中运用广泛，娱乐性较强，效果较佳。

网站网页类旅游宣传品是以多媒体为介质的旅游宣传品。随着科技的发展和网络的进一步普及，旅游网站的策划和旅游网页的设计逐渐成为旅游宣传的又一重点，进而形成新一类旅游宣传品。网络信息因其便捷、及时和广泛等特点而受到宣传主体与受众的普遍欢迎，目前世界各地几乎都有自己的旅游网站。

纪念品类旅游宣传品是以旅游地纪念品为介质的旅游宣传品。旅游地纪念品是旅游者在旅游目的地选购的代表旅游目的地形象的有形商品，这类宣传品不仅可以给旅游目的地带来经济效益，同时也能成为旅游形象宣传的一种工具，加深游客对旅游目的地的印象。

毋庸置疑，旅游宣传品是一种纯粹的旅游介入文化产品。作为旅游市场开发的重要手段，旅游宣传品制作中市场定位要清楚，内容要详尽，可操作性要强。同时，旅游宣传品的包装、设计、图片既要有现代意识，也要挖掘民族特色，充分反映出旅游目的地的文化传统和民俗特色。

（四）旅游线路

旅游线路是旅行社或其他旅游经营部门利用交通为旅游者设计的串联若干旅游点或旅游城市的合理走向，是旅游经营者组织客源时推出的旅行游览路线，包括游程、经停点、游览观赏内容、逗留时间、交通工具、食宿标准和收费价格。旅游线路是旅行社的核心产品。

作为一种产品，旅游线路是典型的精神文化产品。首先，这里的旅游线路是指旅行社为旅游者行、食、住、游、购、娱而设计的“旅游路线图”，不是旅游者实际踏上的旅游线路实体，换言之，是“纸上”的线路而非“地上”的线路；其次，旅游线路主要是旅行社以自己的智慧设计出来的，不是以自己的体力开辟出来的。“纸上”的旅游线路不同于“地上”的旅游线路，前者是旅行社智慧的结晶，后者是旅游者开辟的结果。

旅游线路安排是一种“设计艺术”，也是一门科学。由于旅游资源分布不平衡以及吸引功能的差异、地理位置与进入条件的差异，旅游线路上往往出现热点、温点和冷点。为使热点保持适度客源量而不致过分拥挤，使温点变热、冷点升温，使旅游资源得到更高的社会效益、旅游服务设施充分得到利用，从而获得最佳的经济效益，必须积极做好旅游宣传，充实和完善游览内容，尤其要精心设计旅游线路，使热点、温点和冷点三者得到巧妙的搭配，有适当的旅游高潮出现，力求使游客高兴而来，满意而归。

（五）科研成果

科研成果是指科研人员进行科学研究所取得的具有一定学术意义或实用价值的创造性结果。按成果形式分，其一般可以分为文字和实物两类研究成果；按成果性质分，科研成果可以分为基础研究成果、应用研究成果和发展研究成果三大类；按所属学科分，其一般可以分为自然科学成果和人文社会科学成果两大类。

旅游科研成果指旅游科研人员在旅游研究范围内，通过实验观察、调查研究、综合分析等一系列脑力、体力劳动所取得的具有学术意义和实用价值的创造性结果。由于本书的旅游是狭义的旅游亦即旅游者的旅游活动，所以这里的旅游研究成果主要是指以旅游者为中心的研究成果。旅游学科是新兴交叉学科，旅游研究属于跨学科研究，前述科研成果分类同样适用于旅游研究成果。从成果形式看，旅游科研成果文字、实物并包而以文字研究成果为主，主要反映为论文、专著、报告、方案等；从成果性质看，旅游科研成果基础、应用、发展三者并存而以应用、发展研究成果为主，主要是探索旅游新理论、新技术用于生产的可能性及为应用研究成果转化为直接生产而进行的科学研究所取得的成果；从所属学科看，旅游科研成果自然、人文兼举而以后者为主，成果形式主要包括公开发表的论文、研究报告（含调查咨询报告）、专著、编著、译著、教材、古籍校点注释、资料集、工具书，以及不宜公开发表而确具学术价值或应用价值的文字材料等。

旅游科研成果是旅游科研工作者智慧的结晶，是知识性产品，因而也是典型的精神产品。

（六）规范类产品

旅游介入的行为规范也会产生相应的产品，如旅游政策文件、旅游业法规文献、旅游业道德公约等。由于这些产品主要是规范旅游介入行为的结果，而非直接介入旅游的产品，因此旅游介入成分不高，总体上属于旅游介入文化的“逸出”部分。

三、旅游介入文化产品的特点

同旅游体验文化产品相比，旅游介入文化产品有以下几个特点。

1. 商品性

这里的商品性是指旅游介入文化具有交换价值。旅游介入文化产品大部分是用于出售给旅游者的，与旅游体验文化产品相比，其商品性十足：旅游服务艺术、旅游景观作品、旅游线路是旅游介入文化的主要代表，它们是专门有偿为旅游者生产的，是典型的商品；旅游宣传品、旅游科研成果及规范类产品虽然主要不是为了售予旅游者而生产的，但同样具有商品性：商店里的旅游宣传品、规范类小册子并不都是免费的，旅游科研成果特别是旅游规划书之类的应用研究成果更要待价而沽。

2. 规范性

这里的规范性有两层含义：一是旅游介入文化产品大都有规范化的标准，二是有些旅游介入文化产品具有规范行为的功能。第一层含义主要体现在旅游服务艺术、旅游景观作品、旅游宣传品、旅游线路、旅游科研成果上。旅游介入文化产品具有商品性，其生产大多是批量的，有一定的规范化标准：旅游服务艺术有服务的标准，旅游景观作品有景观的等级，旅游宣传品有宣传的要求，旅游线路有设计的程式，旅游科研成果有自己的学术规范。第二层含义主要体现在规范类产品上。旅游政策、旅游业法规、旅游业道德等规范类产品本身就是为了规范旅游介入行为而制定的，规范功能是其第一功能。旅游线路也有明显的规范功能：旅游者一旦接受旅行社提供的旅游线路，就要按照既定的旅游线路行事，不得擅自更改。

3. 综合性

旅游介入文化产品的综合性是指旅游介入文化产品一体多样。旅游介入文化产品种类繁多，从上述类型分析中可见一斑。但如此多的旅游介入文化产品并非一盘散沙，而是结成一体的，其中的旅游线路就是旅游介入文化产品综合性的典型。这一点与旅游体验文化产品结合不密切形成明显对比。就每一类旅游介入文化产品而言，情况也是如此：除了已述及旅游线路，作为一体的旅游服务艺术，是食住行游购娱服务的综合；作为一体的景观作品，是人文与自然的综合；作为一体的旅游宣传品，是印刷品、音像制品、网站网络和纪念品的综合；作为一体的旅游科研成果，是文字与实物、自然科学与人文科学、基础与应用的综合；作为一体的规范类产品，是旅游政策、旅游业法规、旅游业道德的综合。

4. 地域性

旅游介入文化产品的地域性是指旅游介入文化产品具有地域色彩。旅游介入文化产品，无论是优质周到、令人回味的旅游服务艺术，或者是风格独特、景色优美的旅游景观作品，或者是亦真亦幻、撩人心思的旅游宣传品等，都是在特定地域生产或创造出来的，难免受所在地域的影响，打上地域的烙印。北方旅游介入文化产品与南方旅游介入文化产品不同，东方旅游介入文化产品与西方旅游介入文化产品有别，这也是人所共知的事实。旅游介入文化产品的地域性是旅游介入文化地域性的反映（详见本章第1节）。

5. 依附性

旅游介入文化产品的依附性是指旅游介入文化产品多依附于相关现象之上，独立性差。任何事物都是相互关联的，关联程度并不相同。在分析旅游体验文化产品的时候，不难把旅游体验产品从相关现象中剥离开来；在分析旅游介入文化产品的时候，却不易把旅游介入产品从相关现象中剥离开来。因为旅游介入文化产品依附性太强：作为一种产品，旅游服务艺术与旅游服务合二为一，旅游景观作品与所依托的旅游资源难分难解；旅游宣传品与旅游宣传、旅游介入规范与规范类产品也并非泾渭分明。旅游介入文化产品的依附性是旅游介入文化产品价值分析难度较大的原因之一。

【本章小结】

旅游介入文化是旅游介入者对旅游的介入过程及其精神成果的总和。旅游介入文化不同于旅游介体文化，两者是交叉并列关系。对旅游介入文化的结构可以从心理、行为和产品三个层面来解析。心理层面在旅游介入文化结构中居于核心地位，具有动力基础和前提条件的作用。行为层面是旅游介入文化心理层面的外化和显现，在旅游介入文化结构中具有桥梁和纽带的作用。产品层面在旅游介入文化结构中居于表层地位，其对旅游介入活动的重要影响在于它最终决定着旅游介入程度与效果。旅游介入文化的特点突出地表现在导向性、功利性、地域性、民族性和规范性等方面。

旅游介入的文化心理包括旅游介入的文化需要、动机及心理过程。旅游介入的文化需要有总体和具体之分。前者是指宏观视角下的旅游介入需要，主要是文化发展的需要；后者是微观视角下的旅游介入需要，有根本和派生之别。旅游介入的动机多种多样，简而言之主要有促进文化交流、保持文化传承、探求旅游真相、提高文化素质等动机。旅游介入文化的心理过程是旅游介入文化的心理活动过程，按照心理现象的一般规律，旅游介入文化的心理过程由认识、情感、意志三个过程所组成。在政府、企业、学界、旅游地居民、社会等不同的旅游介入主体中，旅游介入文化的心理过程有同有异。

旅游介入的文化行为是旅游介入文化的外在标志，企业的旅游介入行为主要有旅游服务行为、景观开发行为、旅游宣传行为、旅游推销行为等。政府的旅游介入行为多种多样，主要包括向旅游者宣传促销、为旅游者提供信息服务、调节旅游需求、控制游客流量、规范旅游行为、开发旅游资源、保护旅游环境等。学界介入旅游的行为主要有两类：一是旅游研究，二是旅游规划。旅游地居民对旅游的介入行为主要表现为对旅游或旅游者的接纳和排拒。社会群体主要以舆论、监督、规范的形式介入旅游。各主体的介入方式不同，但都具有文化性质。旅游介入的行为规范——旅游政策、旅游业法规、旅游业道德同旅游介入行为一起构成完整的旅游介入行为文化。

旅游介入文化产品是旅游介入者在旅游介入中创造的精神产品，主要有旅游服务艺术、旅游景观作品、旅游宣传品、旅游线路、科研成果等。与旅游体验文化产品相比，旅游介入文化产品具有商品性、规范性、综合性、地域性、依附性等显著特点。

【参考文献】

[1] 陈华文．文化学概论［M］．上海：上海文艺出版社，2004.
[2] 郑向敏．旅游服务学［M］．天津：南开大学出版社，2007.
[3] 王健．旅游法原理与实践［M］．天津：南开大学出版社，1998.
[4] 王树英．丰富多彩的旅游民俗［M］．北京：中央民族大学出版社，1999.
[5] 申葆嘉．国外旅游研究进展［J］．旅游学刊，1996（1-5）.
[6] 杨英杰．中国历史文化［M］．天津：南开大学出版社，2005.
[7] 谢春山，邹本涛．旅游介入文化研究［J］．旅游科学，2008（4）.

第4章　旅游文化历史论

读史使人明智，读诗使人灵秀。

——培根

旅游文化既是一部厚重的历史，也是一部华丽的诗章。它本应以独特的内涵给人以特殊的智慧和灵感，可惜我们从现行的旅游文化论著中很难得到——其中的旅游文化史无一例外地写成了旅游史甚至旅行史！旅游文化不同于旅游或旅行，它是人们的旅游体验与介入过程及其精神成果的总和；旅游文化史也不同于旅游史或旅行史，它应该是旅游体验文化和旅游介入文化的发展史。所以，本章在辨析旅游文化史内涵及其分期的基础上，以旅游体验文化和旅游介入文化的发展为主线，重现旅游文化波澜壮阔的历史进程。

第1节　旅游文化史导论

旅游文化史是旅游文化的纵向发展过程。在不同学者眼里，旅游文化史有不同的内涵，其发展阶段也见仁见智。旅游文化史的内涵究竟是什么？旅游文化史应该怎样分期？这是本节要探讨的主要问题。

一、旅游文化史的内涵

（一）学界对旅游文化史内涵的认识

旅游文化史的论著目前已有很多，但其对旅游文化史内涵的认知各有不同。

马勇认为：旅游文化不是旅游的某一方面或独立于旅游之外的另一事物，它是旅游的另一种表述。旅游文化史不仅应从纵向角度考察旅游文化的物态、制度、行为、心态等诸层面，而且应从横向角度把握旅游主体、旅游客体、

旅游媒体之间的相互关系及其相互作用的动态过程。❶

张启认为：旅游文化史内容丰富，包罗万象，涉及旅游文化的各个层面，但是其最为光辉灿烂的部分是旅游者旅游活动的历史。旅游文化的历史，实际上就是旅游者的历史。❷

上述各家对旅游文化史内涵的探讨虽各有侧重，有一点却是相同的：即不约而同地把旅游文化史等同于旅游史——马勇强调旅游文化是旅游的另一种表述，旅游文化史是文化学视角的旅游史；张启认为旅游文化史实为旅游者的旅游史。有的旅游文化史著虽未明言旅游文化史就是旅游史，但所著旅游文化史实实在在是指向旅游的，书中旅游史一词的使用比旅游文化史一词还多！

这种现象令人深思。难道旅游文化史真的等同于旅游史？有一种颇为流行的说法：旅游就是旅游文化。按此说法，旅游文化史当然可以等同于旅游史。旅游文化史之所以称为旅游文化史，就是因为它是文化学视角的旅游史。从中不难看出，上述诸家关于旅游文化史内涵的探讨实际上也是以此为理论基础的。

然而笔者必须指出：上述说法是不正确的。

第一，旅游不同于旅游文化，旅游文化史不同于旅游史。旅游文化与旅游有联系，更有区别，这是多数学者的共识。从笔者给出的旅游文化定义看，旅游文化与旅游的最大区别有三点：主客体不同；构成不同；性质不同。（详见第 1 章）旅游文化不同于旅游，这在逻辑上决定了旅游文化史必然不同于旅游史。

第二，文化学视角的旅游史依然是旅游发展史，研究视角无法改变历史内容。历史是客观存在的，是不以人的意识为转移的；研究视角是研究者选择的，只能发现对象，不能改变对象。研究旅游史可以用文化学视角，但旅游史并不因此变成旅游文化史。如果真变了，这样的历史就不是客观的历史，而是主观的历史了。

（二）本书的旅游文化史内涵

既然旅游文化史不是旅游史，那么旅游文化史到底是怎样的历史？笔者认为：旅游文化史就是旅游文化的发展史。按照本书对旅游文化的理解——

---

❶ 马勇．中国旅游文化史论纲［J］．湖北大学学报．哲学社会科学版，2007（5）．

❷ 张启主编．旅游文化学［M］．杭州：浙江大学出版社，2010：12．

它是人们对旅游的体验与介入过程及其精神产品的总和，旅游文化史实为旅游体验与介入文化的发展史。这个定义包含两层意思：

第一，旅游文化史是旅游体验文化的发展史。从体验对象的角度看，旅游体验文化史包括社会旅游体验文化史和自然旅游体验文化史。

所谓社会旅游体验文化是指旅游者通过对人文景观和旅游服务等社会文化现象的体验而创造的旅游文化。人类生活在自己创造的社会之中，较之自然，人类对社会更熟悉，也更亲切。所以，社会文化比自然更早进入旅游活动领域。古埃及是世界上社会旅游体验活动的发源地，早在四千多年前就有大批游客去那里游览人文奇观金字塔，考察当地民俗风情。我国先秦典籍《易经》也有“观光”等社会旅游体验的记载。此后，社会旅游体验活动日益发达，由此产生的旅游体验文化作品更是汗牛充栋。近代以来，随着旅游业的产生，旅游服务成为社会旅游体验的重要对象。对旅游服务的体验，因人而异，因质而异，苦辣酸甜，一言难尽。在当代，社会旅游体验文化仍是最主要的旅游体验文化之一。

所谓自然旅游体验文化是指旅游者通过对自然景观的体验而创造的旅游体验文化。春秋时孔子总结了自己和前人的自然旅游体验，提出“仁者乐山，智者乐水”，成为中国自然旅游体验文化的经典；公元前 5 世纪，柏拉图等号召向大自然学习，揭开了西方自然旅游体验文化的序幕。魏晋南北朝时期，无数中国知识分子投入大自然的怀抱，吟风咏月，抒发情怀，掀起有史以来首次大规模自然旅游体验文化的高潮；18 世纪中期，浪漫主义思潮兴起，在欧洲也出现了自然旅游体验文化的大潮。第二次世界大战结束以来，随着工业化、城市化进程的加速，越来越多的人渴望获得“久在樊笼里，复得返自然”的乐趣，自然旅游体验文化有了快速的发展，并成为旅游体验文化的文化的大宗。

第二，旅游文化史是旅游介入文化的发展史。旅游介入文化是随着旅游体验文化的产生而产生的。旅游者对旅游景观的体验起源于何时，至今未有定论，至少在原始社会末期就已出现。那时旅游现象刚刚萌芽，不足以引起社会有关方面的关注，自然谈不上什么旅游介入文化了，社会、政府、企业介入旅游形成旅游介入文化，那已经是进入阶级社会以后的事了。

最早的旅游介入文化当属旅游服务文化。上古时期，随着旅游体验活动的出现，为旅游体验活动提供食、住、行、游等服务的旅店、交通、导游等应运而生。在古罗马，亚历山大城内有许多旅馆、导游和翻译人员，为前来游览底比斯金字塔及帝王陵寝的旅游者服务；“条条大路通罗马”的谚语反映了古罗马交通发达的程度。在古中国，为旅游体验活动提供食住的逆旅、食店早在商周时期即已诞生，西周时期形成的“宾至如归”的服务理念影响至今。近代以后，旅行社纷纷成立，严格意义上的旅游服务文化正式形成。

继旅游服务文化之后的是旅游景观开发文化。最早的景观开发当属中国先秦时期的服务于贵族游猎、祭祀的苑囿及古西亚和古希腊的园林。其后累经设计，自然山水越来越人工化，园林的组成要素日益成熟，终于形成风格各异、自成一系的中国、西亚和西欧三大园林体系。近代以后，山河湖海、民俗古迹，无不列入开发范围，并形成多样的开发理念。

旅游宣传文化几乎与旅游服务文化和景观开发文化相伴而生。上古时期中国酒店的幌子就具有明显的宣传用意；古罗马酒店悬挂的灌肠也有此类功能。古代的导游员、游记也承担起旅游宣传的载体。近代以后，旅游宣传的作用越来越大，地位也越来越高，形式也越来越多样化，以此为核心的旅游宣传文化也日益壮大。现在，旅游宣传文化已经成为一枝最绚丽的旅游介入文化之花。

旅游研究文化同样历史悠久，在中国，它的历史可以上溯到先秦时期。就史料记载，老子、孔子、壶丘子、列子均曾讨论“游至”与“游道”。“游至”即游的最高境界，“游道”即游的基本方法，这些问题一直是中国旅游大家津津乐道的旅游核心问题，已经讨论了几千年了，至今仍是旅游研究的重要课题。在西方，关于旅游的研究可追溯到 14～16 世纪“要不要旅行”的大讨论。近代以后，西方成了世界的旅游研究中心，旅游研究文化的西方色彩也越来越浓厚了。

旅游文化是在特定环境中形成与发展起来的，研究旅游文化史不能仅局限于旅游文化史本身，旅游文化环境亦应纳入研究视野。不过，这已不是旅游文化史本身，而是旅游文化史研究的问题了。

二、旅游文化史的分期

研究旅游文化史，绕不开旅游文化史的分期。这既是旅游文化史研究的基础，也是旅游文化史研究的方法。本目在分析已有研究成果的基础上，重点探讨旅游文化史的分期标准和具体分期。

（一）已有研究成果

关于旅游文化史的分期，学界已取得不少成果。

郝长海等认为纵观旅游文化史的发展行程大体上可以分为三个阶段：一是19世纪初叶之前的古代旅游文化，具有功利性、求知性、宗教性、审美性等特征；二是19世纪初叶至第二次世界大战后的近代旅游文化，具有驳杂性、制度性、娱乐性、跨文化性等特征；三是20世纪50年代初期兴起的现代旅游文化，经济与科技因素大增，消遣娱乐需求高涨，负面价值增多。❶ 这一说法出现较早，影响较大。

谢贵安等认为：世界旅游文化史可以分为起源与发展（上古～15世纪）、突变与扩展（15～18世纪）、交流与整合（18世纪至现在）三个阶段。在第一阶段的上古时期，中国旅游文化和西方旅游文化系统分别在欧亚大陆的东西两端发生并成形。中古时期，中国旅游文化有了长足的进步和发展，西方民族冒险勇进的旅游性格也借教士、骑士和商人的旅游活动顽强地表现出来。在第二阶段，公元15～16世纪，紧接中国人之后进军海洋的是西方的探险家，他们掀起了第二次跨越海洋的历史巨浪，并一浪高过一浪地将跨越海洋和联结文化圈的事业继续了下去。在第三阶段，东西两大文化民族的旅游风尚开始接触，并发生冲突。加上其他因素的作用，最终导致环球旅游文化的交流和融合，形成世界性的旅游文化系统。❷ 谢先生的分期着眼于文化流变，“起源与发展阶段说”为多家引用。

喻学才等认为：粗线条地加以归纳，欧洲的旅游文化主要经历了四个发展阶段。在第一阶段（公元前8～前3世纪），唱主角的是古希腊人。希腊人经过许多世纪的探险旅游，地理观念已从原来熟悉的地中海周围一直扩张到印度和非洲。在第二阶段（公元前3～3世纪），唱主角的是罗马人。本阶段，欧洲的旅游文化主要体现在探险旅游上。如果说腓尼基人主要是在海上探险，那么希腊人是海陆并进，罗马的探险则主要在西欧陆地和不列颠岛上进行。在第三阶段（3～15世纪），传教士唱主角。中世纪的欧洲旅游文化具有极浓的宗教色彩。在第四阶段（16世纪至现在），欧洲旅游文化发生了前所未有的变局。如旅游中介机构的出现以及随之而起的旅游产业使旅游文化打上了一系列迥异于此前许多个世纪的痕迹。喻先生还把中国的旅游文化分为神话传说和信史两个时期。其中信史时期又分为夏商周、秦汉、六朝、唐宋、元明清、晚清民国五个阶段。❸ 喻先生的欧洲旅游文化分期着眼于旅游文化主体的

---

❶ 郝长海，曹振华．旅游文化学概论［M］．长春：吉林大学出版社，1996.

❷ 谢贵安，华国梁．旅游文化学［M］．北京：高等教育出版社，1999.

❸ 喻学才．旅游文化［M］．北京：中国林业出版社，2002.

变化，很有特色；其中国旅游文化分期则以朝代更替为标志，很有代表性。

沈祖祥、马勇则分别对中国旅游文化史分期作了探讨。前者认为中国旅游文化史可分为形成（先秦秦汉）、勃兴（魏晋南北朝）、鼎盛（隋唐宋）、发展（元明清）、转型（近现代）五个时期；[1] 后者认为根据对旅游文化的主体、客体和媒体以及旅游观念等发展变迁的综合考察，可将中国旅游文化的发展历程划分为滥觞（先秦秦汉）、勃兴（魏晋南北朝）、隆盛（隋唐）、新变（宋元）、穴结（明清）和转型（近代）六个时期。[2] 沈、马的中国旅游文化史分期着眼于旅游的自身发展，兼顾朝代的更替，在学界亦有影响。

（二）旅游文化史分期之我见

1. 分期标准与分期对象

如前所述，上述各家的旅游文化史分期影响较大，但差异也是显而易见的。造成差异的原因很多，最重要的是分期标准和分期对象并不相同。

从分期标准看，目前的旅游文化史分期实际上有两种：一是以社会史的分期为标准，按社会发展的不同阶段，把旅游文化史相应分割成若干个时期，如以朝代命名的旅游文化史阶段；二是以旅游文化自身的发展轨迹为标准，按旅游文化史的阶段性，把旅游文化史分为若干时期，如以“形成”、“勃兴”、“鼎盛”、“新变”、“穴结”、“转型”命名的旅游文化史阶段。分期标准不同，分期阶段必不相同。

再从分期对象看，目前的旅游文化史分期对象实际上也有两种：一是旅游史，二是旅游文化史。前者以旅游史为旅游文化史，分期的对象当然是旅游史了；后者以旅游文化的变迁规律而不是其他为探究目标，分期的对象自然锁定为旅游文化史了。分期对象不同，分期阶段也不相同。

可见，欲统一旅游文化史的分期，必先统一分期标准和分期对象。

笔者认为：两种分期标准中还是第二种标准——旅游文化自身的发展轨迹较为科学。进行历史分期不仅是为了方便学习历史，更是为了方便把握历史——把握历史的阶段特征与发展规律。旅游文化史也不例外。用社会史的分期标准处理旅游文化史的分期固然简单熟练，却容易忽略旅游文化史的特殊性，有生搬硬套之弊。

至于分期对象，无疑应统一到旅游文化史上来。旅游史不是旅游文化史，

---

❶ 沈祖祥．旅游文化概论［M］．福州：福建人民出版社，1998.

❷ 马勇．中国旅游文化史论纲［J］．湖北大学学报·哲学社会科学版，2007（5）．

也不能代替旅游文化史。为旅游文化史分期却以旅游史为替身，显然是找错了对象。目前已有的旅游文化史分期几乎全是旅游史分期，这正是进行历史分期时弄错对象的结果。

综合上述两点意见，可以得出如下结论：按旅游文化亦即旅游体验文化与旅游介入文化的发展轨迹进行分期，这是旅游文化史分期的明智选择。

旅游文化史是旅游体验文化与旅游介入文化的发展史，旅游体验文化与旅游介入文化的发展有时是不同步的；旅游文化的形成是多元的，各地的旅游文化发展是不平衡的。在这种情况下，旅游文化史分期的界标如何确定？笔者主张：旅游体验文化与旅游介入文化发展不同步时，界标的确定以旅游体验文化为重心；各地旅游文化的发展不平衡时，界标的确定以旅游文化相对发达者为重心。因为旅游体验文化是旅游文化的核心，旅游文化相对发达者是区域旅游文化的代表。

2. 具体分期

按照上述分期原则，从宏观的角度看，整个旅游文化史可分为古代、近代、现代三个大的历史阶段，起讫时间分别为公元前 31 世纪、18 世纪中叶、20 世纪中、现在。

公元前 31 世纪是人类旅游文化史的起点。旅游文化是在旅游的基础上形成的，旅游从哪里开始，旅游文化就从哪里开始。一般认为，人类旅游与旅游文化始于原始社会末期、人类文明初期。具体时间是什么？笔者认为具体时间是公元前 31 世纪。埃及阿拜多斯曾出土一块刻有第一王朝第二任法老哲尔名字的象牙板，其上隐约记载了哲尔王巡游三角洲地区布托（Buto）和舍易斯（Sais）的情景，距今已有 5000 多年。这应是人类旅游体验之始，也是人类旅游文化的开端。至于旅游文化起源于数万年前的说法，根本就是将迁徙与旅游混为一谈了。

18 世纪中叶是世界旅游文化史第二个最重要的年代。在西方，工业革命蓬勃兴起，欧洲第一次出现了有明确目标和自我意识的大规模自然观光旅游活动，酷爱自然、崇尚自然、回归自然的浪漫主义时代精神成为近代旅游发展的思想基础。在东方，康乾之治如日中天，自然旅游、社会旅游并驾齐驱，科考旅游、探险旅游蔚然成风，帝王巡游再掀高潮，中国旅游文化达到古史最高峰。其时的旅游文化既有传统的、强大的封建主义基因，也有新兴的、壮大的资本主义因素，既有本土的特质，也有外来的养分，各种成分交织在一起。所有这些都昭示世界旅游文化进入了一个新旧交替的历史阶段。以 19

世纪中叶近代旅行社开端为近现代旅游文化分界线的流行说法，无视此前百年旅游体验文化的近代属性，独重旅游介入文化，真正是喧宾夺主、本末倒置。

20 世纪中叶是世界旅游文化史第三个最重要的年代。现代旅游文化是大众的旅游文化。从全球来看，旅游文化的大众化是从 20 世纪 50 年代开始的：1950 年，全世界的国际旅游人数为 0.25 亿人次，2011 年增加到 10 亿多人次；20 世纪 90 年代前，大众化旅游盛行；随着大众旅游的兴起，世界各国和一些国际组织纷纷出台了针对旅游的法律、道德规范，现代旅游行为规范由此形成。在旅游介入文化方面，20 世纪 50 年代，欧美出现了许多民用航空公司，这些航空公司先是经营跨大西洋的旅游航线，随后在世界各地为游客提供航空运输服务；作为旅游业三大支柱产业的西方饭店业，第二次世界大战后也取得了巨大的发展，饭店业产品和服务不断创新；随着散客旅游者的增多，旅行社也不断调整服务战略，推出了更多的个性化服务产品；旅游的发展和科技的进步极大地推动了旅游景观的开发；旅游宣传已成为现代旅游介入文化发展最快的一支；旅游研究开始发生根本性的变化。这一切都是从 20 世纪 50 年代开始的，因此，20 世纪 50 年代也就理所当然地成了近现代旅游文化的分界点。

"一切历史都是当代史"，旅游文化史也不例外。它形成于"过去"，壮大于"现在"，发展于"将来"。然而"将来"的历史还未发生，它的休止符只能暂时停留在"现在"，"现在"也就成了真实的旅游文化史的最后一个年代。

从中观的角度看，古代、近代、现代旅游文化亦可各自细分为若干小的历史时期。

古代旅游文化可分为形成、发展、终结三个时期。

古代的旅游文化是多元发生的，埃及、西亚、欧洲、中国等都是旅游文化的发源地。至公元 2 世纪，中国和欧洲等地的旅游文化基本形成。古希腊对欧洲旅游文化的形成主要有两大贡献：一是创造了较古埃及人、古西亚人更为丰富的旅游体验文化，二是开创了影响深远的新的旅游文化——奥林匹亚体育游。征服希腊后的古罗马至 2 世纪时一直处在兴盛时期，在这一时期，古罗马的旅游文化以古希腊旅游文化为基础，兼容地中海周边的旅游文化，大体具备了贪图享乐、追求刺激、张扬个性、讲究科学、偏爱冒险等基本特征。兴盛时期的罗马旅游文化是欧洲旅游文化的主要源头，上述特征的具备意味着欧洲旅游文化的形成。中国先秦秦汉时期的旅游文化是以修身养性、以人为本、稳健内敛为主流的政治—伦理型文化。此一时期的旅游文化为中国古代旅游文化提供了现成的范式。至此，中国古代旅游文化基本形成。

公元192年，罗马安顿尼王朝灭亡，罗马帝国陷入最混乱时期。随着罗马帝国的衰落，西方严格意义的旅游在3～12世纪不绝如缕，这一时期的旅游文化也一蹶不振。从12世纪开始，欧洲工商业城市普遍兴起，欧洲的旅游活动再度活跃，古代欧洲的旅游文化出现复兴的迹象。马可·波罗的东方之旅及其游记在欧洲旅游文化的复兴史上具有标志性的意义。在欧洲古代旅游文化走向衰落的时候，公元7世纪，阿拉伯帝国开始崛起，并逐渐成为外国旅游文化的中心。9～14世纪，阿拉伯著名的旅行家有苏莱曼、马苏第和伊本·白图泰。《苏莱曼游记》、《黄金草原》、《伊本·白图泰游记》堪称阿拉伯旅游文化的经典之作。随着封建社会的成熟和古代旅游的进步，3～14世纪的中国旅游文化又迈上一个新的台阶，无论是旅游观念、旅游体验还是旅游服务、旅游景观设计，都超越了先秦秦汉时期，旅游文化在总体水平上遥遥领先于世界。

14～18世纪中叶，西方旅游文化迎头赶上，中国旅游文化也达到古史最高峰，世界旅游文化进入新旧交替的历史阶段。在西方，欧洲传统的"温泉旅游"体验此时有了新的发展，到美丽的海滨旅游也是西欧中世纪后期颇为流行的一种旅游体验方式，旅游审美体验也开始崭露头角，旅游求知体验、旅游探险体验更是高潮迭起，人们的旅游观念为之一变。旅游者的行、食、住条件有了很大改善，但旅游服务的质量良莠不齐。在东方，中国正从明朝建立走向清康乾盛世，中国古代旅游文化也经历了最后的辉煌。旅游行为方式雅俗竞胜，旅游心理取向内外并行，传统旅游进入全面反思阶段，旅游服务文化丰富多彩，古典景观设计进入集成时代。

近代旅游文化可以19世纪中叶为界，分为前后两个时期。

18世纪中叶，西方旅游文化率先迈入近代的门槛。世界近代旅游文化的主流是西方旅游文化，在西方的引领下，世界旅游文化开始了缓慢的近代化过程，从18世纪中叶开始，在欧洲第一次出现了有明确目标和自我意识的大规模自然观光旅游体验活动，假日旅游成为中产阶级的时髦风尚和不可缺少的生活方式，前所未有的探险、考察旅游大潮出现了，形成了惊心动魄的另类旅游体验文化。

19世纪中叶以后，世界近代旅游文化出现新的局面。自然观光体验在美洲沛然兴起，温泉度假疗养旅游得到进一步发展，工人阶级也加入其中。利用夏日假期全家外出，到某个温泉疗养地度假疗养，已成为多数人最重要的旅游方式。海滨旅游进入疗养娱乐阶段，海滨旅游体验也由疗养向娱乐延伸。探险、考察体验在世界各地普及开来，交通服务文化从传统到现代，饭店服务文化从贵族化到平民化，旅行社服务文化成为近代旅游服务文化的标志，旅游宣传成为近代旅游介入文化的亮点，有组织的旅游景观开发开始兴起，旅游研究从文化向经济转移。

鸦片战争后，中国被迫与外国签订了一系列不平等条约，国门大开，国人纷纷走出国门考察、求学、观光、探险，由此揭开了中国旅游体验文化的新篇章。中国国内旅游活动也有所发展，考察观光较为流行，参加者多为学者、文人和学生。国内旅游体验也大大深化了。随着中国近代旅游活动的兴起，中国近代旅游业开始出现，中国近代的旅游介入文化也逐渐形成并与西方接轨。

现代旅游文化可以 20 世纪 90 年代为界，分为前后两个时期。

第二次世界大战结束后，旅游文化进一步突破地域的限制，呈现出全球化、一体化的发展态势。在旅游体验文化方面，20 世纪 90 年代前，旅游体验的行为方式和心理倾向均趋于普通化，普通化成为旅游体验文化的主流；20 世纪 90 年代后，普通旅游个性显露，背包旅游日益增多，个性化旅游体验的脚步明显加快。在旅游介入文化方面，随着旅游大众化的兴起，各行各业加大了旅游的介入力度，现代旅游介入文化出现了前所未有的繁荣局面。

中国现代旅游文化则经历了政治化和多样化两个阶段。20 世纪 70 年代前，我国旅游体验文化强调光明美好，旅游介入文化强调政治挂帅。20 世纪 70 年代后，我国旅游文化由单一化向多样化展开，文化体验如火如荼，生态体验后来居上，探险体验方兴未艾，旅游规范法德并举，旅游服务多种多样，旅游景观开发中西结合，旅游宣传丰富多彩，旅游教研蓬勃发展。

第 2 节　古代旅游文化钩沉

在历史的大潮中，古代旅游文化只是涓涓小溪；但它同其他文化一样，也经历了形成、发展和终结三个阶段。

一、多源发生：古代旅游文化的形成（公元前 31～公元 2 世纪）

古代的旅游文化是多元发生的，埃及、西亚、欧洲、中国等都是旅游文化的发源地。至公元2世纪，中国和欧洲等地的旅游文化基本形成。

（一）古埃及、古西亚旅游文化的发生

1. 古埃及旅游文化的发生

5000年前的地中海旅游世界最初是从埃及开始形成的。早在第一王朝时期（公元前3100～前2890年），埃及法老即不时地到各地巡游。公元前27世纪，埃及法老开始大规模兴建金字塔和神庙，吸引了大批游客前来观光游览。

古埃及旅游的出现使尼罗河流域成为世界旅游文化的最早发源地之一，巡游、观光等旅游体验形式就是古埃及人最早创造的。阿拜多斯出土了一块刻有第一王朝第二任法老哲尔名字的象牙板，其上隐约记载了哲尔王巡游三角洲地区布托（Buto）和舍易斯（Sais）的情景；出土于古埃及贵族内巴蒙陵墓的《捕禽图》画于新王国时期（约公元前1567～前1085年），生动再现了墓主和妻子、儿女一起在长满莎纸草的河上行船、观光、渔猎的场面。古埃及不但产生了历史最早的旅游体验形式——巡游、观光，也开创了旅游体验记录的先例："哈德纳赫特与其兄弟帕纳克迪踏上孟斐斯西岸，到此一游"之类的涂鸦在古埃及旅行目的地随处可见（彭顺生，2006）。虽然古埃及的旅游文化因历史久远而模糊不清了，但炫耀游历、纪念游踪等旅游文化现象确实从古埃及就已经发生了。

2. 古西亚旅游文化的出现

古西亚人非常喜欢旅游，狩猎、求知、观光等旅游较为发达。亚述帝国贵族猎狮成风，在古代旅游中别具一格；示巴女王为了领略所罗门的智慧，便巡游以色列，开创了帝王求知旅游的先例；腓尼基学者昂蒂帕克为了游览名胜古迹，曾漫游地中海沿岸，是世界级的观光旅游者。这些在世界旅游史上占有重要地位。较为发达的旅游使西亚成为旅游文化的又一发生地。

古西亚的旅游体验文化可以从片段的原始记载中窥见一斑。亚述帝国首都尼尼微出土了一批公元前10～前7世纪帝国贵族猎狮浮雕，人喊马嘶、箭飞狮吼的场景细致入微、惊心动魄，显示了亚述帝国猎狮体验文化的高度成熟；《圣经·旧约》则记载了公元前10世纪示巴女王的旅游求知体验："示巴女王听见所罗门因耶和华之名所得的名声，就要用难解的话来试问所罗门。……所罗门王将她所问的都答上了，没有一句不明白、不能答的。"示巴女王领略了所罗门的智慧，观看了所罗门的宫室珍馐、君臣威仪，"诧异得神不守舍"（《旧约·列王记上》10：1-13）。昂蒂帕克曾先后游历过古埃及金字塔、亚历山大灯塔、古希腊奥林匹斯山的宙斯神像、罗得岛的太阳神像、古巴比

伦的空中花园、摩索拉斯陵墓和阿尔忒弥斯神庙，深为这些独特、壮观、宏大的人文景观惊奇不已，称之为“世界七大奇迹”。

（二）古欧洲旅游文化的形成

西方旅游文化的源头是古希腊、罗马。自公元前 7 世纪起，希腊开始成为地中海旅游活动中心。公元前 2 世纪，希腊亡于罗马。旅游活动中心由希腊转向罗马。古希腊、罗马旅游活动的兴盛为欧洲古代旅游文化的形成奠定了基础。

1. 城邦时代的古希腊：欧洲旅游文化的发轫

古希腊对欧洲旅游文化的形成主要有两大贡献：一是创造了较古埃及人、古西亚人更为丰富的旅游体验文化，二是开创了影响深远的新的旅游文化——奥林匹亚体育游。

城邦时代，古希腊人的旅游体验已较古埃及人、古西亚人大为丰富。数学家毕达哥拉斯（约公元前 580～前 500 年）生于商业城市萨摩斯，勤奋好学，曾在各地旅游 30 年，阿拉伯、叙利亚、腓尼基、迦勒底、印度和高卢到处都有他的足迹。广泛的游历换来了宝贵的旅游心得。其中一条是：到外邦旅行不要带着本国的成见，即要入乡随俗。这一心得流传至今，已成为告诫旅游者的金玉良言。柏拉图（公元前 427～前 347 年）在西方哲学史上的地位十分重要，据说他曾游历过埃及和小亚细亚，访问过意大利，拜访过毕达哥拉斯学派信徒。多年的游历使他对风俗习惯有了独到而深刻的认识：“它（风俗）替最残酷的暴行辩护，它君临万物，一手遮天。”古希腊史学家希罗多德（公元前 484～前 425 年）曾遍访埃及、西亚、希腊本土、黑海沿岸及意大利等地，探寻名胜古迹，考察民俗风情，搜集传说旧闻，著成《历史》一书。希罗多德对各地的风俗进行了比较，得出这样的结论：“风俗，天地之王，既主宰着众生，也引导着神灵。”

古希腊人酷爱运动，崇拜奥林匹斯山诸神，遂于公元前 776 年首创奥林匹亚运动会。奥林匹亚运动会不仅是一次体育盛会，也是一个最具魅力的旅游吸引物和超大集市与娱乐场所：数以万计的观光客蜂拥而来，为观光客服务的帐幕、摊位随处可见，成百上千的商人、卖艺者和魔术师为观众提供各种服务。一种新的旅游文化现象——奥林匹亚旅游文化由此形成。如此盛大的旅游文化现象延绵不绝长达千年之久，不能不令人叹为观止。

西方人的冒险天性在古希腊的旅游文化中已经有所显现。公元前 325 年，亚历山大时代的一位天文学家、航海家毕塞亚斯最早进入北极圈进行有目的的考察，测量了纬度和地磁偏差。

2. 兴盛时期的古罗马：欧洲旅游文化的形成

欧洲旅游文化是一体多元的文化，其源头除古希腊外，还有埃及、西亚等，将这些源头汇为一体的则是古罗马。

古罗马兴盛时期，上层社会已把游历和观光作为财富、地位和教养的象征，达官显贵常常乘着轿子到附近观光，或在夏季离开城市沿着宽阔的大道前往沿海地区游览。许多贵族喜欢乘坐豪华游艇，到江河湖海上领略湖光山色、旭日和风，享受曼妙歌舞、绝世盛宴。除游山玩水外，贵族还喜欢去有温泉的地方度假疗养，在那里体验洗浴、聚会、社交所带来的欢乐。同古埃及人一样，古罗马人也喜欢将自己的名字刻写在寺院或景观的碑石、廊柱上，一些富有者还远行到埃及金字塔去刻他们的名字。在上流社会的旅游文化中，帝王巡游文化独树一帜。皇帝盖尤斯（37～41 年在位，绰号小靴子）和尼禄（54～68 年在位）残暴怪异，游逸无度。为表现海上游玩的气派，盖尤斯建造了一个寻欢作乐的游船，船上有柱廊、客厅、浴室、花园、果树及宝石镶嵌的船尾。尼禄则自称是艺术家，经常以歌唱家、竖琴演奏家、演员及运动员的身份旅行到帝国各地为观众们演出、参赛。有“好皇帝”之称的奥古斯都和哈得良也是罗马帝王巡游文化的主要创造者。前者过着哲学家一般的简单生活，唯一嗜好是暂时抛开国事，驾驶游艇徜徉于坎帕尼亚的海岸，欣赏自然的风光。后者喜欢统治世界，也喜欢环游世界，据说他旅游巡视罗马帝国的时间（121～134 年）比他待在宫里的时间还要长。各地的生活、艺术、服装、信仰他都感兴趣，尤其对他所赞美的希腊文艺特别向往。古罗马哲学家普鲁塔克在评论当时的旅行风气时不无感慨地说：“这个世界的涉足者把他们一生中最宝贵的时间都花在旅馆和船上了。”

兴盛时期的古罗马人对未知世界和事物有着浓厚的兴趣，科学家和学者都善于游历和考察，这又使得西方旅游文化充满了科学和冒险精神。史学家波里比阿（公元前 201～前 120 年）为获得资料、文件和地理上的真实性，遍游了高卢、拜占庭、阿尔卑斯山及地中海其他地区，写出了 40 卷的《历史大全》，被称为“史学家中的史学家”；史学家普鲁塔克（46～120 年）生于中希腊的克罗地亚，早年游学雅典，后周游各地，游历了小亚细亚、埃及和意大利等地，博学多闻，写就历史人物传记多种，树立了史学传记的典范；旅行家、地理学家斯特拉波游历过欧亚非三洲的广大地区，强调用自然和科学的方法研究地理，写成了《地理学》等传世名著；老普林尼（23～79 年）的足迹遍及罗马帝国，宇宙、地理、人类、动物、植物、医药、矿物等无不研究，完成了百科全书式的科学名著《自然史》，引用他人的观点时也在书中标明出处。

在古罗马兴盛时期，个别文人旅游者特别偏爱自然之美。罗马著名的作家瓦罗（公元前 116～前 27 年）曾写道："你也许漫游过许多地方，但你是否看到过比意大利更美丽的地方？"诗人维吉尔（公元前 70～前 19 年）年轻时曾到意大利的克雷摩那、米兰和罗马求学，写出了《牧歌》和《田园诗集》，让浮躁和世俗的罗马体会到了田园般的意境。生活在 1 世纪的古罗马诗人郎吉努斯则宣称："出于一种自然的冲动，我们并不赞美那些清澈、有实用价值的小溪，而是赞美尼罗河、多瑙河，或者莱茵河，我们更赞美海洋。"[1]

古罗马兴盛时期的旅游服务文化与旅游体验文化交相辉映。叙拉古虽遭到威勒斯的劫掠，但其雄伟的建筑、精美的雕塑以及众多的名胜古迹仍旧吸引了大批游客，并催生出许多职业导游人员。这些职业导游人员凭借一技之长为游客提供向导和讲解服务，有的还因此发迹起来。亚历山大城不但是一个商业、经济、文化中心，同时也是当时的一个旅游中心。城内有许多旅馆、导游和翻译人员，为前来游览底比斯金字塔及帝王陵寝的旅游者服务。兴盛时期，古罗马的旅店有不同档次，以适合不同的消费需求。如客舍（Hospiteums）是一种层次较高的旅店，专供贵族行旅和富贾商贩居住；寓舍（Caupona）是一种大众化的客店，这里只提供铺位，不提供饮食，各种各样的行旅都可下榻过夜。罗马帝国还有一种专供酒菜的店铺，称为酒肆（Tabema）。酒肆外堆放着酒坛，屋檐下挂着成串的灌肠，墙壁涂成五颜六色，直到今天意大利人仍保持着这种传统。酒肆除提供酒水饭菜外，还开设赌局，留客宿娼。古罗马人开食店餐馆有陪吃的习惯，不过陪吃的是老板自己，边吃边与客人聊天，并指挥伙计服务。

古罗马的旅游文化以古希腊旅游文化为基础，兼容地中海周边的旅游文化，大体具备了贪图享乐、追求刺激、张扬个性、讲究科学、偏爱冒险等基本特征。兴盛时期的古罗马旅游文化是欧洲旅游文化的主要源头，上述特征的具备意味着欧洲旅游文化的形成。

（三）我国古代旅游文化的形成

我国是古代旅游活动的又一发源地。早期的旅游活动主要有帝王巡游、

---

[1] 张中载．西方古典文论选读［M］．北京：外语教学与研究出版社，2000：112.

文人观光游、学者考察游、民众节日游等。随着旅游活动的出现，我国古代的旅游文化开始形成。

1. 我国古代旅游体验文化的形成

我国古代的旅游体验行为早在原始社会末期即已出现。据《风俗通》记载，原始部落首领共工的儿子惰“好远游，舟车所至，足迹所达，靡不穷览”。夏以后，旅游体验行为自上而下逐步扩大。首先，统治者滥用权力，本为政治活动的帝王巡狩逐渐游乐化。商朝诸君常借巡狩之际竟日游猎；周穆王“西巡狩，乐而忘归”（《史记·秦本纪》），堪称古代巡狩旅游的大家。秦汉时期，秦始皇五次巡游，周览全国；汉武帝十三次东巡，游遍东南。其都是巡狩带游览，更为后世的帝王巡狩旅游树立了榜样。其次，先秦秦汉时期，使者、文人多借工作旅行之便沿途游览，旅游体验行为不断增多。早在三四千年前，已有使者借公出之便考察游览，史称“观光”；春秋时，孔子率弟子周游列国，且学且游，史称“游学”。其后，观光、游学、游乐行为有增无减。春秋时，吴国公子季札出访鲁国，聘问之余，赏周乐，观民俗，察时政，是观光行为，同时也是游览行为；庄子、惠施“游于濠梁之上”，争论“知鱼之乐”，是游学行为，更是游览行为；西汉史学家司马迁游历今江、浙、皖、湘、鄂等省，前后 18 年，是工作旅行，也是考察旅游。我国最早的节日基本上都是宗教性节日，西周以后也衍生出春游等许多世俗性的旅游行为。

旅游体验行为的出现标志着旅游体验心理的形成。先秦秦汉时期，旅游求知、旅游审美、旅游交往、旅游情感等体验心理不时见诸记载。“不登高山，不知天之高也；不临深溪，不知地之厚也。”天地间奥秘无穷，通过旅游登临可以知天高地厚。这是《荀子》一书对旅游求知体验的总结。“驰骋田猎，令人心发狂。”骑乘射猎，人喊马嘶，猎物惊散四方、纷纷倒下，射手如痴如醉、兴奋欲狂。这是《老子》一书对统治者游猎体验而且是高峰体验的描述。“山林欤，皋壤欤，使我欣欣然而乐欤!”（《庄子·知北游》）山林啊，岸边啊，让我心情愉快。这是庄子眼中的低层次的旅游审美感受。“登东山而小鲁，登泰山而小天下”（《史记·殷本纪》）。登上东山，顿觉鲁国太小；登上泰山，顿觉天下不大。这是孔子的旅游体验，已经达到最高层次了。“历九州而观风，亦哲人之所娱。”游览全国，观风问俗，这也是智者的一大快事。这是东汉史学家班彪的旅游体验。“感生平之游处，若埙篪之相须。何今日之两绝，若胡越之异区。”（祢衡《鹦鹉赋》）生平交游，形影不离；今日分别，天各一方。感慨何可胜之！这是东汉祢衡的旅游交往体验。

我国古代旅游体验文化的形成不仅表现为当时的旅游体验异彩纷呈，还表现为时人对旅游体验讨论的热烈。当时虽然没有“旅游体验”这一概念，但所讨论的“游至”、“游道”确属“旅游体验”范畴。“游至”即游的最高境界；“游道”即游的基本方法。其核心内涵相当于我们今天讲的旅游体验的最高境界和基本方法。据《列子·仲尼篇》记载，列子和他的老师壶丘子讨论游览，列子说：“人之游也，观其所见；我之游也，观其所变。游乎游乎，未有能辨其游者。”其自以为颇得旅游之道并达到了最高境界。壶丘子不以为然：“凡所见亦恒见其变，玩彼物之无故，不知我亦无故。务外游不知务内观。外游者求备于物，内观者取足于身。取足于身，游之至也。求备于物，游之不至也。”按照壶丘子的观点，“观其所变”虽然比“观其所见”的境界略高，但同属“求备于物”（追求客体刺激），其方法同属“外游”，均不是最佳的，最佳的是“取足于身”（追求主体领悟）的境界和“内观”的方法。据《庄子》记载，孔子和老子也曾探讨过“游至”、“游道”问题。

2. 我国古代旅游介入文化的形成

这一时期，我国的旅游介入文化也开始形成。

由于休闲性旅游在一部分人尤其是上层统治者那里开始泛滥，造成统治阶级恣意游乐，妨碍了江山的巩固和社会的稳定，于是社会机体开始滋衍出一种限制旅游的观念。《尚书·皋陶谟》中舜将丹朱的“漫游”作为反面教材警示君臣。《王子之歌》篇认为，夏王太康失国完全是由于盘游无度、十旬不返的缘故。《无逸》篇进而提出了针对休闲性旅游的告诫：“无淫于观、于逸、于游、于田。”《尚书·大禹谟》中，禹的大臣益把限制游乐与加强法制、任贤去邪等主张并提，提出了“罔失法度，罔游于逸，罔淫于乐”的主张。

春秋战国时期，中国社会的旅游观念有了新的发展，孔子提出了“仁者乐山，智者乐水”和“父母在，不远游，游必有方”的旅游思想。其认为山水有仁智之德，仁人智士游山玩水，乐在得仁得智；旅游时只要用心体察山水，就会获得仁智之乐。父母健在，做子女的不应远游，以防父母有事，子女来不及照料，未尽孝道；旅游要有确切目标和具体计划，随时报知父母，以免父母担心。庄子则提出“游于道”的旅游思想，认为世俗之人的山林游、岸边游固然能获得一时之乐，但乐尽悲来，不是最好的旅游；最好的旅游应像至人、真人那样，把游与道结合起来，通过以道导游、以游体道，获得至真之乐，达到“与道合一”的绝对自由的目的。秦汉时期，人们对旅游的认识更为全面。在旅游的表述方面，出现了旅游的专用词汇——游观；在旅游效应的认识方面，明确提出了旅游不但可以观风察政、修身养性、格物致知，还可以“澡溉胸中，洒练五脏”，“分决狐疑，发皇耳目”（枚乘《七发》），即排忧解难、清心醒目。《汉书·五行志》有“去贵近逸游不正之臣”之语，仍把过度旅游当做制约的对象，但对旅游的批评已不像先秦那样高调了。

随着旅游的发展，中国出现了与旅游相关的旅行食宿服务和规范。先秦秦汉时期的旅行食宿服务有两大系统：一是官办的宾馆亭驿，二是民办的逆旅食店。宾馆亭驿接待国内外公务旅行者，不对私务旅行者开放，旅游文化的色彩并不浓厚。逆旅食店主要接待私务旅行者，含有较多旅游文化成分。逆旅食店规模小，设施简陋，分工明确——逆旅提供住宿，食店提供酒食。为了吸引顾客，逆旅食店经营者十分注重职业道德和服务技术。据《韩非子·外储说右上》记载，宋国有家酒店幌子高悬，酿造精美，计量公平，待客谨慎。可见这家酒店的服务也称得上是优秀了。又据《后汉书·周防传》记载：周防之父扬，“少孤微，尝修逆旅以供过客而不受其报”。可见这家逆旅连宿费都免了。虽然逆旅食店的服务对象主要也不是旅游者，但其“宾至如归”的服务理念后来成为中国旅游服务的灵魂，一直影响到今天。

中国古代旅游介入文化的形成还表现在旅游景观的设计上。古代景观设计由来已久且内容广泛，但服务于旅游的景观设计出现得较晚，且集中表现为园林设计。一般认为，中国造园之事始于西周。最初的园林称“囿”，是为帝王、贵族们举行游猎和祭祀活动而设计的。囿内草木繁盛，鸟兽众多，池塘高台错落其间。春秋战国时期，园林设计增添了成组的风景，有山水亭台、禽兽草木，自然山水越来越人工化，园林的组成要素大体具备。到了秦汉时期，园林设计进一步发展，出现了以官室建筑为主的宫苑。最有代表性的是皇家宫苑，如上林苑、建章宫等，不但规模大，而且其中景物无奇不有，园林设计开始模式化。

中国先秦秦汉时期的旅游文化是以修身养性、以人为本、稳健内敛为主流的政治—伦理型文化。此一时期的旅游文化为中国古代旅游文化提供了现成的范式。至此，中国古代旅游文化基本形成。

二、西衰东盛：古代旅游文化的发展（3～14 世纪初）

3～14 世纪，欧洲旅游文化停滞不前，中国旅游文化一枝独秀，东方成了世界旅游文化的中心。

（一）3～14 世纪初的外国旅游文化

1. 古代欧洲旅游文化的衰微

公元 192 年，罗马安顿尼王朝灭亡，罗马帝国陷入最混乱时期。395 年，罗马帝国分裂为东西两部，更加衰弱。476 年，西罗马帝国灭亡，欧洲进入了黑暗的中世纪。随着罗马帝国的衰落，西方严格意义的旅游在 3～12 世纪不绝如缕，这一时期的旅游文化也一蹶不振。

从 12 世纪开始，欧洲工商业城市普遍兴起，欧洲的旅游活动再度活跃，古代欧洲的旅游文化出现复兴的迹象。1160～1173 年，西班牙犹太旅行家本杰明为了考察欧亚各地犹太人的经济社会情况，遍游地中海沿岸历史文化名城，并用希伯来文将漫游欧洲及近东的情形翔实地记录了下来。他的游记被翻译成几种欧洲语言，在旅游文化史上占有重要地位。13 世纪，欧洲还出现了一位划时代的大旅行家——马可·波罗。1271 年，未满 18 岁的马可·波罗怀着好奇与憧憬，随叔、父离开威尼斯，经两河流域、伊朗，越帕米尔高原，抵达中国上都。他在华居留了 17 年，足迹遍及长城内外、大江南北，还到过缅甸、越南、爪哇和苏门答腊，考察民俗风情和物产资源。回国后，其口述东方见闻，由他人笔录，完成《马可·波罗游记》一书。尽管马可·波罗的东方之旅及其游记并非纯粹的旅游文化，其在欧洲旅游文化的复兴史上仍具有标志性的意义。

古代欧洲旅游文化出现复兴的另一个迹象是旅游服务文化的恢复。到 11 世纪后，英国的早期旅馆在伦敦出现，并向乡下发展。欧洲大陆有的公路每隔 10 英里或 15 英里便有一家旅馆。规模大的可以有几十间客房，分上房和下房，分别供主人和仆人住宿；规模小的旅馆，客房比较拥挤，有时一张单人床上要挤两位客人，有时只好让客人睡在地板的凉席上。旅馆一般设有酒馆，自酿酒水售予客人。小客栈也有所恢复，1282 年佛罗伦萨还成立了最初的小客栈老板行会。当时的小客栈只向客人提供基本的生活必需品，接待服务水平低下，也不在乎商业信誉，经常在价格上欺骗旅行者，甚至勾结匪盗劫掠旅客。这种情况一直到中世纪后期才有所好转。

2. 古代阿拉伯旅游文化的兴起

在欧洲古代旅游文化走向衰落的时候，公元 7 世纪，阿拉伯帝国开始崛起。到 8 世纪，其疆域横跨亚、非、欧三洲，处于顶峰时期。10 世纪后，阿拉伯帝国一分为三，但其文化依旧繁荣。繁荣的阿拉伯文化吸引了大批学者云集圣地麦加，游学极为盛行。阿拉伯帝国遂成为外国的旅游活动中心。

阿拉伯帝国以伊斯兰教为国教，鼓励考察探险旅游。穆罕默德曾教导信徒："学问虽远在中国亦当求之。"受此鼓励，阿拉伯产生了多位世界级的旅行家。9～14世纪初，阿拉伯著名的旅行家有苏莱曼、马苏第和伊本·白图泰。苏莱曼曾到中国、印度等地经商兼旅游，851年由无名氏记述其东游见闻，写成《苏莱曼游记》一书。马苏第曾游历埃及、巴勒斯坦、印度、中国等地，著有《黄金草原》一书。伊本·白图泰一生中3次离家远游，历时8年，行程12万公里，足迹遍及印度、中国、西班牙、钦察汉国、东非、马尔代夫和苏门答腊，是阿拉伯旅行家中旅游者角色扮演得最充分的一位；其所著《伊本·白图泰游记》一书，内容涉及所游地区的政治、经济、文化、历史、地理、风土人情、生活习俗等方面，堪称阿拉伯旅游文化的经典之作。

（二）古代中国旅游文化的繁盛

中国历史上的中古时期，从魏晋迄于宋元，相当于罗马帝国晚期和欧洲中世纪前期。这一时期，中国封建社会由发展而趋于成熟，中国的旅游也有了长足的进步。士人漫游成为旅游活动的主流，宗教旅游也开展得有声有色。随着封建社会的成熟和古代旅游的进步，中古时期的中国旅游文化又迈上一个新的台阶。

1. 旅游观念的丰富

中古时期，中国人对旅游的认识超越了先秦秦汉时的视野，形成了多样的旅游观念，不同旅游方式观和旅游价值观各行其道。

旅游方式观是对于旅游方式的看法。中古时期，中国人的旅游方式观主要有近游观、远游观、纵游观、节游观等。

惧远游、习近游的心理早在上古时期就存在了，在《诗经》中已有反映。只是作为一种旅游观，上古时期对之讨论得不多。中古时期，生产力水平提高了，交通条件改善了，关于近游的探讨明显多了起来。唐太宗在《帝京篇》小序中明言自已特别欣赏近游，还理直气壮地反问："沟洫可悦，何必江海之滨？麟阁可玩，何必两陵之间乎？忠良可接，何必海上神仙乎？丰镐可游，何必瑶池之上乎？"有先君垂范作则，李唐一代，除高宗、玄宗、武则天的几次封禅活动外，后继者几乎没有一个放情远游的。

有提倡近游的，就有提倡远游的。上古时期，远游观已很发达。庄子主张游于"八荒之外"、"广漠之野"，真是越远越好。受此影响，中古时期，远游观同近游观一样并行不悖。晋朝陆机认为："远游越山川，山川修且广"，"清辉坠素辉，明月一何朗"，远游的感觉简直好极了；南朝陶潜有诗："少时壮且厉，抚剑独远游”，可谓豪气冲天；唐朝李白自称“五岳寻仙不觉远，一生好入名山游”，可见其喜欢远游已经达到了痴迷的程度；宋朝陆游说：“衣上征尘杂酒痕，远游无处不消魂”，可见远游是辛苦的，也是令人销魂的。由于远游观的流行，中古时期，我国的士人大多喜欢远游。所谓士人漫游，在很大程度上也是士人远游。

纵游也叫肆游、恣游，既无所顾忌、纵情恣意的旅游。纵游在先秦秦汉时期即已存在，东汉时还出现了“昼短苦夜长，何不秉烛游”的纵游观念。中国中古时期，纵游观念大为盛行。晋时，“竹林七贤”之一刘伶公开主张：“幕天席地，纵意所如”，即以天为帐，以地为床，想游哪儿就游哪儿。“负杖肆游从，淹留忘宵晨”（《陶渊明诗集·周幽王》），这是陶渊明的诗句，意思是负杖肆游，昼夜都可以忘掉，更别说烦恼了。“清风生虚空，明月见谈笑。怡然青莲宫，永愿恣游眺”（李白《与元丹丘方城寺谈玄作》），这是李白（一作孟浩然）的自述，意思是恣游带来了清风明月，当然愿意终身恣游了。唐宋时期，恣游已成为十分流行的观念和行为。

纵游属于过度旅游，过度旅游容易玩物丧志、不务正业，这自然会招致一些人的反对，于是出现了节制旅游的观念——节游观。节游观早在上古时期即已出现，《尚书》就有“无淫于观、于逸、于游、于田”的告诫。中古时期，旅游有了很大的发展，其消极作用也日益显现。于是，传统的节游观在中古时期仍有很大的市场。南朝时，“俗议云：欢足本在华堂，枕岩漱流者乏于大志，故保其枯槁”（谢灵运《游名山志序》），其中节制旅游的意图至为明显，既是“俗议云”，来势自然不小。唐朝初年，群臣总结了隋朝覆亡的教训，其中一条就是隋炀帝游佚无度即旅游过度，由此要求统治者引以为戒。李世民采纳了群臣的建议，斥远游，拒淫游，节游观念得到了政府的支持，成为社会主流观念之一。

旅游价值观是对旅游功能的认识。旅游价值是多样的，如使人愉悦、开阔视野、提升道德、获得自由等，这在中国上古时期就有了清醒的认识，只是讨论得并不充分。至于这些价值的实现要靠哪些手段，则鲜见专门的探讨。中国中古时期，旅游的价值获得了充分的肯定，对于如何最大限度地实现旅游价值也有了深入的认识。

旅游都有哪些价值？时人普遍强调旅游之乐。东晋书法、旅游大家王羲之在《兰亭集序》中说：“天朗气清，惠风和畅。仰观宇宙之大，俯察品类之盛，所以游目骋怀，足以极视听之娱，信可乐也。”其意略为：风和日丽，游目骋怀，实在可乐。南朝旅游、绘画大家宗炳在《画山水序》中说："夫圣人以神法道，而贤者通；山水以形媚道，而仁者乐。"其意略为：山水以形媚道，圣人法道，贤者体道，仁者智者俱得其乐。白居易在《春游》中说："逢春不游乐，但恐是痴人。"其意略为：春游之乐大矣！不春游只怕要变成毫无乐趣的呆子了。欧阳修在《醉翁亭》中写道："朝而往，暮而归，四时之景不同，而乐亦无穷也。"其意略为：山水明晦不同，四时各异，朝往暮归，其乐无穷。

值得注意的是，中古时期所说的旅游之乐与今日所说的旅游之乐——心情愉悦有所不同，它实际上把众多的旅游价值都包含其中了：既有感官享受的视听之娱，又有道德教化的仁智之乐；既有广见博闻的益智之效，又有消除烦恼的解忧之用；既有扩大交友的交往之功，又有悦神悦志的审美之妙。如此众多的旅游价值统归一"乐"，一方面说明中古时期的中国旅游文化已由树木变成森林，另一方面也使这一时期的旅游文化增加了更多情感色彩。

如何最大限度地获得旅游之乐，这也是时人津津乐道的话题。宗炳提了出"澄怀味象"的方法，对后世影响极大。宗炳在《画山水序》中说："圣人含道暎物，贤者澄怀味象。至于山水，质有而灵趣，是以轩辕、尧、孔、广成、大隗、许由、孤竹之流，必有崆峒、具茨、藐姑、箕、首、大蒙之游焉。"其意略为：圣人本身有道，辉映万物而显道；贤者虚静其怀，品味物象而得道。山水有质有灵，内含大道，所以轩辕等贤哲一定要游览崆峒等名山。在宗炳看来，游览的根本目的就是得道，得道即可进入"畅神"亦即悦神悦志的最高审美境界。欲得道，必像贤者那样"澄怀味象"。中国古典美学中，一个颇具特色、内蕴丰厚的范畴就是审美静观，它体现了"象"与"意"的融合、"静"与"观"的统一、"主"与"客"的互动。宗炳的"澄怀味象"理论凝练而形象地概括出审美静观的上述特征，触及了审美心理的一般规律，为后世旅游审美开启了一条经典之路。

2. 旅游体验的扩大与升华

中古时期，中国人的旅游体验无论是在广度上还是在高度上都大大超越了先秦秦汉时期。

就旅游体验的广度而言，这一时期的旅游体验继续由社会领域向自然领域延伸，自然体验成为旅游体验的主流。

上古时期，继社会文化之后，大自然开始进入旅游体验的范围。魏晋南北朝时期，玄、道、佛思潮甚嚣尘上，社会政治动荡不安，大自然遂成为心灵慰藉的天堂，世界旅游文化史上首次出现了普遍性的自然旅游体验现象。

如文人阮籍“登临山水，竟日忘返”；嵇康“游山泽，会其得意，忽焉忘返”；王羲之“与东土人士尽山水之游，弋钓为娱”；羊祜“乐山水，每风景，必造岘山，置酒言咏，终日不倦”；孙绰“居于会稽，游放山水，十有余年”（《晋书》本传）；宗炳“好山水，爱远游”；谢灵运常与“族弟惠连、东海何长渝、颍川荀雍、泰山羊璿之，以文章赏会，共为山泽之游”（《宋书》本传）；陶渊明“少无适俗韵，性本爱丘山”（《归园田居》）；僧人于法兰“性好山泉，多处岩壑”；于道邃“性好山泽，在东多游履名山”（《高僧传》卷二十二）；道士陶弘景“性爱山水，每经涧谷，必坐卧其间，吟咏盘桓，不能已已”（《南史·陶弘景传》）等。从中可见，其都把自然作为了超脱尘俗的人生归宿与逍遥自怡的精神家园。

唐宋元时期，经济发达，文化繁荣，宗教隆盛，文人学士游览名山大川、体验自然的现象更加普遍。王维的“肇自然之性，成造化之功”、李白的“一生好入名山游”、杜甫的“我生性放诞，雅欲逃自然”（《寄题江外草堂》）、白居易的“及为山水游，弥得纵疏顽”（《游悟真寺诗》）、韩愈的“当流赤足踏涧石，水声激激风吹衣”（《山石》）、范宽的“师诸造化”（汤垕《古今画鉴》）、欧阳修的“醉翁之意不在酒，在乎山水之间”（《醉翁亭记》）、苏轼的“惟江上之清风，与山间之明月，耳得之而为声，目遇之而成色，取之无禁，用之不竭”（《赤壁赋》）、王安石的“一水护田将绿绕，两山排闼送青来”（《书湖阴先生壁》）、陆游的“天下多名山，何处无芒屩”（《二爱》）等皆是明证。他们寄情山水，触景生情，著之于文字，再现于书画，将自然旅游体验文化推上了历史高峰，在整个社会文化中产生了巨大影响。

就旅游体验的高度而言，这一时期的旅游体验趋于艺术化、哲理化，无论是行为还是成果都变得前所未有的成熟。

首先，时人注重风度，讲究技法，创造了游谈、游咏、游啸等多种颇具艺术色彩的旅游行为方式，对自然的旅游审美感受也上升到艺术层面，旅游体验趋于艺术化。

游谈是魏晋贵族子弟在游山玩水中彰显风度、展示才华、交流心得的一种生活方式。魏晋时期，贵族子弟经常三五成群，一边旅游，一边清谈。据《世说新语·言语》记载：晋时“诸名士共至洛水戏”，裴頠“谈名理，混混有雅致”；张华“论《史》、《汉》，靡靡可听”；王衍“说延陵、子房，亦超超悬箸”；王济与孙楚“各言其土地人物之美”，分别以“其地坦而平，其水淡而清，其人廉而贞”和“其山崔巍以嵯峨，其水浃渫而扬波，其人磊砢而英多”相对，各不相让。魏晋式的游谈虽成绝响，但其遗孓至今犹存。

游咏即旅游过程中吟诗作赋，抒发情感。游咏发端于先秦时期，盛行于魏晋以后。晋穆帝永和九年（353 年）农历三月初三，“初渡浙江有终焉之志”的王羲之在会稽山阴的兰亭（今绍兴城外的兰渚山下）邀司徒谢安、辞赋家孙绰、矜豪傲物的谢万、高僧支道林和自己的子侄献之、凝之、涣之、玄之等 42 人举行风雅集会。这些名流高士一边观赏风景，一边饮酒赋诗，有 11 人各成诗两首、15 人各成诗一首、16 人因作不出诗各罚酒三杯。作为一种高雅的旅游体验行为，游咏在中国已成为一种经久不衰的传统。

游啸即旅游过程中昂首长啸，宣泄情绪。魏晋贵族崇信自然，不拘礼数，旅游途中，性之所至则啸鸣不已。阮籍在游苏门山时，“嘤然长啸，韵响嘹亮”，结果引起了苏门真人的回应，“先生喟然高啸，有如凤音”。隐士陶潜也曾“登东皋以舒啸”。晋人成公绥曾作啸赋，详尽铺陈和描写了当时贵族们游啸的情况：“发妙声于丹唇，激哀音于皓齿”，“喟仰抃而抗首，嘈长引而嘹亮”，“舒蓄思之悱愤，奋久结之缠绵，心涤荡而无累，志离俗而飘然”（《晋书·文苑列传》）。唐宋以后，游啸几成绝响，但余音不绝。

旅游体验的艺术化还表现在对自然的旅游审美感受已上升到艺术层面。“膏腴贵游，咸以文学相尚”（《南史·王承传》）。在山水游审美精神的驱动下，在山水游实践活动的触发下，魏晋文人以热爱自然之心观照自然，从游赏山水走向摹写山水，借游览山水伸一己之志，借摹写山水述一世情怀。不有佳作，何伸雅怀？这是魏晋文人的共识。于是，由游而文，以文纪游；由游而画，以画卧游。从此，中国文学史上产生了山水诗，中国绘画史上诞生了山水画。唐宋元时期，山水诗、山水画进入全面发展阶段，诗有田园、边塞诸家，画有南北诸派，名家辈出，名作不可枚数。山水诗、山水画的出现与发展表明了风景审美已由经验层面上升到艺术层面，自然旅游体验开始了新的纪元。山水藉翰墨以显，翰墨亦凭山水以传，由“游”而“文”而“画”，以“文”以“画”写“游”，三者达成完美的结合，在自然与人文的生命共构中传达出主体独特的审美感受与情怀。

其次，这一时期的旅游体验呈现出明显的哲理化趋向。

古代旅游体验主体主要是文人。文人受过良好的教育，好学深思，加之前一阶段旅游文化的积累，魏晋时期的旅游体验明显出现哲理化的倾向。王羲之游览兰亭，由旅游之乐想到人生悲欢，提出“一死生为虚诞，齐彭殇为妄作。后之视今，亦犹今之视昔”（《兰亭集序》），隽永洗练，发人深省；鲍照游览长江，震惊长江的壮阔之余，思绪万千："创古迄今，舳舻相接。思尽波涛，悲满潭壑，烟归八表，终为野尘。而是注集，修灵浩荡，知其何故哉"（《登大雷岸与妹书》），"人事有尽、自然无穷"的哲理跃然纸上。隋唐时期，触景生情、由情入理的魏晋旅游体验传统得以传承，从骆宾王的"古今代谢，方深川上之悲；少长同游，且尽山阴之乐"（《圣泉诗序》），到李白的"夫天地者，万物之逆旅也，光阴者，百代之过客也"（《春夜宴诸从弟桃李园序》）；从杜甫的"会当凌绝顶，一览众山小"（《望岳》），到李商隐的"夕阳无限好，只是近黄昏"（《乐游原》），走的都是这一路数，只是更为自然、更为深沉了。

宋元时代，中国旅游体验进一步哲理化。王安石游褒禅山，探险未尽，大发感慨："夫夷以近，则游者众；险以远，则至者少；而世之奇伟瑰怪非常之观，常在于险远而人之所罕至焉，故非有志者不能至也。"（《游褒禅山记》）其由旅游联系到立志，引人思考。他的旅游诗句"不畏浮云遮望眼，只缘身在最高层"，寓意深刻，早已成为哲理名言。苏轼夜游赤壁的体验更是旅游体验哲理化的典范。中秋之夜，苏轼与友人泛舟赤壁之下，风清月白，烟波浩渺，飘飘然有羽化登仙之感。一想到曹操显赫一时，大江依旧东流，其不由发出了人生有尽、长江无穷的感叹。由旅游之乐到"人事有尽、自然无穷"，这本是前人旅游体验哲理化已达到的最高程度，但苏轼的旅游体验并未止于此："盖将自其变者而观之，而天地曾不能一瞬；自其不变者而观之，则物于我皆无尽也"（《赤壁赋》），其将关于"有尽"和"无穷"思考进一步提升到了辩证的高度。两宋时期，理学昌盛，理学家朱熹、程颢、陆九渊等高唱德性、心性，强调旅游的修身功能，旅游体验每每与道德性命相联系，这也使得两宋旅游体验的哲理化达到了前所未有的高度。

3. *旅游服务文化的发展*

如前所述，中国古代旅游者下榻的旅店主要分为两种：其一是官方开办的宾馆、驿站，其二是私人开办的逆旅、食店。上古时期，宾馆、驿站接待政府官员及外宾，只有逆旅、食店接待因私旅行者，分别提供住宿和饮食服务。从魏晋开始，此风大变，不但逆旅食店兼营食宿服务，馆驿也开始向私务旅行者开放，旅游服务文化的色彩日益浓厚。

魏晋南北朝的逆旅也称"店"或"旅馆"，食店也称"肆"或"酒家"。据《世说新语·假谲》记载："晋明帝……阴察军形势，未至十余里，有一客姥居店买食。"客姥即旅店老板娘，她"居店买食"，说明晋代旅店已开始向旅客提供饮食服务。这一时期，食店也开始提供住宿服务。据《太平御览》

卷八二八记载，晋朝有“坐庐使者皆不得宿肆上”的规定，可见当时的酒肆不但提供酒食，也提供住宿，而且服务质量很高，连使者也弃馆驿而住酒肆了。到了唐代，旅行食住服务更加一体化，逆旅食店既提供住宿服务又提供饮食服务的现象更加普遍。魏晋隋唐的逆旅食店服务周到，“冬有温庐，夏有凉荫，刍秣成行，器用取给”，“客舍洒扫以待，征旅择家而息”（《晋书·潘岳传》），极大地便利了旅客，也深受旅客的欢迎，“远近行旅多归之”。一些西域女子开办的酒店更以独特的异域风情吸引了顾客的频繁光顾。李白曾经以这样的诗句描绘长安中胡人酒家的魅力：“胡姬貌如花，当垆笑春风”，“落花踏尽游何处？笑入胡姬酒肆中”。

宋元的逆旅食店更为发达。宋时，上至贵族，下至平民，竞相经营旅馆食店，连寺院的僧侣也“多建接庵，以供往来淄徒投宿”（《异坚乙志》）。至元代，私营旅馆酒店遍布城乡，“饭店”一词正式登上历史舞台。有些寺庙拥有数以百计的旅店酒馆，接待旅客，牟取利润。与此相应，宋元逆旅食店的服务也很到位。为了招徕顾客，逆旅酒店或装饰彩门，或张挂名画，或运用歌舞，甚至利用妓女“勾引观者，留连食客”。往往一有客来，即派人迎接。旅客进店后，马上有热茶、汤水供应。逗留期间，服务人员还主动邀请客人游览附近的名胜。有客人病倒在旅店里，服务人员也会悉心照料。（《坚异补志》）如果投宿寺庙旅店，游客还能享受到洗浴服务。苏东坡曾作《宿会海寺》，记述其投宿会海寺、享受洗浴服务的感受：“高堂延客夜不扃，本来污垢洗更轻”，可见真是舒服极了。

这一时期，官方开办的宾馆驿站依然存在。与此前不同的是，从魏晋开始，官办馆驿除接待公务旅行者外，也接待私务旅行者。《晋书·苻坚载记》记载，苻坚统治时期，“二十里一亭，四十里一驿，旅行者取给于途，工商贸贩于道”，这说明旅行者和工商也可以食宿于官办的馆驿之中了。另据唐人小说《集异论》记载：“安阳城南五里有一亭，过客辄死。有一士人不信，宿其中”，这说明了唐朝馆驿也对非公务旅行者开放。唐朝馆驿有的十分豪华，形式很壮观。当时曾有人撰文描述唐兴县的客馆说：“崇高广大，逾越传舍……回廊南注，又为复廊”（《唐兴县客馆记》）。盛唐著名诗人高适则以“丰屋美食”来形容他曾住过的陈留上源驿。

与唐代相似，宋元的馆驿也分为国家和地方两级。国家级的迎宾馆负责招待来自四邻的国家使节。地方一级的政府招待所则对公私旅行者开放。宋元的馆驿内部设备应有尽有，简直使旅客乐而忘返。宋朝大文学家苏东坡的

《凤鸣驿记》就是这样描绘凤鸣驿的："视客所居与其凡所资用，如官府，如庙观，如数世富人之宅，四方之至者如归其家，皆乐而忘去。"马可·波罗在自己的《游记》中，以十分钦羡的笔调写道："从汗八里城，有通往各省四通八达的道路。每条路上，也就是说每一条大路上，按照市镇坐落的位置，每隔 40 或 50 公里之间，都设有驿站，筑有旅馆，接待过往商旅住宿。这些就叫做驿站或邮传所。这些建筑物宏伟壮丽，有陈设华丽的房间，挂着绸缎的窗帘和门帘，供给达官贵人使用。即使王侯在这样的馆驿下榻，也不会有失体面。"

魏晋宋元时期的旅游服务文化，其主流仍不是旅游服务文化，因为这一时期的旅游服务对象主要还不是旅游者；但其旅游服务文化的成分明显比上古时期多得多，本目关于旅游服务的材料多出自旅游者自述即是明证。"饭店"、"旅馆"概念的出现及旅行食宿服务的一体化也开启了近现代食宿服务文化的先声。唯其如此，这一时期的旅游服务文化在中国古代旅游文化史上占有极其重要的地位。

4. 古典旅游景观设计的成熟

魏晋南北朝时期是中国园林发展中的转折点。这一时期，佛教及老庄哲学流行，山水审美上升到艺术高度。受此影响，园林设计转向"范山模水"，私家园林逐渐增加。"永嘉之变"以后，北方内乱外患，西晋余孽在江南建立了东晋王朝。当时，文人士大夫和皇室到了江南，发现这里的自然山水美不胜收，于是就以人工加设，表现自然，形成了以山水为主题的园林形态。谢玄的始宁墅就是典型的代表。隋唐时期，园林设计开始由纯粹模仿自然向讲究园林艺术转变。在山水、田园文学及山水画的推动下，隋唐园林设计尤重诗情画意，形成了文人写意的山水园林特色。当时，既有自然山水园（如王维的辋川别业），也有城市园林（如李德裕的平泉别墅）。晚唐至南宋，造园之风大盛，园林设计注重神韵。北宋的园林大小无数，南宋的园林"神理兼备"。到了元代，园林设计更以追求"神韵"相尚。

三、新旧交替：古代旅游文化的终结（14 世纪初～18 世纪中叶）

14 世纪初～18 世纪中叶，西方旅游文化迎头赶上，中国旅游文化也达到古代旅游文化史最高峰。世界旅游文化进入新旧交替的历史阶段。

（一）14 世纪初～18 世纪中叶的西方旅游文化

从 14 世纪开始，随着工商资本主义的兴起，欧洲以意大利为中心掀起了一场名为恢复古典文化而实为解放思想的文艺复兴运动，要求以人而不是以神为中心看待事物。文艺复兴运动正进行得如火如荼，欧洲殖民主义者的船队便从大西洋西岸陆续出发了，他们绕过好望角，穿越大西洋，进入太平洋和印度洋，攻城略地，抢夺财宝，开辟了所谓航海大探险或地理大发现时代。与此同时，欧洲古代旅游也由恢复阶段进入鼎盛阶段，温泉旅游、海滨旅游方兴未艾，求知旅游、探险旅游生机勃勃。文艺复兴、航海探险及旅游的发展对欧洲的旅游文化产生了深远的影响，欧洲的旅游文化从此进入新旧交替时期。

1. 新旧交替的旅游体验文化

欧洲传统的“温泉旅游”体验此时有了新的发展。16 世纪中叶，英国一位名叫威廉·特纳的医生出版了一本描述天然温泉能有效治疗各种体痛病症的著作，该书一出版即在西欧引起轰动，已有的温泉顷刻间名闻全国，新开辟的温泉也不断问世。18 世纪，矿泉疗养地加快了发展，温泉旅游在欧洲上流社会广为流行。当时欧洲有不少温泉旅游度假胜地，它们被称为内陆的“海滨浴场”。《欧洲风化史》的作者爱德华·博克斯写道：“在文艺复兴时代，洗澡几乎是唯一可能成为娱乐极致的一种娱乐，于是疗养地顺理成章地成了当时社交生活的中心。”温泉旅游把大量一心休息、游手好闲的人在相当长的一段时间里聚集在一起，温泉疗养地也逐渐成了时髦的、奢靡的幽会地点，一直延续到当代。

到美丽的海滨旅游也是西欧中世纪后期颇为流行的一种旅游体验方式。按照那不勒斯的风俗，每年到了热天，绅士淑女常集合起来一起去海滨野餐。除了野餐，还有海面上的消遣活动。《十日谈》中，第二天的故事曾描述比萨城的法官理查就带着太太到海边“去避暑几天”，“为了给太太解闷，他带着大家到海面去打鱼。他自己和几个渔夫坐在一只船上，他的太太和女伴们坐在另一只船上，跟在后面观看，大家玩得十分高兴”。

除传统的温泉、海滨等旅游娱乐体验外，欧洲的旅游审美体验也开始崭露头角，旅游求知体验、旅游探险体验更是高潮迭起。

文艺复兴之父彼特拉克（1304～1374 年，或译为佩脱拉克）不仅是有名的地理学家、诗人，也是一个旅游审美的提倡者和实践者。他早年遍游意大利，后来又到巴黎、科隆等地旅游。在罗马旅游时，其深为古罗马文明所倾倒，发出了“全部历史除了赞美罗马以外还有什么”的惊叹；其对大自然更是赞美不已：“人们到外边，欣赏高山、大海、汹涌的河流和广阔的重洋，以及日月星辰的运行，这时他们会忘掉自己。”文艺复兴的研究权威雅各布·布克哈特评论说：“在他致友人的书中关于他曾流连忘返的罗马、那不勒斯和意大利其他城市的描写，则是美丽如画和与主题相称的。佩脱拉克也能欣赏山色的美丽，而且完全能够把画境和大自然的实用价值区分开来。”（雅各布·布克哈特，1979）可以说，彼特拉克是文艺复兴以来欧洲旅游审美第一人。

随着文艺复兴运动的深入，欧洲专注于旅游审美的旅游者越来越多，产生了教皇庇护二世、文人蒙田、爱迪生等一批高素质的旅游审美者。庇护二世（1405～1464 年）在成为教皇之前就领略了意大利雄伟壮丽的风景，并成为“第一个热情地对它描写入微的人”。做了教皇以后，其依然游兴不减，“爱好主要是在领略自然之美、访求古迹和欣赏朴素而宏伟的建筑上”。蒙田（1533～1592 年）曾遍游西欧，赞美法国的自由与美好，赞叹罗马的文明与伟大，他的旅游文学充满了哲理和诗情。爱迪生（1672～1719 年）毕业于牛津大学，年轻时即游历了欧洲各国，审美观念深受理性主义影响。他认为：“尽管有些野外景色比人为的景物更能引起欣赏，我们仍然觉得，大自然的作品越是肖似艺术作品就越能使人愉悦。”[1] 14～17 世纪的旅游审美体验在当时虽然还不是主流，但它开启了 18 世纪中叶欧洲群体性自然旅游体验的先河。

这一时期旅游体验的主流当属求知体验。

文艺复兴的主旨是艺术和科学的创新。如何创新？文艺复兴的倡导者告诉我们：回归古人，回归自然；即向古典学习，向自然学习。在“两个回归”的引导下，一批又一批的文人学者走向古典中心，走向大自然，开始了振奋人心的求知之旅。意大利的文艺复兴巨匠薄伽丘（1313～1375 年）为了追寻古典文艺的灵魂，漫游那不勒斯、罗马等地，丰富的知识积累使他完成了具有旅游文学意义的《十日谈》一书。他的名言“智慧是人类快乐的源泉”也是其旅游求知体验的写照。荷兰哲学家伊拉斯谟（1467～1536 年）早年在修道院里生活，30 岁后求学巴黎大学、游历西欧。丰富的阅历和学识经验使他成为北欧人文主义者的领袖。他提出的“一无所知，幸福莫大焉”的命题虽然与薄伽丘相反，但同样与旅游求知体验密不可分。弗郎索瓦·拉伯雷（1495～1553 年）早年受僧侣教育，后来到法国各地游学，写成了具有人文主义倾向的文人旅游巨作——《巨人传》。拉伯雷提出了一个包罗万象的学习范围，这正得力于他的旅游求知体验。

---

[1] 蒋孔阳，伍蠡甫．西方文论选［M］．上海：上海译文出版社，1997.

文艺复兴开启的旅游求知之旅尚在延伸，青年学生的教育之旅又接踵而至。17世纪，两大旅游完全合流，形成了以教育旅游为主体的长达两个世纪的更大规模的旅游，史称“大旅游”。青年学生是“大旅游”的主力。为了将来求职的方便，贵族子弟往往去国外的著名大学求学，并趁机作全欧旅游。学习时间一般是三年，且学且游。艺术家是“大旅游”的一翼。与青年学生不同，他们不是去上大学，而是去艺术学院或著名艺术家的工作室见习，同时也去观赏外国的艺术作品。大旅游让旅行者眼界大开。它使人们领略了欧洲大陆的艺术、建筑和礼仪，使许多年轻人变得更有教养，也提高了他们的地位和身份。18世纪的一位旅游者这样说道：“一个没有去过意大利的人，总会感觉比他人低下，因为他没有看见一个人所应看到的东西。”（彭顺生，2006）可见，“看见一个人所应看到的东西”已成为当时旅游者普遍追求的目标。多数旅游者达到了这一目标，他们的旅游求知体验以旅行日记等形式保存至今。但是，从这些旅行日记中也可以看出，多数旅游者对其他欧洲国家或地区的文化以及那些国家的积极贡献还是所知甚少的。在许多旅游者眼中，他们旅游所到的社会大都没有多少可取之处。多样的外国习俗、不同的行为准则往往让他们觉得稀奇古怪、不成体统。欧洲的南方人看北方人是这样，北方人看南方人也是这样。即使是持论大体公正的学者也不免夹杂这样的评论：法国人虚浮，意大利人风格不高，德国人馋嘴贪吃，西班牙人“非洲气息”浓厚……尽管如此，旅游者回到本国后还是感慨万千：国外的游历已经告一段落，该认真对待自己的事业生涯了。

欧洲人文主义者对古希腊和罗马探求外部世界的精神十分推崇。他们提倡冒险，甘冒生命危险探索未知之境。受此鼓励，再加上传统的影响，探险旅游在中世纪晚期再度活跃，旅游探险体验不时见诸记载。有的旅游探险者随殖民者的船队来到非洲，深入丛林、部落，考察当地的自然环境、风俗民情，如15世纪的欧洲人萨达·莫斯托、阿奥·菲尔南德斯；有的沿着商人、传教士的足迹，结伴来到遥远的南亚次大陆，寻找心仪已久的印度文明，如17世纪的法国人伯埃尼、德凡洛特；有的弃海路，走陆路，从印度经中亚来到中国，证实欧洲人所说的“契丹”究竟是不是中国，如17世纪初的欧洲探险家鄂本笃；有的深入西亚穆斯林地区，探究两河流域文化的兴衰，如17世纪意大利探险家比特罗·德拉·瓦勒。这些旅游探险者既不同于贩运四方的商人、往来异域的使者，也不同于跨洲越洋的殖民者、跋山涉水的传教士，他们旅游的主要目的不是积聚财富、合纵连横、拓展疆土、传播福音，而是探奇求知，满足好奇心、求知欲。因此，他们的旅游探险体验充满了惊奇、兴奋、疑惑、沮丧，更不乏信心、理解与同情，而很少有商人的贪婪、使者的机敏、殖民者的狂妄、传教士的自负。当然，两者在冒险取向上还是基本一致的。

2. 要不要旅行：不同旅游观的碰撞

从 16 世纪起，欧洲旅游的人显然增多了。随着大旅游的出现，旅游的利和弊比以往暴露得更加充分，于是在欧洲掀起了要不要旅行的跨世纪大讨论。

早在 16 世纪初，伊拉斯谟便已指出到国外学习的好处。佛兰德斯人文学者李普修斯（1547～1606 年）步其后尘，在《一百封信》中极力鼓吹学术旅行的重要性。他强调：意大利是文明的摇篮，旅行能增加知识、增进人们对事物的了解，旅游对文化素养的形成是必不可少的。英国著述家威廉·波恩也是一位旅行倡导者。1578 年，他撰写了《旅行怀宝——包括海陆旅行必备知识》一书，其中写道："到其他国家旅行显然对双方都有极大好处。""如果不旅行，我们将会渐渐变成野蛮人。"英国哲学家培根（1561～1626 年）更是旅行的支持者。他在《论游历》一文中写道："游历在年轻人是教育的一部分；在年长的人是经验的一部分。"其建议年轻人学好外语，出国游历；年长者也不要放弃游历的机会。

当然，也有人持否定的观点。持这种观点的人主要是旅游者的父母和教育家，他们认为年轻人到了意大利无非是吃喝玩乐，有的还去寻花问柳，弄得不好则又伤财，又伤身。1671 年，一位英国人约翰·郝尔写了一本小册子——《你往哪里去？对旅行的非难》，其中指出，英国贵族子弟到欧洲大陆尤其去法国、意大利旅行只能学坏，对社会、对本人都没有好处。在德国，一位新教牧师约翰·托玛修在其《论旅行利弊 42 点》一书中提出：由于各国间已有书籍流通，旅行实无必要，旅行会把外国的坏思想带进德国。他最担心德国新教徒青年因到法国、意大利旅行而受罗马天主教会的影响。

还有一些人持折中观点。英国哲学家兼教育家约翰·洛克（1632～1704 年）并不十分信服"大旅游"的教育功效，认为一个人应在成年之后，有了自己的思想再出国，这将能得益更多。著名的瑞典生物学家林奈（1707～1778 年）也批评许多瑞典青年对本国所知很少就热衷出国，他主张青年应该先到本国的边远地区取得经验，然后再去外国。他还现身说法，不无自豪地谈起自己年轻时就参加过瑞典的格陵兰科学考察团，希望学生效法。

这场跨世纪的大讨论虽是关于旅行的，但重心是旅游。讨论的结果是

“肯定派”占了上风，人们的旅游观念为之一变，越来越多的人参加到旅游者的行列中来，“大旅游”也开始发生质的转变。

3. 良莠不齐的旅游服务文化

14～18 世纪的欧洲，旅游者的行、食、住条件有了很大改善，但旅游服务的质量良莠不齐。

欧洲中世纪后期，旅游交通工具主要是驴、马、马车或帆船。据史学家考证，“所有中世纪的旅行，不是步行，便是乘马或乘驴”。[1] 这当然是指陆路旅行，而且是一般情况。中世纪后期，两轮马车开始使用，富有人家靠骑马或驾车外出旅游，速度中等但相当刺激：既能浏览沿途风光，又能体验颠簸之苦。短途旅行或普通人家旅行就得靠脚板或驴子了。15 世纪，匈牙利人发明了四轮大马车，在指定的路线上提供服务，大大地方便了游客。水路旅行则主要靠帆船。从巴塞罗那城到热那亚城，泛舟须 14 天才能抵达。1658 年，英国出现了客运公司、客运公共马车，旅游交通服务的质量进一步提高。

欧洲中世纪后期，旅游食宿主要依靠客栈、客店和旅馆。客栈是人、马的歇脚之处，提供简单的食宿服务。欧洲中世纪后期，客栈相当多，大小不一，仍不太清洁，又相当嘈杂，旅客几乎无法舒服地过夜。客店多开设于农村，档次较低。小的客店往往只提供简单饮食，供往来旅客充饥解渴，不是熟客概不留宿。大一点的客店也没几间客房，如招待大队人马，店主一家就得睡在长凳上。旅馆一般开在城市，档次稍高，有的可容 200 位客人、200 匹马（威尔·杜兰，1999）；食宿服务也比较周到，只是价格多不便宜，也不太方便。16 世纪时，欧洲还出现了少量的富丽堂皇的接待大厦。《十日谈》中，第十天的故事中提到：卡泰因大富豪那山为了扬名天下，在交通要道旁“兴建了一座富丽堂皇的大厦，厦内陈设配备都极考究，足以款待天下宾客而毫无愧色”；在距此三天路程的地方，另一位大富豪米特里丹为了超过那山，也建造了一座同样的大厦，对过往旅客“无比热情地加以款待”。这些接待大厦在接待服务上已具备近代大饭店的雏形了。

欧洲 14～18 世纪中叶的旅游文化既有传统的、强大的封建主义基因，也有新兴的、壮大的资本主义因素，既有本土的特质，也有外来的养分，各种成分交织在一起，汇成一股壮观的洪流，新旧裹挟，呼啸着穿越中世纪的前夜，向着近代的黎明奔腾而来。

---

[1] 汤普逊．中世纪经济社会史［M］．北京：商务印书馆，1984.

（二）14 世纪中叶～18 世纪中叶的中国旅游文化

14 世纪中叶～18 世纪中叶，中国正从明朝建立走向清康乾盛世。明清帝国的崛起巩固了中国的强国地位，也改变了中国的社会面貌，中国封建社会从此进入衰落时期。这一时期，文人旅游空前发达，自然旅游、社会旅游并驾齐驱，科考旅游、探险旅游蔚然成风；帝王巡游再掀高潮，康熙、乾隆六下江南，规模之大、次数之多几可与秦皇汉武媲美，而其游乐性质又有过之而无不及。在上述背景下，中国古代旅游文化也经历了最后的辉煌。

1. 异彩纷呈：多样的旅游行为方式

文人旅游自有文人的行为方式。明清文人重友、好奇、善学、求雅，因而在旅游行为方式上交游、考察、冒险倾向格外突出，旅游行为方式高度艺术化。

交游本非明清文人的发明，但作为旅游行为方式，明清文人较前代更是偏爱有加，“自制一舟，载琴书樽杓，邀良朋数人，泛泛水上”（袁中道《珂雪斋集》二四卷）已成明清文人最理想的旅游行为方式。龚鹏程认为，明朝文人“特饶友朋游赏之趣，极为强调朋友交游之乐”，考诸史实，信哉斯言。明季盛行山林结社、以文会友，常有志趣相投之人约期招游，或十日一会，或月一寻盟，每借湖山胜地，诗酒唱酬，其情其境仿佛魏晋士人再现。清朝康乾时期，交游之风稍逊明朝，但也不亚于唐宋。诗人王士祯一生喜交游，游踪遍布南北；才子袁枚辞官不做，广交雅士，悠游各地；同时代的学者洪亮吉，邀友人孙星衍等共游南京幕府山，遍历山中十二洞。诸如此类，不胜枚举。约期交游既得朋友相契的喜悦，又有砥砺学问的效用；它满足了文人寻求群体认同的需要，也实现了惬意山水、适怡性灵的目的。

考察是常见的文人旅游行为方式，明清文人尤为突出。考察的主要目的是求知，把旅游和考察结合起来古已有之，但把旅游求知和读书求知相提并论却始自明清时代。明代董其昌修正宋代陆游的“纸上得来终觉浅，绝知此事要躬行”，首倡“读万卷书，行万里路”，认为读书与旅游都是求知的重要途径，不应厚此薄彼。此语一出，响应者影从。也有人认为“读万卷书不如行万里路”。受此影响，明清时期，旅游与科研的结合空前密切，科考旅行蔚然成风。较之前代，文人们纯粹的娱乐旅游已不多见，大多数的文人旅游都带有考察性质，而且是考察自然与考察社会同时并举。王士性、田汝成、徐霞客、李时珍、顾祖禹、顾炎武等是其代表。中国古代的考察旅游在明清时期达到顶峰，这既是历史发展的必然结果，也是明清旅游的显著特征。

与西方比较，中国人不尚冒险，探险作为一种旅游行为方式，中国人用之者寡；但与前朝比较，又不能不说明清时期确是中国古代旅游史上最具冒险精神的时期。明清文人的冒险精神远远超过了前代，探险已成为明清文人普遍尝试的一种旅游行为方式。中国台湾地区学者吴智和指出：明代文人旅游，喜欢向险处走，向远处去，攀高峰，下深谷，穿岩洞，涉险滩，栉风沐雨，履霜踏雪，不畏劳苦，不怕艰险，豁出生命也在所不惜，表现出一种高昂的探险精神和乐观主义（吴智和《明人的旅游生活》，1988）。其实，清代文人也是一样。清初学者叶燮"性喜山水，纵游宇内名胜几遍"，在 76 岁时，犹以未游会稽为憾，"复裹粮往，归遂疾，逾年卒"（《清史稿・叶燮传》），可谓以身殉游；王士祯专门雪天登黄山："朝骑秃尾驴，来寻雪中道。石壁引孤松，长空没飞鸟"（《雪中登黄山》），真是唯恐不险；黄山始信峰既高且险，袁枚以 67 岁的高龄登至峰顶，下临不测之溪，竟然"垂趾二分在外"，遐想"溪无底，则人坠亦当无底，飘飘然知泊何所？纵有底，亦须许久方到，尽可须臾求活"（《游黄山记》），可见其完全置生死于度外了。

说到考察、探险的旅游行为方式，中国古代最著名的莫过于明代徐霞客了。他自小便对问奇于名山大川的生活十分向往，22 岁时放弃科举道路，东渡普陀，北至盘山、五台山和恒山，南到福建和广东，西北到华山，西南远涉云南和贵州边境，游踪遍及当时 14 省，足迹所至常为前人未及之地；攀危崖，登绝壁，渡险滩，穿激流，遇猛兽，遭强盗，风餐露宿，断食绝粮，历尽艰险，九死一生。30 多年近乎职业化的旅游生涯，铸就了几十万字的旅行日记——《徐霞客游记》，为后人留下了一部地理学、旅游文学领域极其重要的经典之作。徐霞客及其游记是中国古代考察、探险旅游达到顶峰的绝对标志。

帝王巡游则有帝王的行为方式：行则华盖，食则珍馐，衣则锦绣，居则深宅，览则名胜；所到之处，观风问俗，演武习兵，课考官吏，祭祀神明，前拥后呼，唤奴使婢，尽显皇家气派。帝王巡游的主旨是政治而非旅游，但其游乐性质有增无减。特别是清朝康熙、乾隆六下江南，其游乐性质之强足以跻身于旅游名家之列。从旅游文化的角度看，康、乾巡游中的旅游行为方式可以说集历代帝王之大成，旅游中的衣食住行姑且不谈，仅游览一项，观光、考察、狩猎、疗养、题诗、刊石等无所不有，超越秦汉。游承德，避暑、行猎，属于疗养、狩猎，秦皇、汉武无法比拟；游山东，封禅、祭孔，兼有观光与考察，封禅不及秦皇、汉武，祭孔则超越二帝；游江南，观光、览胜、题诗、刊石……其形式之多样、内容之丰富为前朝历代帝王所不及。

2. 内外并行：两极的旅游心理取向

中国古代的旅游心理是多种多样的，从心理倾向的角度看，一直存在着“回归心灵”与“面向社会”两种心理取向。前者指向内心世界，关注个人心性，更多佛道色彩；后者指向外部社会，关注天下苍生，更多儒家情怀。明清时期，修禅论道与经世致用并行不悖，受此影响，中国古代“回归心灵”与“面向社会”的旅游心理取向达于极致。

追求自由是人类的本性。魏晋以来，“回归心灵”的旅游心理取向一直在士人中占据主流。同前朝一样，明清文人大都喜爱山水，只是更强调山水的适情悦意功能。明人旅游，“每见秋澄碧落，境界愈高，天心愈杳，愈觉矜喜”。袁中道说：“山水之乐，能濯俗肠”，“醉墨淋漓于湖山，闲情寄托于花月，借声歌以写心，取文酒以自适”。金幼孜也说：“有烟霞泉石，可以供啸傲，所以适其性情，快其耳目者。”吴怀贤自言：“唯以草木为耳目之娱，溪山为心身之适。”[1] 明人是这样，清人也是这样。清初的潘耒在序《徐霞客游记》中说：“无出尘之胸襟，不能赏会山水；近游不广，浅游不奇，便游不畅，群游不久，自非置身物外，弃绝百事，而孤行其意，虽游犹弗游也。”旅游讲究置身物外，弃绝百事，追求广见、奇异、畅爽，这与明人旅游追求适情悦意是一脉相承的。乾隆时代的文人袁枚曾几度游览皖、赣、贵、湘名山大川，作诗云：“自觉山人胆是夸，行年七十走天涯。公然一万三千里，听水听风笑到家。”（《新正十一日还山》）其70岁了还不远万里，四海为家，唯风月是娱，堪称追求适情悦意的典范。

从南宋开始，士人旅游在关注心灵的同时，由内而外，也较多关注社会。明清时期，“面向社会”的心理取向更加突出，已同“回归心灵”取向一起成为士人旅游心理取向的主流。其表现有二：一是访古旅游骤然增多。明代文人宋濂、刘基、李梦阳、康海、王世贞、李攀龙、袁宏道、王思任等，清代文人顾炎武、归庄、魏禧、屈大君、陈维崧、朱彝尊、王士祯等，既是山水的爱好者，也是古迹的爱好者；游踪所至包括先贤祠庙、古代战场、宫殿遗址、名人遗迹，仔细探寻，凭吊良久。较之前代，明清文人凭吊古迹，个人哀怨色彩减少了，社会观照成分增多了，往往通过追忆汉唐盛世来借古喻今。二是科考旅游蔚然成风。明清科考旅游已如前所述，这里要强调的是，明清

---

[1] 张嘉昕．明人的旅游生活［M］．明史研究小组，2004.

科考旅游固然有个人兴趣因素，但更多还是出于经世致用的目的。田汝成仔细考察了家乡名胜西湖，著成《西湖游览志》及《西湖游览余志》，是为了使西湖名扬天下；李时珍遍游江、浙、皖、赣，写成《本草纲目》一书，是为了救济苍生；顾炎武“九州历其七，五岳游其四”，将考察结果写成《天下郡国利病书》等名著，是为了学以致用。

明清时期“回归心灵”与“面向社会”的旅游心理取向为近代文人旅游者“心灵”派与“社会”派的形成奠定了心理基础。

3.“游，未易言也”：明清文人对传统旅游的反思

旅游在发展，也在不断地被反思。明清时期是传统旅游全面反思阶段，这个阶段开始的标志是明初《永乐大典》的编撰。《永乐大典》第8844～8845卷辑录了先秦至明初各种游事、游论200余条，引书百余种，将“游”分为远游、近游、内游、外游、宦游、天游、佚游、漫游、卧游、行游、倦游、息游、神游、梦游、同游、共游、圣人游、采真游等40类。虽然分类不尽合理，也未有评论，但以旅游为主要对象，搜罗之广，用功之勤，全面总结旅游的意图昭然若揭。仅此一点，前无古人。此后，文人达士多喜言游，提出了许多有价值的旅游观点。

明代谭元春认为：“纵观费目，分观费心，参差观则心神俱费。费必将有所遭。”“善游岳者先望，善望岳者，逐步所移而望之。”“善辞岳者亦逐步回首而望之。”其大意是，要领略山水的特色，五官和四肢应移步换形，不断地调整观察角度（《游玄岳记》）。这其实就是今天旅游美学所讲的动态观赏法，弥足珍贵。明代周忱在他的《小西天游记》中提出：“天下山川之胜，好之者未必能至，能至者未必能言，能言者未必能文。”其认为喜好山水而不能登临，能登临而不能品评，能品评而不能写作，都不是善游者，善游者应该“能至”、“能言”、“能文”，从而对旅游者提出了更高的要求。明末王思任对传统官、士、富、穷、老、稚等23种旅游一一点评并分析了利弊，提出：“予之所谓游，则酌衷于数者之间，避其忌而趋所吉，择其回而增其美。游道如海，又庶几乎蠡之测矣。”（《游唤·记游》）其认为调节折中、掌握分寸、有所选择、有所规避才是游的正确方法。清人罗天尺在《五山志林》中发展了魏晋时期的“胜情”、“胜具”说，提出旅行不但要有“胜情”、“胜具”，还要有“胜事”、“胜境”，极大地丰富了前人的旅游条件理论。董其昌提出的“读万卷书，行万里路”、潘耒提出的“以性灵游，以躯命游”更是对前人考察旅游、探险旅游进行理论加工的结晶，从观念上开了中国近代旅游求知、

旅游冒险之先声，具有明显的承前启后意义。

4. 丰富多彩的旅游服务文化

明清时期，交通工具比以前更加多样化，主要是车、船、轿、马、骡、驴。车有辇、马车、驴车、骡车、大鞍车、小鞍车、敞车、冰车等；船有龙舟、海船、航船、埠船、香船、游船、搭便船、篷船、方舟、竹舟、木排等；轿有舆、明轿、暖轿、官轿、平轿、花轿、素轿、滑竿等。马、骡、驴或用于拉车，或用于骑乘。达官贵人出游，自然是车、船、轿、马；一般文人和百姓出游，有的骑骡骑驴，甚至步行。

明清时期，驿站普遍衰落，旅馆饭店却更加繁荣。早在明初，太祖朱元璋下令在首都应天（今南京）城内建造十座大酒楼，以方便商旅、娱乐官宦、粉饰太平。明中叶时，"千乘之国，以及十室之邑，无处不有酒肆"（胡侍《珍珠船》卷六）。明代都市里的高级酒楼，如福禄楼、会仙楼、泰和楼、丰乐楼等，都悬挂着名人题写的匾额，酒楼门前有衣冠鲜丽的堂倌招呼客人，酒楼内备有美酒佳肴、歌妓舞女，还设有专供文人墨客饮酒题诗的诗牌。中小型酒店的经营也各有特色，有的酒肴经济实惠，有的小吃风味独特。那些远离城镇偏处一隅的小店虽不及都市酒店豪华、舒适，却有贴近自然、淳朴轻松的一种雅逸之趣，因而它们往往更能引得文化人的钟情和雅兴。

清代酒店的发展超过了以往任何时代。"九衢处处酒帘飘，涞雪凝香贯九霄。万国衣冠咸列坐，不妨晨夕恋黄娇。"（清·赵骏烈《燕城灯市竹枝词·北京风俗杂咏》）这首描述清帝国盛世北京餐饮业繁华兴盛的竹枝词，堪称形象而深刻的历史实录：早春时节，日朗气清，银屑扬逸，暖意可人。京师内外城衢，酒肆相属，鳞次栉比，星罗棋布。各类酒店中落座买饮的不仅有无数黑头发人种，而且有来自世界各国的异邦食客。语言不同、服饰各异的饮啖者聚坐在各式风格、各种档次的酒店中享受春天美景和饮食服务，那情景的确是既繁华，又惬意。北京以外的其他各地也有无数酒楼歌馆，南京城共有"大小酒楼六七百座"，夜幕降临时，"两边酒楼上明角灯，每条街上足有数千盏，照耀如同白昼"（《儒林外史》第二十四回），繁华、惬意不亚于北京。

5. 古典景观设计的集成时代

值得一提的是，这一时期旅游资源得到一定程度的开发。一些地方官有意识地保护、修饰本地的名胜古迹，园林建设达于极盛。北京、承德等地的皇家园林，苏州、上海、海宁、泰州等地的私家园林，大部分都是明清时期兴建的。

明清时期，造园艺术进入集成时代。无论是江南的私家园林还是北方的帝王宫苑，在设计和建造上都达到了炉火纯青的境界，并形成了北雄南秀的艺术风格。明清时期，不少文人、画家同时也是造园家，造园匠师也多能诗善画。他们构思、建造的咫尺山林呈现的是一种重含蓄、贵神韵、小中见大的景观效果；园林的布局则通过空间艺术的变化，营造出了平中求趣、拙间取华的效果。现代保存下来的园林大多属于明清时代，这些园林充分表现了中国古代园林的独特风格和高超的造园艺术。频繁的造园实践催生了成熟的造园理论。明代园艺家计成著有《园冶》一书，首次对中国园林艺术作了最系统、最精到的总结，为世界园林史贡献了一部不可多得的园艺名著。

第3节　近代旅游文化发覆

18世纪中叶，西方旅游文化率先迈入近代的门槛。世界近代旅游文化的主流是西方旅游文化，在西方的引领下，世界旅游文化开始了缓慢的近代化过程，直至20世纪50年代旅游文化大众化时代的到来。

一、西方近代的旅游文化（18世纪中叶～20世纪40年代）

从18世纪下半叶开始，世界各地政治、经济、文化等方面经历了一系列大变革、大变动。在政治上，资本主义制度相继在美、法、俄、日、德、意等国正式确立；在经济上，工业革命在主要资本主义国家相继完成；在思想文化领域，张扬个性、崇拜自由、鼓吹冒险、讲究科学之风迅速蔓延。与此同时，西方的旅游也迈入近代的门槛：资产阶级取代少数贵族成为最重要的旅游主体，服务大众的旅游业由此形成。近代的西方社会环境产生了近代的西方旅游文化。

（一）西方近代的旅游体验文化

1. 浪漫的情调：近代西方的自然观光体验

18世纪以来，欧洲各国的经济模式在国家基础上经过了全面的改造，快速发展的物质文明引发了人与自然、人与社会关系的剧烈变化，自然风光受到普遍重视，社会生活得到重新审视。于是，从18世纪中叶开始，欧洲第一次出现了有明确目标和自我意识的大规模自然观光旅游活动。卢梭、歌德、海涅等浪漫主义代表力倡“回归自然”，阿尔卑斯山等自然景区一时成为旅游胜地。这种酷爱自然、崇尚自然、回归自然的浪漫主义时代精神成为近代旅游发展的思想基础。此后，自然观光旅游风靡全欧且日益大众化。

浪漫主义情调下的自然观光体验是各种各样的，人、家、自然成了自然观光体验的不朽主题。

“你以尚未探索过的胸怀/秘密而公开地/矗立在惊奇的世界之上/你在云端眺望/在你身旁/从你兄弟们的血脉里/灌溉世上的丰饶和壮丽。”（歌德《冬日游哈尔茨山》）这是德国诗人歌德冬日游哈尔茨山的体验：神秘、高峻、慷慨、伟大，敬畏之情溢于言表。同样的旅游审美对象在海涅的眼里则充满了田园之美，它给人带来的是无限欢欣：“我要登上高山去，那里有朴素的人家。在那里，胸怀自由地敞开，有自由的微风吹拂。我要登上高山去，那里有高高的枞树阴森。溪水淙淙，百鸟欢歌，飘荡着孤傲的浮云。”（海涅《哈尔茨游记插曲》）英国湖畔派的华兹华斯则在山水游中体验到了自然的美丽、宁静与无常。他在《丁登寺》（1798）中写道：“我又听见这些水声，发于山泉，在内陆的溪流中柔声低语。我又看到这些山崖峻峭巍峨，在荒野的景色中引人沉思，山水呀，与天空的寂静融为一体。”

英国作家拜伦遍游欧洲，感悟着自然的魅力，把自然视为家园和朋友：“那高耸入云的群山是他的朋友；那波涛起伏的海洋是他的家园；在那里，蓝天和热土延伸；他充满着激情和力量去畅游；沙漠、森林、洞穴、大海的激浪都是他的朋友，他们说着共同的语言，比书本更为清晰；他常常抛弃自己的母语，因为湖面上阳光将自然的书页清澈如镜地呈现。”[1] 法国作家夏多布里昂则在北美各处的旅行中，将其对自然的感悟与基督教的神秘主义联系在了一起：“在我们文明人的营地里，要让想象力延伸是徒劳的，所有的叙述只与定居生活的人有关；灵魂只有在深入森林的海洋之中，翱翔在大瀑布的飞流之上，沉思于河流湖泊之畔，也就是完全单独地面对上帝之时，才感到无比的欢欣。”（夏多布里昂《在新世界蛮荒之地一个夜晚的美丽景致》）

19 世纪中叶，美国文艺复兴时期的先验主义作家爱默生和梭罗也是自然的崇拜者，他们游历广泛，认为“世界是由自然和灵魂组成的”、“自然就是灵魂的外化”。在意识到工业革命使人失去个性和精神家园后，爱默生和梭罗提出了人们应该回到自然，亲近自然，在自然中找到自我的价值。爱默生在

---

[1] 刘炳善．英国文学简史（英文）[M]．郑州：河南人民出版社，1993：270.

《自然》中写道："站在赤裸的大地上——我的头沐浴在欢愉的空气中，我仰望无尽的长天——所有的狭隘的自私都烟消云散。我变成了一只透明的眼球；我其他什么也不是；我可以看到一切；那无限存在的流环绕着我；我是上帝的一部分或他的粒子。"❶ 梭罗在《瓦尔登湖》中写道："这里的大部分地方是属于我的孤独的领地，如同生活在大牧场上，就像在亚洲、非洲和新英格兰。就像以前一样，我拥有自己的太阳、月亮和星星，以及属于自己的一个小世界。在夜晚，从来没有旅行者路过我的小屋，或者敲门，我是这里的第一个也是最后一个人。"孤独，与自然对话，这是他们的共同体验与渴望。

2. 时髦的享受：近代西方的度假旅游体验

18 世纪后，中产阶级收入普遍增加，加之游轮、火车等新式交通工具的出现和假日的增多，假日旅游遂成为中产阶级的时髦风尚和不可缺少的生活方式。

矿泉因为其医疗价值很早就成为上流社会度假旅游的对象。18 世纪时，英国南方的巴斯和北方的斯卡伯勒以拥有优良的矿泉水、完备的娱乐设施、一流的疗养服务而声名卓著，一跃成为英国上流社会休息和交际的理想场所。到巴思旅游既可以观赏典雅豪华的罗马浴池，也可以在罗马建筑风格的露天泳池中戏水畅游，还可以品尝该城特有的"泉水咖啡"；泉水来自巴斯最古老的罗马泵房，甘甜清冽。在美国，弗吉尼亚的白色硫黄温泉、纽约的萨拉托加温泉等也以其优质的泉水、良好的服务成为人们度假旅游的主要体验对象。19 世纪后，温泉度假疗养旅游行到进一步发展，工人阶级也加入其中。利用夏日假期全家外出，到某个温泉疗养地度假疗养已成为多数人最重要的旅游方式。"十九世纪末，美国富有家庭都去东部游览，参观许多这样的旅游胜地，比如夏天去新港，秋天去萨拉托加温泉，冬天去棕榈滩。"❷ 蓬勃发展的温泉度假疗养旅游使一批新的温泉被开发出来。欧洲最著名的温泉疗养胜地——"英国之花"哈罗格特就是在 19 世纪后期的维多利亚时代开发出来的，至今还保留着许多维多利亚时代的建筑。

海滨度假旅游仍作为一种重要的旅游方式为大众所喜爱。1752 年，卢梭发表了《关于海水用途的论文》，提倡到海滨旅游，尽量多地用海水沐浴来保持身体健康。卢梭还把这种旅游形式称为"保健疗养旅游"。卢梭的文章引发

---

❶ 常耀信．美国文学简史［M］．天津：南开大学出版社，1990：81.

❷ 查尔斯·R. 戈尔德奈等．旅游业教程［M］．大连：大连理工大学出版社，2003：60.

了以海水疗养为目的的海滨旅游潮，冷海水浴成为新的时尚。人们在体验海水浴的同时，也尽情享受阳光、沙滩带来的愉悦。19世纪中叶，海滨旅游进入疗养娱乐阶段，海滨旅游体验也由疗养向娱乐延伸。在英国，传统海滨度假胜地布兰克浦、布赖顿和萨斯安德人满为患，一些新的旅游度假地如布恩矛斯、布罗德斯泰斯、克莱克顿、克尔文湾等也游人如织。游人除可获得海水、阳光、沙滩等传统的疗养体验外，还能尝试滑水、摩托艇、空中跳伞等全新的娱乐体验。英国的海滨被游人占领完毕，上流社会和中产阶级就把欧洲大陆的海滨作为新的旅游目的地。于是，法国、意大利、西班牙等地的众多海滨旅游胜地也发展起来了。赌城蒙地卡罗既有优美的海滩，又有丰富的夜生活，很快成为逃避本国道德约束的英国"绅士"们寻欢作乐的场所。20世纪初，海滨旅游进入游乐度假阶段，海滨旅游体验遂以游乐为主要内容了。法国尼斯以其温和的气候、灿烂的阳光、悠长的海滩及裸晒的美女而著名，第二次世界大战前这里已成为欧洲贵族的最爱，历史悠久的尼斯嘉年华狂欢节更给这座海滨旅游度假地增添了无穷的魅力。节日期间，街头表演、烛光晚会、花车游行、化装舞会等争奇斗艳，数日不衰，游人同市民一起沉浸在欢乐的气氛中。

18世纪中叶以后，大旅游仍在继续，但其性质迥然不同了。从前，贵族阶级子弟出国是为了学习欧洲上层公民的言行举止，现在出国旅游则是为了享乐，为了领略异国风光，附带得到一点足以提高社会身份的文化经验。从前以学习为宗旨的"大旅行"求知体验，开始让位于追求享受的消费性旅游体验了。

3. 绝地的探索：近代西方的探险与考察旅游体验

近代世界是资本主义的世界。作为这个世界的统治者，资产阶级雄心勃勃，精力过剩。他们要踏遍一切未知之境，揭破一切未知之谜。于是，大洋孤岛、东西内陆迎来了一批又一批西方探索者，前所未有的探险、考察旅游大潮出现了，形成了惊心动魄的另类旅游体验文化。

1768～1779年，英国航海家、探险家詹姆斯·库克三次率船队环球航行，沿途考察，绘制地图。第一次，他来到了澳大利亚，发现了神奇的跳跃动物——袋鼠；第二次是为了"探索前人从未到过的最南方"，一度接近南极附近；第三次，他发现了夏威夷岛，在那里以身殉游。1799年6月5日，德国生物学家洪堡德和他的朋友朋卜兰德毅然投身于南美的科学探险。前者将他的观察和发现写成长达20卷的书——《宇宙》；后者则发现了3500种新种植物，使当时世界已知植物数量骤增3倍。1831年秋天，年仅22岁的神学院学生查理·达尔文带着洪堡德的《南美旅行记》登上了英国军舰“贝格尔”号，开始了长达5年的科学探险。他在美洲深入考察，创立了伟大的进化论学说。1825年，英国人阿特金逊以冒险家的东方情怀，从圣彼得堡出发，开始了他的欧亚之旅；到1853年，西起科克汗，东到贝加尔湖，南到中国新疆，到处留下了阿特金逊的足迹；其所著《欧亚纪行》一书翔实记录了他的旅游探险体验，是世界旅游文化史上不可多得的名著。1840～1873年，英国探险家利文斯顿三次来到非洲探险考察。第一次，他首先发现了恩加米湖，还组织了一次东非探险，成为横穿非洲的第一位欧洲人；回国后写成《南非考察与传教旅行》，畅销一时。第二次，他与另外6人再次赴非洲赞比西河探险，回国后写成《赞比西河及其支流探险记》。第三次，他前往坦葛尼喀湖探险，最后病逝于非洲。

上述探险家与欧洲殖民者不同，他们考察探险的目的主要不是为了黄金或从事奴隶买卖，或者将上帝的福音传播给信奉“邪教”的土著，而是为了亲自解开世界上的众多未解之谜。除了强烈的好奇心之外，大多数探险家还想借此出名，返回家乡后出出风头。因此，他们的探险考察更多具有科学意义和旅游色彩。西方近代探险家的旅游体验集中反映在他们留下的旅行日记里。大多数旅行游记无论是文学性质还是学术性质的，都认为其他文明是停滞不前甚至倒退的，欧洲文明高于世界其他文明，欧洲人对世界其他人类负有教化的使命；只有少数游记认为欧洲和欧洲以外的文化表面不同，实质上不分高下，甚至基本上是一样的。

（二）西方近代的旅游介入文化

1. 交通服务文化：从传统到现代

18世纪中叶后，匈牙利人发明的四轮大马车仍在指定的路线上提供定期服务。19世纪初，驿站马车旅行开始普及，尤其在英国。然而马车拉力有限、速度较慢、里程较短、不能持久，乘客还要承受风尘、颠簸之苦。到20世纪初，这种传统的交通服务终于抵不住轮船、火车、汽车等现代交通服务的冲击，无可挽回地衰落下去了。

近代主要交通服务之一的汽船服务是在19世纪初出现的。1807年，美国人富尔顿制造的第一艘汽船“克莱蒙梭”号试航成功，从此开辟了近代水上交通服务的新时代。1841年，英国利物浦与美国波士顿之间开通了定期轮船航班，往来大西洋的游客开始享受定时、定点的轮船运输服务。此后半个多世纪，轮船运输服务成为近代交通的主要服务项目。

火车服务的出现是近代交通服务的第一次革命。1814 年，施蒂芬逊制成第一台蒸汽机车，陆路交通服务进入火车时代。由于火车运输服务比马车费用低、速度快、运量大、里程远、安全性高、受自然条件影响较小，火车运输服务遂取代马车服务而成为陆路交通服务的主力军。直到汽车的出现和普及，其在旅游客运服务中的地位才开始下降。

20 世纪初出现的汽车可以看做是近代交通的第二次交通革命。20 世纪初，柴油汽车正式诞生并批量生产，出现了菲亚特、雷诺、福特、通用、克莱斯勒、丰田、大众等一大批世界著名的汽车制造公司。第一次世界大战（以下简称一战）以后的整个 20 世纪 20 年代里，欧美火车开始缓慢地衰落，渐渐让位于新兴的汽车。同 19 世纪出现的火车一样，汽车再次改变了人们陆上旅行的方式。

2. 饭店服务文化：从贵族化到平民化

一般认为，近代西方饭店的发展经历了大饭店和商业饭店两个时期。与此相应，近代西方的饭店服务也经历了贵族化服务和平民化服务两个阶段。在大饭店时期，为迎合特权阶层地位和声望的需要，大饭店在服务上极力营造“贵族享受”的氛围。英国的大饭店非常重视“绅士式的服务”，服务人员训练有素，对礼貌礼节有着不同寻常的高要求；美国的大饭店注重私人生活，追求精致的服务，为上层社会提供聚会的时髦场所；法国的大饭店以其得天独厚的饮食文化为依托，提供独具匠心的宫廷饮食和优雅规范的供膳服务。在商业饭店时期，商业饭店大都秉承“薄利多销”的经营思想和“顾客第一”的服务理念，在控制成本上下工夫，力求为客人提供高质量的设施和服务。斯塔特勒饭店首次提出了“提供普通民众能付得起费用的世界第一流的服务”，首次在每套客房内设置了浴室和消毒马桶坐圈，首次在门把手上配置了钥匙孔，首次在房门边安置了开关，首次提供了通宵洗衣、自动冰水、送报上门等服务。该饭店在服务方面的多项创新被整个 20 世纪的饭店业奉为标准，业主斯塔特勒也因此被称为“现代饭店之父”。

与此同时，一种更受年轻人欢迎的旅馆服务模式也出现了，这就是国际青年旅馆的服务模式。国际青年旅馆始建于 1912 年的德国，推崇回归自然的生活方式，倡导三个著名的理念：一是提倡自助，自己的事情自己做；二是提倡环保，使用太阳能热水器，不提倡一次性洗漱用品；三是提倡相互尊重的团队精神，在青年旅馆居住的人必须学会与人相处。一年后，青年旅馆在欧洲迅速发展起来。国际青年旅馆的出现和扩大使饭店服务更加平民化了。

3. 旅行社服务文化：近代旅游服务文化的标志

古代的旅游服务文化与近现代的旅游服务文化有本质的区别。如果非要找出说明这种区别的事例，这个事例就是近代旅行社服务的出现。1845 年，托马斯·库克在英格兰的莱斯特创办了世界上第一家商业性旅行社。旅行社奉行“为一切旅游公众服务”的宗旨，为潜在旅游者提供有关旅游点、客运班次、旅游公司产品及旅游目的地情况的咨询服务；代客预订交通、食宿及游览和娱乐门票等；售、发旅行票据和证件；配备导游，提供讲解、向导服务；陈列并散发有关旅游企业的旅游宣传品；向有关旅游企业反映顾客意见。如，1845 年他组织了从来斯特到利物浦的团体消费旅游，出于商业经营目的，托马斯·库克进行了路线考察，预先确定了旅游内容和食宿安排，亲自担任旅游团的陪同和导游，还编写了旅游指南《利物浦之行手册》。

就在托马斯·库克公司问世的第五个年头，在大西洋的另一端，美国运通公司成立。美国的运通公司直接介入旅游服务市场，推出了适合旅游者的金融服务，即通过发行旅行支票以便利人们携带小额的钱去陌生的地方花费。该公司也举办全程代理的旅行，去什么城市、住什么旅馆，公司方面都有具体周到的安排，旅游者用不着事先了解情况，也不必有旅游经验。他们的服务使得中产阶级的美国人能按照预先准确核算的费用出国旅游。运通公司于 1919 年 10 月举办了一战后第一次赴欧导游旅行，三年后又举办第一次环球水陆游乐旅行，很快成为 20 世纪全球著名的旅游中介服务公司。

旅行社服务的出现大大便利了旅游者的旅游，也彻底改变了人们的旅游的经历。

4. 景观开发文化：继承与创新

近代旅游的发展和科技的进步极大地推动了旅游景观的开发。一批又一批的温泉、海滨度假疗养地相继建成；城市公园越建越大；淹没千年的历史遗迹也被挖掘出来，开发成旅游景观。

温泉疗养和海滨旅游推动了欧美旅游度假地的建设。在欧洲，英国是开发旅游度假地的表率。18 世纪时，英国已经建成巴斯、斯卡伯勒以及伦敦三大旅游度假中心。19 世纪后，法国、意大利、西班牙等地的众多海滨也被开发出来。在美洲，旅游度假地开发的领头羊则是美国。弗吉尼亚的白色硫黄温泉、纽约的萨拉托加温泉、罗得岛的新港、夏威夷的棕榈滩等都是近代开发的著名旅游度假地。“这种假期、疗养胜地，在 19 世纪第三个 25 年蓬勃发

展。英国多位于海边，欧洲大陆则多集中于山上。”（霍布斯鲍姆，1999）

园林是旅游景观的重要组成部分。西方的造园史虽然可以追溯到旧约时代的伊甸园，但风景式造园直到近代才兴起。在近代旅游文化史上，西方不仅出现了供城市居民休憩的城市公园，还出现了供游人参观的动植物园，甚至还出现了供游客参观休闲与娱乐的主题公园。如英国的摄政公园、邱园植物园、伦敦动物园，法国的波阿德·布罗尼公园、比乌特·匈蒙公园，德国的菲特烈海恩公园，丹麦的蒂沃利主题公园，瑞典的里斯本游乐园等。西方古典主义园林强调驾驭自然、改造自然，强迫自然接受匀称的法则，造园艺术突出纯粹的几何结构和数学关系，基本特点是整齐划一、均衡对称，具有明确的轴线引导，讲究几何图形，甚至连花草树木都修剪得方圆规矩。这是西方传统文化在旅游景观开发中的必然反映。

西方近代各类度假景观和园林景观的不断开发虽然在很大程度上弥补了旅游景观因旅游需求的增加而显现的不足，但仍然不能满足旅游人数不断扩大的需要。于是，欧洲旅游景观开发者把历史遗迹也纳入开发范围，掀起了一场开发历史遗迹的热潮，意大利庞贝古城、古罗马斗兽场、希腊克里特—麦锡尼文化遗址、法国巴黎圣母院等历史遗迹被相继开发出来，成为世界闻名的旅游景观。历史遗迹景观的开发反映了人们的怀古心理，满足了人们求知、求美、求新、求异的需要。

5. 旅游宣传文化：近代旅游介入文化的亮点

随着近代旅游的兴旺发达，西方各国加大了旅游宣传的力度，旅游宣传成为西方旅游介入文化的一大亮点。开展旅游宣传的除旅游企业外，还有各国的旅游行政机构和旅游行业组织。

法国于 20 世纪 20 年代增设了专管旅游事务的国务次长，每年在预算中列支国际旅游宣传经费 120 万美元。意大利政府于 20 世纪 20 年代设立了国家观光局，该局经常举办旅游摄影竞赛、旅游博览会、游历演讲会和旅游商品展，并开办旅游图书馆，促进旅游设施的美化和装饰，以吸引和招徕旅游者。瑞士设有国立观光局，由国家财政和旅馆协会、铁路及商会提供经费，仅宣传费用就达 250 万美元。德国国有铁路与地方铁路联合设有游历局和旅行咨询局，提供旅游信息、发行旅游宣传品，鼓励游客去德国旅游。英国全国旅游协会也通过发起“来英旅游运动”大力招徕国际旅游者（谢贵安等，1999）。

随着摄影技术的发展和旅游目的地宣传的需要，导游手册大量出现，欧洲各国的旅游信息（准确的和不准确的）大都通过导游手册为旅游者所了解，没有一个去海外的旅游者不带着一本手册。早在1839年就出现的“贝代克”手册逐渐在19世纪末成为权威的旅游信息发布书籍，并为各国旅游者所喜爱。

6. 旅游研究文化：从文化向经济的转移

近代旅游的兴旺发达也引起了学者的高度关注。英国学者哈兹里特（1778～1830年）撰写了《论出游》一文，分析了旅游的魅力、目的、情感、动因，论述了旅游与求知、旅游与日常生活的关系，提出了“出游的魅力在于它的自由自在”、“出游的目的就是为了摆脱一切牵挂和不安，摆脱旧日的自我，更重要的是不受他人干扰”、“（旅游）情感与我们日常生活中的习惯相去甚远”、“人类浪迹天涯的浪漫个性是驯化不了的”、“旷野作书房，自然为书本”，旅游与日常生活“两者永远不能融为一体”等观点。这些观点虽不乏经验色彩，但其理论高度和思考深度远胜于培根的《论游历》，至今仍为一些学者奉为圭臬，并作为立论的基础。同前人一样，哈兹里特的旅游研究仍是以文化为取向的。

近代旅游业出现后，西方旅游研究的取向发生了根本性的转变。1899年，意大利政府统计局的鲍迪奥发表了《在意大利的外国人的移动及其消费的金钱》一文，首开旅游研究经济取向的先河。此后，经济学的方法成为旅游研究的主要方法。1927年，罗马大学讲师马里奥蒂出版了《旅游经济讲义》一书，从经济学角度对旅游活动的形态、结构和活动要素进行了剖析和论证，认为旅游活动是一种属于经济性质的社会现象。这种观点在相当长时期内占据了主流地位，直到20世纪60年代还很少有人对此表示怀疑。

在这种潮流当中，只有少数学者持不同意见。1932年，柏林大学的葛留克斯曼教授出版了《旅游总论》一书，系统地论证了旅游活动的发生、基础、性质和社会影响，认为旅游活动是“在旅居地短时间旅居的人与当地人之间各种关系的总和”。1942年，瑞士学者汉泽克尔与克拉普夫在其《旅游总论概要》一书中提出了与葛留克斯曼接近的学术观点。与葛留克斯曼的遭遇几乎相同，他们的观点在当时的西方学术界也未能形成应有的影响。

二、我国近代的旅游文化

18世纪中叶，当西方旅游文化进入近代的时候，我国的旅游文化还停留在古代。其时正值清朝的乾隆年间，中国古代的旅游文化已从高潮走向低谷。

这种情况一直维持到鸦片战争前。鸦片战争爆发后，中国开始由独立的封建社会逐步演变为半殖民地半封建社会，封建专制走到了尽头，大地主、大资产阶级的专制粉墨登场，封建主义、资本主义、社会主义思潮此消彼长。考察、求学、观光、探险等旅游风靡一时，近代旅游业开始形成。在这样的历史背景下，中国近代的旅游文化开始了艰难的发展历程。

（一）我国近代的旅游体验文化

1. 走向世界：新奇的域外旅游体验

鸦片战争后，中国被迫与外国签订了一系列不平等条约，国门大开，国人纷纷走出国门考察、求学、观光、探险，由此揭开了中国旅游体验文化的新篇章。

（1）师夷长技与追求真理：中国近代的域外考察与游学体验。

19 世纪下半叶是中国近代域外考察与求学旅游体验的发轫时代。林鍼、李圭、黄庆澄、容闳等则是这个时代的奠基人。斌椿出使欧洲，号称“东土西来第一人”，但其欧洲之行实属工作考察而绝少旅游性质，故不论。这一时期，科学技术成为中国人域外考察与求学旅游体验的重心。

林鍼、李圭、黄庆澄的旅游属于考察旅游。他们三人分别于 1847 年、1876 年、1893 年前往美国、美欧和日本游历，著有《西海纪游草》、《环游地球新录》、《东游日记》等书，实录其海外旅游体验。三人背景不同，旅游体验却高度一致：认为西方科学技术发达，社会风气沉沦；羡慕中流露不屑，自豪中隐含焦虑。这种物质文明与精神文明褒贬鲜明的两分法在近代相当的时期内一直主导着国人的思想。

容闳的旅游属于求学旅游。与林鍼出国工作兼旅游考察同时，香港玛礼逊学堂学生容闳与三个同学在校长勃朗的带领下开始了中国近代首次游学美国之旅。经过刻苦钻研，再加上自己的独立思考，容闳深刻体验到了美国科技的先进，更怀念贫穷落后的祖国。因此，他回到祖国后积极推动清政府公派学生出国求学，中国近代留学潮由此出现。

从 19 世纪末、20 世纪初开始，中国近代域外考察与求学旅游体验由重科学技术转向重制度文化。

在域外考察旅游方面，康有为、梁启超、瞿秋白、陶行知等旅游体验成果宏富，对旅游体验文化的建树贡献良多。1904～1905 年，康有为遍游欧美 10 余国，重点考察其历史文化，所得体验著为《欧洲十一国游记》，其结论是“立宪有利进化，革命带来破坏”。就在康有为旅欧的头一年，梁启超从日本横滨起航，经加拿大到美国旅游考察，并将所得体验著为《新大陆游记》；书中充分肯定了美国资本主义发展所取得的巨大成就和进步，检讨了中国文化的不足，继续鼓吹变法维新。1920年，瞿秋白实地考察了新俄罗斯的社会主义理论和实践，为后人留下了《新俄国游记》（又名《俄乡纪程》）和《赤都心史》两部散文游记；书中讴歌了俄罗斯的巨大变化，反映了作者对社会主义的深刻认识和热切向往。1936～1938年，著名教育家陶行知遍访亚、欧、美、非26个国家和地区，考察各国教育，宣传抗日思想；他的旅游体验不但同中华民族解放事业，也同世界反法西斯运动紧密地联系在了一起。

在域外求学旅游方面，20世纪初，中国近代的留学活动再掀高潮，大批公费和自费留学生远赴欧美日等国家留学游历，形成了独具特色的游学体验文化。留日学生在日本除学习语言和各种专业知识外，课余时间也常到日本各地考察风土人情、观看文艺演出、参观名胜古迹。他们的游学体验同国运密切相连，有不少成为近代著名的革命家。留欧学生除极少数人在文化交流中深感中国传统文化无比优越外，更多的人以渴求的心情去尽情吸收西方先进的的科学文化知识，以新奇的目光去恣意游历具有异国情调的山川风物，并留下了大量的旅游文学。其体验或浪漫忧郁，或童趣率真，或极富哲理，或极富情韵，为中国近代游学体验文化书写了辉煌的篇章。

（2）游览全球与探索世界：中国近代的域外观光与探险旅游体验。

王韬是中国近代以名士身份观光东西两洋的先驱。1867年和1879年，王韬先后旅欧、赴日观光，《漫游随录》和《扶桑游记》即是他旅欧、赴日的见闻结晶。游览中，他认识到西方人重实学、中国人尚文章的不同价值取向；勇于承认西方文化比中国文化进步得多；主张中西文化相互沟通、融合。就在王韬到达日本第二年，隐居上海的李筱圃也在商人的资助下来日本观光，并著有《日本纪游》以记其事。李筱圃对日本“一切效法西洋，改岁历，易冠裳”的维新政治愤愤不平，对日本当局有意夸示中国的落后“不胜愤懑”，他对此次游历的评价是“虽不敢言壮游，亦聊以扩眼界而已”。

进入20世纪，出国观光、探险的中国人日益增多。1926年，朱成厚从上海出发，取道南洋、印度洋、欧洲、大西洋、美洲、太平洋，完成了环球观光之旅，并著有《瀛寰新游记》一书。这次环球游历时7个月，行程数万里，许多地方都是走马观花，匆匆一过。这就注定了朱成厚的旅游体验只能是蜻蜓点水，浅尝辄止。朱成厚完成环球旅游的第3年，青年陈尚英开始了8个春秋的徒步周游世界之旅。几乎与陈尚英徒步环球旅游的同时，1930～1937

年，22 岁的中国青年潘德明用双脚和自行车，历时 7 个寒暑，行程 10 万公里，游遍五大洲 40 多个国家和地区，再次完成了中国人的环球之游。与朱成厚不同，陈尚英和潘德明的环球旅游集考察与探险于一身，而且是徒步旅行，因此他们的旅游体验自然要比朱成厚深刻得多。他们不仅饱尝了旅途中的风霜雨雪、炎荒烈日和饥寒交迫，而且游享了弥足珍贵的世界文化艺术、别具风格的东西方风景名胜，更为我们留下了珍贵的资料和深刻的体会。

2. 踏遍神州：深入的国内旅游体验

鸦片战争后，中国国内旅游活动也有所发展，考察观光较为流行，参加者多为学者、文人和学生。国内旅游体验也大大深化了。

(1) 近代前期的国内旅游体验文化。

开中国近代国内观光考察新风的当属魏源（1794～1857 年）。魏源批评时人“但知游山乐，不知游山学”，强调旅游应与考察山川形势、民风民俗密切结合起来。其一生若得空闲，便游览考察。魏源的旅游体验充满了忧国忧民之情。他说：“历山川，但壮游而不考其形势；阅井疆，但观其市肆而不察其风俗……一旦身预天下之事，利不知孰兴，害不知孰革。”从中可见，其真是身在旅途，心系国运。鸦片战争后，魏源旅游体验中的忧国忧民之情更加厚重了。魏源留下来的近 800 首诗中，山水诗占了 60%以上，这是一份丰厚的旅游文化遗产。

19 世纪后期，中国继续向半殖民地半封建社会沉沦，封建统治腐败不堪，大好河山豆剖瓜分。浓烈的忧患意识黑云压城般地弥漫于各个角落。于是，忧愤、激越成为这一时期国内旅游体验文化的主色调。科举备考期间，黄遵宪遍游广州、香港、汕头、潮州、虎门、北京；康有为遍游香港、扬州、镇江、南京、上海、北京；谭嗣同游踪更广，“合数都八万余里，引而长之，堪绕地球一周”。作为青年学子，虽然阅历不同，游履各异，又不曾相识，但其旅游体验的主色调是一致的。游香港，黄遵宪的体验是“弹指楼台现”，“帆樯通万国”，“六州谁铸错？一恸失燕脂”；康有为的体验是“西人治国有法度”，“伤心信美非吾土”（康有为《初游香港睹欧亚各洲俗》），一样的羡慕，一样的忧愤。游河山，康有为的体验是“登高极望，辄有山河人民之感”（《康南海自编年谱》），谭嗣同的体验是“风景不殊，山河顿异；城郭犹是，人民复非”（《三十自纪》），一样的激越，一样的忧患。黄、康、谭三人后来皆成为著名的维新人物，他们的旅游体验很有代表性。

(2) 近代后期的国内旅游体验文化。

20世纪前期，中国累经内战外患，中华民族已经到了生死存亡的关头，心灵的煎熬和社会的苦难也达到了极点。在新的历史条件下，旅游体验文化中回归心灵与面向社会的传统得到进一步的弘扬，并呈现出两极分化的趋势。

“五四”以来的30年，连绵不断的战争与苦难给人的心灵带来了前所未有的压力。当心理压力远远超乎心灵负荷之时，人们期望在宁谧的氛围中寻觅一点轻松与自由。因此，许多文人尽量逃避苦难的现实，徘徊在宁静和谐的自然山水中寻求心灵的慰藉。在这种情况下，中国旅游体验文化的一极——回归心灵得到了弘扬和发展。周作人、俞平伯、朱自清、徐志摩、郁达夫、李广田、钟敬文、叶灵凤、老舍、冯至等文人旅游者为此作出了重要贡献。他们向往淡远的小桥、古朴的农舍、幽静的山林、清澈的湖泊……在他们看来，秀丽的山川和辉煌的古迹虽然蒙上了时代的阴影，仍不失清新和平的气息和远离尘嚣的宁静。

“心灵”派的旅游体验大都保存在他们的游记里。他们的游记既是研究旅游体验的重要资料，也是旅游体验文化的一部分。这类游记清新淡雅，多有淡泊宁静的意味，仿佛心灵的创伤真被抚平了。其实这类游记也并非全是那么淡泊宁静，平静中仍有几分沉重、几多愁绪。一些表面上看来是单纯湖光山色的游记中亦有用心与深意，字里行间不经意流露出山川有魄、草木动容的情感。通过纪游者发自内心又非纯属个人的情感，我们能够触摸到那个时代涌动的潜流。此派游记的艺术成就普遍较高，有不少已成为经久传世的艺术精品。

在“回归心灵”的旅游体验向纵深发展的同时，中国旅游体验文化的另一极——“面向社会”也得到了空前的发展。这一极沿承古代旅游“经世致用”传统，把国家、民族利益置于首位，肌体内跳动着时代的脉搏，精神上回荡着时代的旋律。引领这一极的文人旅游者主要有孙伏园、孙福熙、叶紫、沈从文、艾芜、许地山、王统照、丰子恺等。他们走遍祖国大地，直面山河的破碎和大众的苦难，以坚韧之志托起时代风云，以生命之舟负载社会责任，履痕所至，关注社会，关注人生，旅游体验充满着悲愤与反抗的激越情感，表现出忧国忧民的忧患意识。

作为旅游体验文化的一部分，“社会”派的游记激愤而高昂，艺术性不及“心灵”派而思想性有过之。除上引诸家外，巴金的《旅行杂记》以其一贯的热情笔触控诉了社会的黑暗和不公正；茅盾的《见闻杂记》则运用冷静写实的手法揭开了战时大后方光怪陆离的社会面纱；靳以这时期创作的《沉默的旅车》

是对后方世态人生的描写，相当逼真传神；郭沫若的《南京印象》、缪崇群的《废墟景》、萧红的《长安寺》、蹇先艾的《车窗外》、吴组缃的《泰山风光》、林语堂的《春日游杭记》等也都是思想性很强且很有影响的旅游文化作品。

（二）中国近代的旅游介入文化

随着中国近代旅游活动的兴起，中国近代旅游业开始出现，中国近代的旅游介入文化也逐渐形成并与西方接轨。

1. 中国近代交通服务文化的发展

近代中国新式交通是在清末发展起来的。当时，外国列强纷纷在中国开铁路，设轮船公司，倾销商品，掠夺资源。受此刺激，1872年李鸿章成立了轮船招商局，1881年中国人自办了第一条铁路。这是中国近代交通业的开端。其后，公路运输、民航运输也陆续出现。除了这些新式的交通外，轿子、黄包车、马车、帆船等旧式交通依然存在。

中国近代交通在帝国主义和封建主义的压迫下发展很慢，数量少，质量差，里程有限，服务比较落后。火车内人满为患，空气污浊，脏乱不堪，难得喝上开水；公路上尘土飞扬，舶来的汽车、国产的自行车杂错其间；轮船行驶在苍茫的江海之上，缓慢、单调而沉闷；屈指可数的几架客机往来于蓝天白云之间，价格高得惊人，服务差强人意，只有少数有钱人才敢问津。尽管如此，新式交通服务的出现和发展还是极大地方便了近代旅游活动的开展，也有力地推动了我国旅游业的进步。作为新式交通服务的补充，旧式交通服务随处可见：轿夫、车夫站在村边、街头，随时为行人提供脚力；帆船、马车停留在渡口、路旁，默默等待行人的光临。随着新式交通服务的发展，旧式交通服务因自身的不合时宜而逐渐退出了历史舞台。

2. 中国近代饭店服务文化的形成

中国近代新式饭店也是在清末发展起来的，主要有外资经营的西式饭店、民族资本经营的中西式饭店、铁路沿线的招商饭店以及公寓等，也有大量传统的旧式饭店。

中国近代饭店比以往任何时期都重视饭店服务质量的提高。上海国际饭店首任经理卢寿联提出，国际饭店的经营宗旨应是“顾客第一，服务至上”，把旅客的利益放在首位，这对树立国际饭店的形象起了重要作用。首任洋经理雪勃勒能用多国语言与旅客交流，拉近了与旅客的距离，直接了解旅客的需求，倾听旅客的意见，使旅客真正有宾至如归的感觉。因此，上海国际饭店名扬中外，在较长的时间内处于上海乃至全国饭店的领先地位。像北京三义客店这样的旧式旅店也有详细的服务规约：集中精神，勤劳服务；客人住店，送至客房；旅客要水，随要随送；注意安全，防止中毒；保持安静，严禁喧哗；客人早行，按时叫醒；清洁卫生，按章操作；遇有客人墙壁涂鸦，也不与之争吵，待客人出门后用粉笔涂饰干净。也正因如此，三义店在当时生意兴隆、声誉卓著，回头客很多。但总的来看，新式旅馆更注重服务质量，服务项目齐全，服务规范，基本能满足住店旅客的各种需要；旧式旅馆质次价高，服务不够规范，客人需要很难得到满足。

3. 中国近代旅行社服务文化的兴起

随着帝国主义对中国的经济、文化侵略，20 世纪初，西方一些旅游企业如英国“通济隆”、美国“运通”旅行社等陆续占领了中国市场。这样，不但外国人来华，就是中国人出国，也必须仰仗外国旅行社。因此，有血气的中国人都期望有自己国家的旅行社。1923 年，主持上海商业储蓄银行的银行家陈光甫等人在该行内部率先设立了“旅行部”，专门为中国人办理出国手续和代订车船票，组织国内和出国旅游活动。1927 年春，该旅行部出版了我国第一本《旅行杂志》，并于同年将旅行部更名为“中国旅行社”。

中旅社的建立标志着中国近代旅游服务文化的正式形成。中旅社在成立之初首先致力于提高服务质量，加强对旅游主体的服务，开辟新的经营业务，变单一、被动的经营服务为多项、主动的经营服务。如上门为机关、学校、团体单位组团服务，为之设计国内外旅行线路，预算费用价格，安排食宿，办理游览参观，派遣导游人员，进行中外文导游；与银行、保险公司合作，发售外国旅行社的调换券和旅行支票，办理旅客行李和意外保险，减轻旅客旅行时携带现金的不便和人身财产安全的压力；于交通沿线或车站码头广设办事处、休息室、宾馆饭店、招待所等并办理旅途通讯和邮电服务业务，解除旅途疲劳，增加愉快心情。步入发展时期的中旅社继续遵循“发扬国光，服务行人，阐扬名胜”的宗旨，讲求服务质量与工作效率。无论在办理留学生出国服务、扩大旅行社经营服务还是在设立旅行社招待所、开展游览活动等方面，中旅社始终关怀国家和游客的利益。中旅社的宗旨和行为增强了中国旅游业的竞争能力，提高了中国旅游业的国内外声誉。

4. 近代中国景观开发文化的转型

近代中国的旅游和旅游业均落后于西方，旅游景观开发进展缓慢，西方文化色彩越来越浓。中国近代旅游景观的开发主要发生在民国时期，特别是抗战前的 25 年。主要成就有两个方面：一是山川湖泊的开发与建设。民国时期，开发较好的山川湖泊有庐山、莫干山、天目山、黄山、雪窦山、雁荡山、华山、泰山、西湖、太湖等。二是海滨旅游景观的开发与建设。北戴河、青岛、厦门等地的海滨旅游资源得到了较好的开发。此外，温泉旅游资源、城市旅游资源的开发与利用也有一定的进展，还开发出了植物园、水族馆等一些人造旅游景观。

中国近代旅游景观的开发总体来看是中西混合的产物。开发理念既有中国的“天人合一”思想，又有西方的“征服自然”精神；“淡妆”与“浓抹”并行不悖，“本土”与“外来”杂错其间。所以，小桥流水随处可见，穹顶拱门比比皆是；玲珑小品隐映于花草之间，高大建筑突兀于白云之上；不露斧凿痕迹的景观依旧盛行，尽显人力伟大的景点屡见不鲜。这一现象在沿海地区尤为显著。中国近代万花筒般的旅游景观开发文化可以说是中国近代旅游文化的一个缩影。

5. 近代中国旅游宣传文化的开展

旅游发展离不开旅游宣传。与西方相比，中国近代的旅游宣传开展得不够。各级政府对旅游宣传普遍不重视，浙江省名胜导游局曾编印导游指南、出版交通周览图、刊印风景名胜图表，威海卫行政公署曾刊印《威海卫指南》，青岛市政府旅客招待处曾刊印《青岛概观》，但这样的情况实在不多。1936 年，中美贸易协会曾讨论联合各大商店、旅游轮船公司及各界领袖组建中国导游协会，举办旅游宣传及导游事务，但未果。致力于旅游宣传的主要是旅游企业和旅游行业组织。

中国近代的旅游宣传形式单一，主要是编印宣传刊物。除中旅社编辑出版了各种杂志、书籍、小册子、旅游指南外，铁路、公路、轮船等机构也编印了各种小册子、旅游指南。铁路部门曾编印《铁道年鉴》，内有乘车游览指南、各路沿线名胜等，具有广告性质；各铁路局曾根据铁路联运规章第 200 条和第 195 条的规定，按站编印了有中英两种文字的宣传物，介绍该站名胜、联运线路等；平绥铁路局曾刊行单篇旅行读物，如谢冰心的《平绥沿线旅行记》等，宣传沿途风光；1936 年，全国公路交通委员会编印了京芜（南京至安徽芜湖）、芜宣（芜湖至安徽宣城）、宣歙（宣城至安徽歙县）、歙黄（歙县至黄山）及南京经溧水至宣城 5 段公路的《旅行指南》，指导旅行兼作宣传；1928 年 10 月，上海轮船招商局总管理处营业科创办了《旅航之友》杂志，用以宣传业务。

6. 近代中国旅游研究文化的起步

一般认为中国对旅游的学术研究始于 20 世纪 80 年代，其实中国对旅游的学术研究早在20世纪20年代就已经开始了。1927年春，《旅行杂志》创刊，陈光甫在《旅行杂志·发刊词》中将人的旅行活动上升到“辟眼界、拓思想”的高度，显然突破了旅游“使人愉悦、开阔视野、提升道德、获得自由”的传统的经验性认识，考察旅游功能的视野也由个人层面扩大到人类层面。其后，国人对旅游的认识不断深化。

20世纪30～40年代，我国旅游学界的主流观点认为：现代旅行不但是读书行路、增长知识、陶冶情操和游览观赏，更是发展国民教育和国民经济的一个重要环节和手段。“旅行不但是教育，而且是广义的教育里最重要的一部分”，外国旅游者“看见中国政治的安定与经济发展的希望，则国家所迫切需要的外资才会源源而来”[1]。传统社会对旅游的教育与经济功能虽有认识，但从未视旅游为“教育里最重要的一部分”，也未把旅游看成是发展经济的重要手段。朱立人等能有此见解，说明国人对旅游的认识更深入、更全面了。这也同当时西方旅游研究重经济、轻文化形成了明显对比。1944年，佘贵棠的《游览事业之理论与实际》出版，这是国内前所未有的第一部旅游学专著。全书对游览、游览事业作了全面、深入的探讨，旅游与旅游业并举而略重旅游业，受西方影响又不失中国特色。

第4节 现代旅游文化探微

现代旅游文化是大众的旅游文化。从全球来看，旅游文化的大众化是从20世纪50年代开始的，因此20世纪50年代也就成了近现代旅游文化的分界点。

一、世界现代旅游文化鸟瞰（20世纪50年代至现在）

第二次世界大战结束后，世界政治、经济、文化发生了深刻的变化，和平与发展成为世界两大主题，科技文化日新月异。旅游进入大众化时代，旅游业逐渐成为世界第一大产业。在新的历史背景下，旅游文化进一步突破了地域的限制，呈现出全球化、一体化的发展态势。

---

❶ 朱立人．战后中国游览计划［J］. 旅行杂志，1945：19（8）.

（一）现代世界的旅游体验文化

旅游的真正大发展是在第二次世界大战结束后的半个多世纪里。1950年，全世界的国际旅游人数为0.25亿人次，2011年增加到10亿多人次，世界旅游进入大众化时代。20世纪90年代前，大众化旅游盛行；20世纪90年代后，大众化旅游的个性化趋势越来越明显。与此相应，现代世界的旅游体验文化也可以分为普通化与个性化两个阶段。旅游行为活动是一种涉及政治、经济、文化和社会的综合性活动，自古以来就受到法律、道德、习俗的约束，并产生了关于旅游者的旅游规范文化。随着大众旅游的兴起，世界各国和一些国际组织纷纷出台了针对旅游的法律、道德规范，现代旅游行为规范由此形成。

1.20世纪90年代前：普通化的旅游体验文化

第二次世界大战后，工业革命即第二次浪潮快速向发展中国家推进。托夫勒认为，第二次浪潮时代的社会结构有6条互相联系的准则：标准化——生产、管理、文化、生活都按一定标准进行；专业化——劳动分工精益求精、越分越细；同步化——生产、生活各环节密切配合，同步一致；集中化——能源、人力、劳动高度集中；好大狂——“大”成了“有效率”的同义语，大就是美；中央集权化——经济管理和政府制度权力越来越集中（托夫勒《第三次浪潮》，1984）。当上述6条准则成为全社会共同准则的时候，“五化一狂”实际上变成了“一化”——普通化。无情的普通化把千差万别的东西统统拉平了。受此影响，第二次世界大战后的40年里，普通化成为旅游体验文化的主流。第二次世界大战后，旅游体验文化的普通化主要表现在两个方面：一是旅游体验的行为方式趋于普通化；二是旅游体验的心理倾向趋于普通化。

（1）普通化的旅游体验行为方式。

旅游体验的行为方式包括食、住、行、游、购、娱等，其中最重要的是行与游，行与游的普通化是旅游体验行为普通化的集中反映。

在行的方面，现代的主要交通方式是乘坐火车、轮船、汽车、飞机外出旅游。火车、轮船是近代的产物，营运伊始只有少数人才能够享受得起，不出几十年，很快成为一般大众普遍选择的普通旅游方式。乘坐火车、轮船旅游至今仍是旅游者最常用、最普通的旅行方式。汽车、飞机是近代末期的产物，同火车、轮船一样，运营伊始也只有少数人才能够享受得起，不出几十年也很快成为一般大众的普通旅游工具。1986年，英、德、意、美国内度假旅游者使用私人汽车的比例分别为60%、80%、72%和85%；1994年，来华旅游的外国人中，乘飞机入境的占51.1%。

在游的方面，传统游览方式有观光游、海滨游、乡村游、体育游、文化游等。第二次世界大战前，这些旅游体验形式主要为少数贵族和富人所有，对多数人来讲还是一种可望而不可及的奢侈行为；第二次世界大战后，则成为一般大众的普通行为了。现代以来，“急行军”式的观光游不但没有拖垮旅游者，反而成了一般大众最易接受、最为普通的旅游方式；海滨游虽然受到了冲击，仍不失为大众的主要旅游方式；乡村游一经贵族开其端，广大市民便群起效仿，大众旅游又增添了新的种类；体育旅游如奥运游、高尔夫游原本也是少数人的享受，20世纪70年代以来也成为大众喜爱的普通选择之一。至于文化旅游，仅奥地利的音乐旅游，每年就有数百万游客参加。“昔日王谢堂前燕，飞入寻常百姓家”，第二次世界大战后，传统的贵族旅游方式大都普及开来，成为大众旅游普遍选择的普通方式。

（2）普通化的旅游体验心理倾向。

旅游体验的心理倾向包括旅游体验的需要、动机、兴趣、态度等。旅游体验的心理倾向趋于普通化主要表现为在第二次世界大战后相当长的一段时间里，单一性旅游需要占据了主流。单一性旅游需要是指旅游者对和谐、熟悉、稳定、可预见性的需要。有心理学家认为，单一性需要的旅游者不希望旅游出现非单一性，如果旅游中出现非单一性，其就会表现出紧张和不安。为了防止旅游中遭遇非单一性，旅游者常采用可预见的（单一性）事、物或活动，如事先预订客房，乘坐由旅行社代办的飞机、火车、汽车，参加由导游带领的旅游团，游世界驰名的旅游景点，光顾知名度高并能得到标准化服务的饭店等。概言之，倾向普通或常规，回避特殊或无常。考察第二次世界大战后40年间多数旅游者的心理，其旅游体验的心理倾向基本与上述特征相吻合。团体包价的盛行与旅游观念的俗化就说明了这一点。

2.20世纪90年代后：个性化的旅游体验文化

从20世纪90年代开始，世界步入了大众旅游的黄金时代。在这个时代里，旅游者越来越追求个性化，旅游体验文化的个性化趋势越来越明显。普通化与个性化是相联系而存在的，并在一定条件下相互转化。个性化是展示自我的方式之一，人人都有展示自我的需要，表现在旅游体验方面就是不断创造与众不同的个性化旅游体验。个性化旅游体验总是由少数人率先发起，当大众群起效仿的时候，个性化旅游体验就开始向普通化旅游体验转变了。

普通化旅游体验发展到一定阶段，不能满足展示自我的需要时，新一轮的旅游个性化体验过程便应运而生。新一轮的个性化旅游体验可以是普通化旅游体验的变种，也可以是普通化旅游体验以外的全新旅游体验。20 世纪 90 年代以来，全球新一轮个性化旅游体验的脚步明显加快，主要表现在两个方面：一是普通旅游个性显露；二是背包旅游日益增多。

（1）普通旅游个性显露。

教育旅游是一种非常普通的旅游体验方式。在欧洲，教育旅游可以追溯到大旅游时代。那时，为了出国游学，要先学习外国语。现代以来，特别是 20 世纪 90 年代以来，语言学习旅游逐渐成为教育旅游的一个分支。旅游者尤其是学生旅游者已将语言学习旅游看做是自我实现、自我表达、自我更新的一种方式。在欧盟范围内，这种旅游方式受到了文化教育部门的鼓励，也受到了学生和家长的欢迎。在美国、加拿大和澳大利亚等国，短期的语言学习旅游作为拓展视野、增加见闻的一种补充教育方式，已经纳入了许多大学的正式教学计划。

乘坐火车、游船旅游也是一种非常普通的旅游体验方式。现代以来，这种方式已传统得既让人厌倦，又让人难舍。于是，20 世纪 90 年代后，世界上不少旅游者纷纷尝试乘坐豪华列车、豪华游船的旅游方式。目前，豪华列车旅游在欧洲、美国、东南亚等国家发展较快，豪华游船旅游则在地中海、加勒比海有稳定的市场，经营豪华列车、游船旅游的公司已经将其建设成为一个相对独立的品牌。在欧美一些发达国家，豪华旅游方式已不足以显示其个性，更具个性的超豪华旅游方式也出现了。这种为极少数旅游者享用的旅游方式又称为“极品旅游”，其特点是花费特别高、可以自己安排线路和住宿地点、所有消费都追求最高级的品牌和等级、可以自由参加各种娱乐活动、配有专用服务员等。

与此同时，一些生来就具有较多个性色彩的传统旅游体验方式也发展起来，其中最重要的是探险旅游和自驾车旅游。登山探险、极地探险虽古已有之，但作为一种旅游方式在世界范围内流行起来还是 20 世纪 90 年代的事。如今，登山探险、极地探险不仅在西方盛行，而且在中国也有方兴未艾之势。自驾车旅游的出现要比探险旅游的出现晚得多，但截至 20 世纪 90 年代已有 70 多年的历史，也算是一种传统旅游方式了。20 世纪 90 年代后，自驾车旅游发展速度惊人，每当假期来临，驾驶自家汽车的美国人、英国人、法国人等就会一窝蜂般地涌向度假胜地和野营地，由此造成严重的交通堵塞。目前，自驾车旅游在我国等发展中国家和地区已然成为一种时髦的旅游方式。探险旅游和自驾车旅游虽已发展成普通旅游，但其更能满足自我的需要，属于充满个性的普通旅游。

（2）背包旅游日益增多。

随着旅游者旅行经验的积累和消费观念的日益成熟，现代旅游者越来越倾向于那些更能展现个性的新的旅游方式。在众多全新的个性化旅游方式中，最有代表性的应属“背包旅游”。所谓背包旅游，顾名思义就是尽量不依赖旅游业，一副行囊、一双脚板游世界。

从表面上看，现代背包旅游似乎是古代背包徒步旅游的延续，其实它是传统旅游的逆反，是年轻人为对抗包价旅游方式越来越浓的商业气息而创造出来的一种全新的个性化旅游方式。背包旅游者流行的旅行方式包括与音乐体育有关的旅游、生态旅游和探险旅游。因此，一般认为，“背包旅游”产生于20世纪六七十年代，是欧美年轻人追求个性的结果和表现。如今，背包旅游之风已流行世界各地。从欧美到非洲，从亚洲到大洋洲，到处都能看到这样一些年轻人：手执一张地图，身背一个大双肩包，全身便装，脚踏旅游鞋，步行穿梭在城乡山水之间。

背包旅游者并不是一盘散沙。他们相互联系，建立起非正式交流系统，并通过这个系统将自己在旅游目的地的经历、感受，以报告、文章或者以口头等方式传播给同路人，共享在旅游目的地的各种感受，建立对旅游目的地的心理预期。经常性的交流形成了共同的价值取向。他们大多既不承认古代旅游的文化深度，又反对现代旅游的工具理性。他们在消解深度模式、实践价值多元的旗帜下，以简单直接的方式将自己的感性欲求与旅游行为对接起来；执著中夹带着迷惘，欢乐中流露出忧郁，我行我素，形同浪子。

3. 现代世界的旅游行为规范

现代世界关于旅游者的法律法规早在第二次世界大战前就已经产生了，如日本在第二次世界大战前制定的《古神社寺庙保护法》、《国宝保护法》、《历史古迹、名胜、天然纪念物保护法》、《国立公园法》等都有关于旅游者保护旅游资源的规定。第二次世界大战后，随着大众旅游的出现，各国纷纷制定旅游法律法规，对旅游者行为进行规范，如法国、比利时、日本、韩国、英国、美国、巴西、墨西哥等国家制定了旅游基本法，其中有关于旅游者权利与义务的规定；民主德国、联邦德国、南斯拉夫等国在民法的契约部分（续编）补充了有关旅游契约的条文，其中有保护旅游者权益的内容；我国旅游法规也有类似的规定。有些国家的地方政府或旅游景区还制定了针对旅游者的专门法规。在意大利，威尼斯旅游主管部门规定：赤膊散步者和在圣马可广场上野餐的游客要缴纳 250 欧元罚款，这笔钱足以吃一顿丰盛的大餐；温泉疗养胜地蒙特卡蒂尼规定：在公园长椅上睡觉者可处以高达 500 欧元的罚款，这相当于高级酒店里一夜的费用；海滨城市卡布拉斯则禁止游客在风光最优美的海滩上吸烟，在其他海滩乱扔一枚烟蒂也要被处以 325 欧元的罚款。❶

世界各国和世界旅游组织还出台了旅游道德规范，其中也有针对旅游者行为的内容。1985 年世界旅游组织第六次一般性全体大会通过了《旅游权利法案和旅游者守则》，在赋予旅游者诸多权利的同时，也对旅游者行为作出了道德约束：旅游者必须尊重过境地和逗留地在政治、社会、道义和宗教方面已确立的秩序，并遵守其所实行的条法和规定；对东道国的习俗、信仰和行为显示出最大的理解，并对其自然和文化遗产显示出最大的尊重；不过分强调存在于旅游者和当地人之间的经济、社会和文化差异；对东道国的文化应持接受的态度；不能从事娼妓活动而剥削他人；不能买卖、携带和使用麻醉品和其他被禁毒品。2006 年 10 月，我国颁布了《中国公民国内旅游文明行为公约》和《中国公民出境旅游文明行为指南》，提出了国内旅游时维护环境卫生、遵守公共秩序、保护生态环境、保护文物古迹、爱惜公共设施、尊重别人权利、讲究以礼待人、提倡健康娱乐等 8 条文明公约和出国旅游时神情仪表、举止言行等方面的具体指南。

目前，关于旅游者的专门的旅游道德、法律规范并不多见，现代旅游习俗也正在形成中，所以，针对旅游者的旅游行为规范还不能说是一种成熟的旅游文化。

（二）现代世界的旅游介入文化

1. 现代世界的旅游服务文化

战后旅游交通服务的最大革命来自航空业。20 世纪 50 年代，欧美出现了许多民用航空公司。这些航空公司先是经营跨大西洋的旅游航线，随后在世界各地为游客提供航空运输服务。航空服务迅捷、安全、温馨、舒适，已成为交通服务的楷模。由于航空旅游服务的冲击，常规海运旅游服务如同 19 世纪的马车一样渐渐衰落了。到 20 世纪 80 年代，常规海运服务接待量已微不

❶ 意大利重罚不文明游客［N］. 参考消息，2005－08－09（6）.

足道，海运公司只得转向少数富人旅游市场，开辟海上豪华巡游服务项目。为满足汽车旅游者的需要，战后各国政府交通部门还推出了多种汽车交通服务，如长途特快汽车服务、长途包价旅游车服务、城乡之间的旅游专线车服务、机场出租车和机场大巴服务、城市和乡村的观光车服务等，汽车交通服务文化更加多样化。与此同时，许多国家都在改善火车服务条件、提高服务质量方面狠下了工夫。其中最为重要的举措是开辟观光列车和专项旅游列车服务项目。美国观光列车的卧室拥有自己的窗户，还设有高科技便利设施，如电视监视器，为旅客提供更大的舒适和享受。

作为旅游业三大支柱产业的西方饭店业，战后也取得了巨大的发展，饭店业产品和服务不断创新。威尔逊于1952年创建的假日集团第一个推出了标准化的汽车饭店，为旅游者提供了清洁、注重服务和基本设施及价格低廉的客房。威斯汀集团推出了“2000威斯汀客房”的全新概念：客房因客人而异，设有商务、休闲、奖励旅游、会议、度蜜月等主题客房，充分满足不同客人的需要。另外，在卫生间、客房内灯光和温度调节、服务方式（如“默默无声的服务员”的服务设计，使饭店员工尽可能避开客房，以免打扰客人）等方面也有革命性的创新。此外，环保型客房、分时度假饭店、可登录互联网的商务房、全电脑控制客房等新概念也日益为业者所接受。

随着散客旅游者的增多，旅行社也不断调整服务战略，推出了更多个性化服务产品。如小包价旅游产品、组合式旅游产品。组合式旅游也即旅行社人士所谓的“异地成团”。组合式旅游是一种介于团体旅游和散客旅游之间的更加灵活、更加尊重客人意志的旅行方式，客人通过旅行商预订之后，三三两两地从不同的地方出发，前往同一目的地，抵达后就地成团，由当地旅行社接待。组合式旅游有长线，也有短线，可以有领队，也可以没有领队，随机性强，游客有更多的自由选择和活动的机会，因而颇受旅游者尤其是青年人和家庭式旅游者的欢迎。

2. 现代世界的景观开发文化

第二次世界大战后，旅游的发展和科技的进步极大地推动了旅游景观的开发。

伴随着大众旅游从普通化向个性化的转变，一些传统旅游如海滨旅游、度假旅游明显衰落。为了解决这些问题，一些主要的海滨旅游地采取了新的开发策略，这些策略包括开发新景点、提高接待质量、开发遗产潜力、开发海水资源潜力、改善通信设施、改善环境质量、采用专业化手段、提供培训和支持、扩大市场营销活动和开展研究与调查工作等。在欧洲，传统的山地旅游地也正在尝试各种方式来开发新的旅游景观，以适应新的个性化旅游方式。

除了传统旅游景观得到进一步开发外，新的旅游景观也源源不断地被开发出来。如农业旅游景观、名人旅游景观、生态旅游景观等。

农业旅游景观开发始于农业观光旅游的兴起。其最初还是小规模的开发，产品主要是观光果园形式，后来发展到观光农业园区、观光农业带，统一规划，集观光、休闲、娱乐、教育为一体。农业景观的开发改变了传统农业仅专注于土地本身的大耕作农业的单一经营思想，把发展思路拓展到“人地共生”的旅游业与农业结合的理想模式，迎合了世界生态旅游发展的大趋势。

名人遗迹游作为一种文化旅游方式，自古就已存在，但把名人遗迹作为旅游景观有组织地进行开发，主要还是发生在现代。为了更好地满足旅游者的需要，许多国家和地区都将与名人有关的地点开发成旅游景点。普希金的故居、梭罗在美国瓦尔登湖的小木屋、歌德在德国魏玛的庄园、伏尔泰和雨果等人在法国巴黎的墓地、海明威在古巴哈瓦那写作《老人与海》时常去的酒馆、智利诗人聂鲁达在黑岛的故居等，如今都已被成功地开发出来。

在新的旅游景观开发中，发展势头最好、最有前景的是生态旅游景观的开发。生态旅游景观的开发缘于生态旅游的兴起。生态旅游景观的开发最初局限于自然生态的开发，后来延伸至人文生态，与乡村、农业、民俗等旅游景观的开发互相渗透。其目的是让游客在良好的生态环境中或休憩，或疗养，或饱览民俗风光，或观赏奇珍物种，或进行健身活动，同时在此过程中增强环保意识。

新的旅游景观还包括各种新的人造旅游景观，如微缩景观、仿古景观、主题公园等。

旅游景观开发所引起的一个最大问题就是破坏景观，因此现代旅游景观开发大都将“保护”列为开发的第一原则。1978 年，联合国通过了《保护世界文化与自然遗产公约》，将国际上公认的、对人类生存及发展有特殊价值的文化和自然遗迹列为世界遗产，予以保护。该公约的主旨是保护而非开发，遗憾的是一些文化和自然遗迹一经认定为“世界遗产”就立即成了旅游开发商争相开发的对象，安全系数不升反降。如何处理旅游景观的开发与保护的关系，至今仍是一个令人头痛的难题。

3. 现代世界的旅游宣传文化

现代旅游业的发展离不开旅游宣传，这一点已成共识。所以，世界上的旅游发达国家和地区都很重视旅游宣传。旅游宣传已成为现代旅游介入文化发展最快的一支。现代旅游宣传的形式五花八门，日新月异，最基本的有以下几种。

图书形式。这种宣传形式主要通过图片或书籍来进行，包括游览图、旅游交通图、旅游照片、明信片、说明书、宣传画、导游手册、旅游评论、游记等。现代旅游宣传的图书形式既有历史的传承，更有时代的创新，一般设计精心，形式美观，色彩鲜艳，内容简明，具有灵活、多样、便于携带等特点，不需要借助其他媒介即可发挥作用。

传媒形式。这种宣传形式主要借助报纸、杂志、广播、电视等传媒工具进行。现代旅游宣传的传媒形式也有传统的因素，但主要是现代科技的结晶。传媒不同则宣传效果各有千秋。传媒形式的特点是宣传面广，影响较大，应变力强，能灵活地适应市场需求，是现代旅游宣传比较普遍采用的一种形式。

声像形式。这是运用现代化手段进行旅游宣传的一种很好的形式，它主要包括电影片、录像带和幻灯片。声像形式有声有色，生动具体，往往给人深刻的印象，能起到很好的宣传效果。

展销形式。这是一种让产品“现身说法”的宣传形式，常借助于世界博览会、交易会、展览会等进行。展销是一种传统的旅游宣传形式，在旅游业竞争激烈的现代，这种宣传形式已演变成现代旅游宣传形式的大比拼，几乎所有现代宣传形式如宣传印刷品、工艺品、图片、声像、广播、录像带、电影、文艺队等都在这里集中亮相，还有各项实物展览。

除以上所列各种宣传形式外，还有派出专门人员或让驻外机构、人员在主要旅游客源国作巡回宣传，邀请外国旅行社、航空公司、旅游批发公司、旅游零售商来考察、旅游，导游宣传，户外广告宣传等。现代旅游宣传花样之多、攻势之猛已经到了让旅游者眼花缭乱、爱恨交加的地步。

4. 现代世界的旅游研究文化

20 世纪 60 年代前，西方旅游研究一直是在十分功利性的观念指导下进行的，因此表现出非常突出的依赖经济学方法的时代特征。60 年代后，西方旅游研究开始发生根本性的变化，经济学、社会学、心理学、地理学、环境科学、生态学、管理学、符号学、政治学、史学、美学等学科的理论和方法甚至一些概念都在旅游研究中找到了用武之地，并产生了丰硕的成果。旅游研究的多学科化使综合性的旅游研究成为可能。西方旅游研究的根本性变化源于大众旅游的兴起。从那时开始直到现在，全球性的大众旅游广泛兴起，旅游对旅游接待地的影响也日益复杂化，这样，旅游研究就很自然地介入与旅游活动相关的各个领域，从而形成了空前规模的多学科共同研究旅游现象及其相关问题的学术局面。

然而旅游研究的真正综合并未实现。西方旅游学界大都习惯于根据自己的学术兴趣选定研究课题，并根据自己的专业知识以及对旅游现象的理解与认识从事研究工作，重应用、轻理论的现象十分突出。这种状况不仅反映在英语国家出版的旅游研究刊物（如美国的《旅游研究年刊》、英国的《旅游管理》等）中，也反映在旅游研究的博士论文中，在各种旅游研究刊物中，占有较大比例的是各种案例研究以及对各种相关学科成型理论的嫁接应用。从申葆嘉先生对历年国外博士论文的检索结果来看，在 1951～1987 年英语国家的 199 篇与旅游题材有关的博士学位论文中，与基础理论有关的题材仅有 9 篇，占全部论文的 4.52%，这充分反映了旅游研究中广泛存在的应用导向的研究思路。[1] 这一研究思路至今仍左右着西方的旅游研究，并对世界其他地区的旅游研究产生了深刻的影响。目前，我国的旅游研究虽然仍保留着重理论的传统，但坚持这一传统的已经不多了。

二、我国现代旅游文化扫描（1950 年至今）

1949 年 10 月 1 日，中华人民共和国宣告成立。新中国的成立极大地鼓舞了中国人民的政治热情，政治意识充满各个领域，旅游也不例外。这种情况到“文革”时期达于极致。“文革”结束后，中国进入改革开放时代，社会生活多姿多彩，旅游发展日新月异。与上述背景相适应，中国现代旅游文化也经历了政治化和多样化两个阶段。

（一）政治化时期：20 世纪 50～70 年代末

1. 我国现代旅游体验文化的政治化

新中国成立初到“文革”开始的 17 年间是一个充满激情与理想，但又封闭单一的年代，土地改革、三反五反、抗美援朝、三大改造、大跃进、反右倾……政治性群众运动一个连着一个，社会主义建设如火如荼。在这样一个激情与理想熊熊燃烧、革命与建设同时并举的年代，收入不高，时间紧迫，除了法定疗养和节假日短途旅游外，旅游市场并不繁荣。50 年代中期和 60 年代初期出现了两次旅游小高潮，旅游主体依然是文人、学者。

---

[1] 申葆嘉．国外旅游研究进展［J］．旅游学刊，1996（1～5）．

与社会历史进程尤其是政治气候相吻合，新中国成立后17年旅游体验文化的主旋律是光明美好，总色调是单纯明净。带着强烈的政治热情和高度的认同意识，旅游者登山临水，进城下乡，体验山川的壮丽、社会的新貌。关注社会、关注人生的旅游文化传统在新时期继续发扬光大。游西湖，在体验到西湖的“盆景之美”的同时，更体验到了人民政府对人民的关爱：“顾到居民的利益，在从前，哪儿有这回事？只有现在的政权，人民自己的政权，才当做头等重要的事儿”（叶圣陶《游了三个湖》）；游泰山，没有看到泰山日出，却体验到了一场“更加辉煌的日出”——齐鲁平原人民的创业精神：“如果说泰山是一大幅徐徐展开的青绿山水画，那么这幅画到现在才完全展开，露出最精彩的部分”（杨朔《泰山极顶》）；游长江，不但“深深体会到‘高江急峡雷霆斗’的赫赫声势”，也体验到了“自己正在和江流搏斗而前。‘曙光就在前面，我们应当努力’”（刘白羽《长江三日》）；游边疆，“念念不忘喀什丰饶的田野和伊犁长街的流水绿树，不忘浩渺的博斯腾湖和碧绿的天山牧场”（碧野《〈天山景物记〉的写作过程与体会》）。

与此相应，这一时期旅游体验的成果——旅游文学也基本上是一种“颂体”。作者们在春天的纵游放歌中赤诚地表达了对新社会、新生活的热爱，对未来美好理想的憧憬。有所不同的是，20世纪50年代中期的旅游文学大多是作家内心世界真诚、自由的坦露，他们奉献给社会的颂歌是发自内心的，虽然主题单一，也不失真情之美。20世纪60年代初，由于经历了反右斗争的严峻考验，同样是纵游放歌的旅游文学，则少了春天里的和谐气氛，而不时显露出秋天的收敛乃至冬天的拘谨、夏天的矫情。

十年动乱时期，旅游活动更为稀少，不多的旅游体验完全政治化；旅游文学创作迅速跌入低谷，除去一些演绎政治观念的亚非拉出访游记之外，总体上呈现出一片萧瑟景象。

2. 我国现代旅游介入文化的政治化

我国现代旅游介入文化的政治化是从旅行社服务开始的。1949年12月，时值福建厦门解放不久，为了帮助滞留厦门的华侨和港澳同胞办理入境手续，厦门市正式成立了国营华侨服务社。作为新中国成立后国内成立的第一家旅行社，其成立伊始即打上了鲜明的政治烙印——接待服务首先是政治任务，由此开启了中国现代旅游介入文化政治化的端绪。1954年4月15日，北京成立了“中国国际旅游总社”（简称国旅），政治色彩更加浓厚：它的主要目的是配合政府部门的外事活动，主要任务是负责访华外宾的食宿、游览，由国务院直接领导。国旅创建初期，没有自己的旅游饭店和车队等必要的旅游设施，不接待自费来华旅游者，实际上是从事政治接待和“民间外交”的准企业。

20 世纪 50 年代，旅游景观开发也充满了浓厚的政治色彩：景观设计要突出人民的地位，景观利用要反映新制度的优越。于是，风景区内，一座座工人疗养院拔地而起，昔日的王府皇苑也纷纷辟为人民的公园，皇陵、故宫变成了阶级教育的基地。

为加强对旅游工作的统一管理，进一步发展旅游事业，中共中央建议成立中国旅行游览事业管理局，作为国务院的直属机构。1964 年 12 月 1 日，中国旅行游览事业管理局正式成立。该局以“政治挂帅，稳步前进，逐步发展”为指针，负责管理外国自费旅游者来华旅游业务及对外联络宣传，领导各地国旅和直属服务机构开展工作，并与国旅总社政企合一，合署办公。至此，我国旅游介入文化的政治化进程又迈进了一大步。

1966 年 5 月，我国爆发了史无前例的“文化大革命”，社会、经济、文化陷入动乱之中，中国的旅游介入文化完全政治化：华侨旅行服务总社（1957 年成立）开展业务也要“政治挂帅”，后因执行不力竟遭解散；中国旅游事业管理局（包括国旅）只留下 12 人当班，旅游接待变成单纯的政治接待，不计成本，不讲效益；一些名胜古迹和游览胜地被大批特批为“封、资、修”，直至全面封闭。1971 年林彪反革命集团被粉碎后，情况略有好转。在周总理的亲自关怀下，国旅开始恢复元气，华侨旅行服务总社也得以重建，并与 1974 年成立的中国旅行社合署办公。为了满足不同层次海外旅游者的需要，国家还拨款建造了一批中低档的涉外饭店。即便如此，旅游介入文化也未脱离“左倾”的政治轨道。

（二）多样化时期：20 世纪 70 年代末至现在

“文革”结束后，中国迎来了改革开放的伟大时代。随着思想的解放和收入的增多，旅游人数和方式不断增加，旅游业得到了快速发展。到 2011 年，国内旅游总人数达 26.4 亿人次，比上年增长 25.24%；国内旅游收入 1.93 万亿元人民币，比上年增长 53.2%；出境旅游人数为 7025 万人次，比上年增长 22.42%。开放的时代和壮大的旅游催生了多样的中国现代旅游文化。

1. 多样的现代旅游体验文化

（1）现代旅游体验文化多样化的酝酿。

改革开放之初，我国的旅游体验文化以观光为主，比较单一。所谓“单一”是相对此后而言的，其实此后的旅游体验文化多样化正是从此时开始酝酿的，观光体验的国际化和本土化态势就说明了这一点。

20世纪80年代初，国门大开，久违了的境外世界又一次展现在国人的面前。像30年前一样，知识分子率先出国，到欧美亚非等地观光旅游。他们的域外旅游体验凝结成《访法散记》（巴金）、《沿着泰晤士河》（黎耀先）、《柏林烟尘录》（袁鹰）、《在斜塔下》（穆青）、《美国之行》（萧乾）、《塔什干晨雨》（王蒙）、《西亚风情》（彭龄）、《埃及漫步》（张宜）、《飞向世界》（黄云庆）等一大批旅外游记，再度掀起旅外游记创作热潮。80年代初的文人旅游者慧眼观照、敏锐感悟、自由抒写，他们的旅外游记以诗意的画面表现出不同主题。

开放态势下的快节奏现代化生活也引发了国人普遍的心理不适，他们渴望回到自然、轻松的宁静氛围里，于是国内观光旅游沛然兴起。新时期旅游者遍游祖国的山川风物、江河湖海、风俗民情、名胜古迹，并在更高的维度上探寻和观照人生。他们的国内旅游体验汇成了《在福建游山玩水》（施蛰存）、《瀑布之歌》（冯牧）、《香溪》（菡子）、《黄山秋行》（黄秋耘）、《又临黄河岸》（高缨）、《沧海日出》（峻青）、《岳麓山和橘子洲头》（李霁野）、《天涯》（吴伯箫）、《卢沟桥》（碧野）、《黄鹤楼记》（秦兆阳）、《桃花源记》（汪曾祺）等一大批国内游记，阳光下无遮无掩的悠远和淡雅成了这一时期国内游记的主旋律。

（2）现代旅游体验文化多样化的展开。

20世纪80年代中期后，我国现代旅游体验文化全方位展开：从感悟自然到关注社会，从观赏景观到享受服务，从近郊漫步到极地探索，从身心娱乐到生命追寻……传统与现代一样不少，中式与西式一应俱全。其中，最具时代特征的是文化体验、生态体验和探险体验。

20世纪80年代，中国大地掀起了一股强大的文化反思热潮，并由此推动了文化旅游的兴起。许多旅游者已经不再满足于追求一般的社会审美时尚，而是以稳健的姿态、深沉的基调漫步于历史文化的长河之中，感受文化的律动。有的倾情于故乡热土，在文化寻根的路上拓展自己的思维空间，回味乡土生活的古韵，“思考我们古老民族的历史、现状与未来”（徐志平《敬上一只心香》）；有的深入西部腹地，在强烈的文化焦虑与探寻中，感受西部的荒凉、冷峻及其“对人生各阶段的模拟与暗示”（周涛《蠕动的屋脊》），体会“欣悦或苦难的幸与不幸”（马丽华《藏北游历》）。余秋雨集现代旅游者和文史论者为一身，孤独地奔走于中国大地的江南塞北，寻访名胜古迹，挖掘文化内蕴，他的旅游体验已经深入到了文化灵魂的深处。

生态旅游是一种高端的求知层次的旅游，旅游者具有环保意识，旅游对象是保持原生状态的自然人文景观。旅游对象和旅游者之间不再是商品关系，而是平等关系。通过生态旅游，旅游者学会了理解自然、尊重自然、与自然对话、与天地融合，环境得以保护、得以可持续发展。我国的生态旅游是从 20 世纪 90 年代兴起的，游客的追求正由浅层次的悦耳悦目向深层次的返璞归真转变。越来越多的中国生态旅游者愿意像欧美游客那样，住草庐，睡木板，坐竹椅，撑竹伞，尝清茶淡饭，走羊肠小路，早上听鸡啼，晚上听蛙叫，在历史文化和自然生态环境中获得“真”、“善”、“美”的享受。

受明清以来中国旅游探险精神的浸淫和西方旅行家冒险意识的影响，当代中国探险旅游超越古人，直追欧美，旅游探险体验卓然屹立于世界旅游文化之林。职业探险家余纯顺、刘雨田走遍高原边塞，跨越大漠雪峰，从最原始、最冷酷的地方感悟着生命的原色：“最原始的地方往往就是最壮丽的地方”，“生命就是探险”。科学家位梦华、赵进平，记者王海青、强荧深入南北两极，其旅游探险体验由求知而审美，由天地而人生，实现了自然与人生、科学与美学的完美结合。“天底下没有到不了的地方，只有不能到或不想到的地方!”这就是中国当代探险家的风度。他们超越了功利，以自己强悍而独特的生命感悟和献祭写下了中国当代旅游文化最为辉煌壮丽的篇章。

文化体验、生态体验、探险体验集中反映了当代中国旅游者对文化、自然、人生的探索、感悟与思考，其深度与广度都是前所未有的，其方向与世界旅游文化的主流相吻合。它是当代中国时代精神的写照，也是中国旅游文化复兴的标志。

（3）法德并举的旅游行为规范。

随着旅游的发展，我国现代的旅游法规也渐成体系。“八五”期间，旅游法规大多是国家以规范性文件的形式出台的，即使国务院发布或批准下发的也不例外。“九五”以后，随着《中华人民共和国立法法》的实施，旅游法制化工作加速走向了正轨，国家级旅游规范性文件约减少了 50%，而行政法规出台了 2 部，即《旅行社管理条例》、《导游人员管理条例》。“十五”以来，又制定了《中国公民出国旅游管理办法》等行政法规和部门规章。与此同时，各省市也陆续出台了一些地方性的旅游法规，由此初步形成了中央和地方两级旅游法规体系，旅游执法的能力也有了明显提高。当然，目前我国的旅游法规还不算完善，旅游基本法还没有出台，规范旅游者的专门法规还不多见。

在依法治旅的同时，以德治旅的传统也得以光大。2006 年 8 月，为提升中国公民旅游文明素质，纠正公民旅游中的陋习，中央文明办、国家旅游局公布了提升中国公民旅游文明素质行动计划，决定从当年开始实施。同年 10 月，又颁布了《中国公民出境旅游文明行为指南》和《中国公民国内旅游文明行为公约》，提出了国内旅游时维护环境卫生、遵守公共秩序、保护生态环境、保护文物古迹、爱惜公共设施、尊重别人权利、讲究以礼待人、提倡健康娱乐等 8 条文明公约和出国旅游时神情仪表、举止言行等方面的具体指南。随后，全民性的提升中国公民旅游文明素质行动在全国各地迅速展开。

2. 多样化的现代旅游介入文化

随着改革开放时代的到来，中国现代旅游介入文化也进入多样化时期。这一时期，我国旅游介入文化的多样化表现在以下几个方面。

（1）旅游服务多种多样。

1980 年中国青年旅行社正式成立，成为继中国国际旅行社、中国旅行社之后的中国第三家全国规模的大旅行社。此后 20 多年，我国旅行社数量猛增。近年来，为了适应旅游者需求日趋个性化和差异化的发展趋势，我国旅行社加大了市场开发力度，在产品设计、营销手段、客户关系、品牌塑造等方面引入了新理念，服务质量不断提高：产品由过去单一的文化观光产品为主逐步发展到观光旅游、度假旅游、特种旅游种类齐全、结构完整的格局；接待方式由过去的全包价向小包价、异地组团方向发展；一些旅行社以提高游客满意度为目标，以强化员工服务意识为重点，向社会作出了更高层次、更为全面的文明服务承诺制，游客的满意率大大提高。

改革开放之初，我国旅游饭店的发展水平还是比较低下的。随着旅游饭店规模的扩大，服务质量也在提高。在刚刚建立饭店规范化服务程序的 20 世纪 80 年代，我国在饭店业的个性化服务方面还是一片空白。为了适应旅游市场客人的需求变化，我国旅游饭店业从零开始，积极借鉴外国先进经验，努力为宾客提供有针对性的个性化服务，成效卓著。到了 20 世纪 90 年代，高星级饭店的个性化服务已成为中国投资和旅游环境中一个不可缺少的构成要素。以电子信息技术和连锁经营为代表的现代科技也加速进入了我国酒店业，向客人提供全球信息高速公路的全新服务。

旅游交通一直是我国旅游业发展的瓶颈。通过深化体制改革、打破垄断经营、引进竞争机制，我国旅游交通服务得到很大发展。交通里程不断增加，运输服务多种多样，运行速度、准点率不断提高。游船、索道、旅游出租车和城市观光车等也有明显发展。但总的来看，我国旅游交通仍不能满足旅游者的需要。国内旅游者对旅游交通服务的满意程度较低，对交通满意者仅占54.1％，不满意者占19％；满意程度远低于国家规定的85％以上的期望值指标，不满意程度却远超过10％的期望值指标。

(2) 旅游景观开发中西结合。

改革开放以来，我国旅游资源得到前所未有的开发。秦始皇陵兵马俑、长城、张家界、九寨沟等一批世界闻名的人文、自然景观相继被开发出来；沉睡已久的西部旅游资源目前也正在开发中。统计数据表明，目前全国县级以上的自然、人文和人造景区约2万家，优秀旅游城市为247个❶，初步形成了多层次、多系列的旅游景观体系。如文物古迹、山水风光、民俗风情等观光型旅游景观；家庭度假、乡间度假、海滨度假、周末度假、节日度假等度假景观；农业、森林、湿地、珍稀动植物等生态型景观；革命圣地、革命战争遗址等红色旅游景观；公园、游乐园等可参与景观。

目前，我国的旅游景观开发依然是中西结合的产物。“天人合一”的情趣与“征服自然”的精神交相辉映，中式建筑与西式建筑争奇斗艳。旅游资源的大开发固然在一定程度上满足了游客的需要，但也出现了盲目开发、破坏环境的现象。消失已久的“地狱”、“鬼府”等不良人造景观也卷土重来了。尽管有文物法、森林法、水法、风景名胜区管理条例等法规相继出台，旅游资源的开发、保护与利用问题仍然是一个有待解决的难题。

(3) 旅游宣传丰富多彩。

随着旅游业的不断升温和市场竞争的日益激烈，我国旅游业已逐渐意识到宣传促销的重要性，各地都在不遗余力地进行旅游宣传促销活动，以期提高知名度，吸引更多的旅游者。

目前国内旅游宣传多由政府牵头，组织企业赴外地或外国进行大型的推广活动；或以一个城市的旅游形象在中央和地方媒体（多为电视媒体）上做广告。就企业而言，除了参加政府组织的推广活动以外，旅行社多在报纸、杂志等平面媒体上为旅游线路做广告，或将旅游线路信息印制成宣传单（册）向旅游者散发。景点景区和饭店的情况也类似。自从网络作为一种新的广告宣传媒体出现以后，旅游宣传又多了一种手段。目前，网络已成为旅游城市、

---

❶ 2007～2008年中国景区景点旅游业市场调研深度分析报告［R］. http://www.chinaccm.com，2007-11-08.

旅游企业宣传的重要窗口，国内有很多省市、旅游景区都有了自己的旅游专业网站，如广东旅游网、苏州旅游网、泰山在线等。

与此同时，我国的旅游宣传也普遍存在广告用语不规范、涉嫌“虚假旅游广告”等弊端。如部分旅行社在印刷品上印有“全国最低价”、“酒店标准间”、“全程优秀导游服务”等不规范的语句；有的旅行社违规降低旅游团费，诱导游客。这势必会影响我国宣传活动的有效性。

（4）旅游教研蓬勃发展。

中国旅游教育目前方兴未艾，主要是在这一时期发展起来的。1978 年，我国第一所旅游学校——江苏旅游学校成立。此后，高等院校、职业学校、企业单位、行政部门的旅游教育轰轰烈烈。目前，我国旅游教育已形成研究生院、大学、中专、中学等初具规模的教育体系。

为了配合新兴的旅游教育并服务于旅游业实践，中断了近 30 年的旅游研究于 20 世纪 70 年代末开始复兴。与第二次世界大战前后西方旅游研究的情况相似，复兴伊始的中国旅游研究将旅游中的经济现象作为重点，“旅游是一种经济现象”成为旅游学界的主流意识。当时出版的旅游（学）概论教材无一例外地都以旅游业为中心，号称旅游主体的旅游者则被置于边缘地位，经济学成为旅游研究的主要方法。这种情况直到 20 世纪 90 年代才有所改观。90 年代后，对旅游者的研究越来越多了，除经济学外，管理学、文化学、社会学、人类学、心理学、美学、历史学、地理学、生态学等众多学科广泛应用于旅游研究，旅游研究呈现出百花齐放的局面。1999 年，申葆嘉、谢彦君等所著《旅游学原理》、《基础旅游学》同时出版，一举扭转了旅游学教材名实不符（名为旅游概论，实为旅游业概论）的局面，旅游教研朝旅游者这个中心大大地迈进了一步，而这一步西方早在 20 年前就已经迈出了。目前，我国旅游研究正由经济中心向文化中心转变，这个转变的完成已经为期不远了。

【本章小结】

旅游文化史的论著目前已有很多。各家对旅游文化史内涵的探讨虽各有侧重，有一点却是相同的：即不约而同地把旅游文化史等同于旅游史。旅游不同于旅游文化，旅游文化史也不同于旅游史。文化学视角的旅游史依然是旅游发展史，研究视角无法改变历史内容。笔者认为：旅游文化史就是旅游文化的发展史。按照本书对旅游文化的理解，旅游文化史实为旅游体验与介入文化的发展史。研究旅游文化史，绕不开旅游文化史的分期。这既是旅游文化史研究的基础，也是旅游文化史研究的方法。关于旅游文化史的分期，学界已取得不少成果，但差异也是显而易见的。造成差异的原因很多，最重要的是分期标准和分期对象并不相同。可见，欲统一旅游文化史的分期，必先统一分期标准和分期对象。按旅游文化亦即旅游体验文化与旅游介入文化的发展轨迹进行分期，这是旅游文化史分期的明智选择。按照上述分期原则，从宏观的角度看，整个旅游文化史可分为古代、近代、现代三个大的历史阶段，起讫时间分别为公元前 31 世纪、18 世纪中叶、20 世纪中叶、现在。从中观的角度看，古代、近代、现代旅游文化史亦可各自细分为若干小的历史时期：古代旅游文化史可分为形成、发展、终结三个时期；近代旅游文化史可以 19 世纪中叶为界分为前后两个时期；现代旅游文化史可以 20 世纪 90 年代为界分为前后两个时期。

古代的旅游文化是多元发生的，埃及、西亚、欧洲、中国等都是旅游文化的发源地。至公元 2 世纪，古罗马的旅游文化以古希腊旅游文化为基础，兼容地中海周边的旅游文化，大体具备了贪图享乐、追求刺激、张扬个性、讲究科学、偏爱冒险等基本特征。而中国先秦秦汉时期则形成了以修身养性、以人为本、稳健内敛为主流的政治—伦理型旅游文化。公元 192 年，罗马安顿尼王朝灭亡，罗马帝国陷入最混乱时期。随着罗马帝国的衰落，西方严格意义的旅游在 3～12 世纪不绝如缕，这一时期的旅游文化也一蹶不振。从 12 世纪开始，欧洲工商业城市普遍兴起，欧洲的旅游活动再度活跃，古代欧洲的旅游文化出现复兴的迹象。随着封建社会的成熟和古代旅游的进步，3～14 世纪的中国旅游文化又迈上一个新的台阶，无论是旅游观念、旅游体验还是旅游服务、旅游景观设计，都超越了先秦秦汉时期，旅游文化在总体水平上遥遥领先于世界。14～18 世纪中叶，西方旅游文化迎头赶上，中国旅游文化也达到古史最高峰，世界旅游文化进入新旧交替的历史阶段。

18 世纪中叶，西方旅游文化率先迈入近代的门槛。在西方的引领下，世界旅游文化开始了缓慢的近代化过程，直至 20 世纪 50 年代旅游文化大众化时代的到来。在欧洲，大规模的自然观光旅游体验充满了浪漫主义情调，假日旅游体验成为中产阶级的时髦风尚和不可缺少的生活方式，前所未有的探险、考察旅游大潮促成了惊心动魄的另类旅游体验文化。交通服务文化从传统到现代，饭店服务文化从贵族化到平民化，旅行社服务文化成为近代旅游服务文化的标志，旅游宣传成为近代旅游介入文化的亮点，有组织的旅游景观开发开始兴起，旅游研究从文化向经济转移。在中国，鸦片战争后，国人纷纷走出国门考察、求学、观光、探险，体验外国的自然风光和社会文化，谱写了中国域外旅游体验文化的新篇章。与此同时，国内旅游体验也大大深化了，回归心灵与面向社会的传统得到进一步的弘扬，并呈现出两极分化的趋势，忧患、自慰、激越成为这一时期国内旅游体验文化的主色调。随着中国近代旅游活动的兴起，中国近代的旅游介入文化也逐渐形成并与西方接轨。

第二次世界大战结束后，旅游文化进一步突破地域限制，呈现出全球化、一体化的发展态势。在旅游体验文化方面，20 世纪 90 年代前，旅游体验的行为方式和心理倾向均趋于普通化，普通化成为旅游体验文化的主流；20 世纪 90 年代后，普通旅游个性显露，背包旅游日益增多，个性化旅游体验的脚步明显加快。在旅游介入文化方面，随着旅游大众化的兴起，各行各业加大了旅游的介入力度，现代旅游介入文化出现了前所未有的繁荣局面。中国现代旅游文化则经历了政治化和多样化两个阶段。20 世纪 70 年代前，我国旅游体验文化强调光明美好，旅游介入文化强调政治挂帅。20 世纪 70 年代后，我国旅游文化由单一化向多样化展开，文化体验如火如荼，生态体验后来居上，探险体验方兴未艾，旅游规范法德并举，旅游服务多种多样，旅游景观开发中西结合，旅游宣传丰富多彩，旅游教研蓬勃发展。

【参考文献】

[1] 王永忠．西方旅游史 [M]．南京：东南大学出版社，2004.
[2] 彭顺生．世界旅游发展史 [M]．北京：中国旅游出版社，2006.
[3] 冯天喻，等．中华文化史 [M]．上海：上海人民出版社，1998.
[4] 彼得・李伯庚．欧洲文化史 [M]．上海：上海社会科学院出版社，2004.
[5] 庄锡昌．世界文化史 [M]．南京：江苏人民出版社，1999.
[6] 梅新林，等．中国游记文学史 [M]．上海：学林出版社，2004.
[7] 喻学才．中国旅游文化传统 [M]．南京：东南大学出版社，1998.
[8] 王淑良．中国旅游史 [M]．北京：旅游教育出版社，1998.
[9] 陈峰．游旅篇 [M]．西安：三秦出版社，1998.
[10] 张嘉昕．明人的旅游生活 [M]．明史研究小组，2004.
[11] 让・韦尔东．中世纪的旅行 [M]．北京：中国人民大学出版社，2007.
[12] 马勇，周霄．中国旅游文化史纲 [M]．北京：中国旅游出版社，2008.

后　记

以旅游文化为题的论著已有多种。读过之后总觉得旅游文化的面目还是不够清晰：旅游文化似乎是与旅游有关的文化或旅游中的文化，只见特定的概念，不见独立的实体。问题的症结是：旅游文化与旅游，旅游文化与文化，旅游文化与人文旅游资源，这三对关系至今也没有得到清晰的梳理。可以断言：谁弄清了旅游文化与旅游，旅游文化与文化，旅游文化与人文旅游资源的关系，谁就向旅游文化迈进了一大步。依据我们的判断，旅游文化不同于旅游，也不同于一般文化，更不同于旅游资源，它是“人们对旅游的体验与介入过程及其精神产品的总和”，旅游体验文化和旅游介入文化是旅游文化的两大系统。

我们的观点得到了同行的鼓励，也引起了同行的质疑。同行的鼓励，坚定了我们的信心；同行的质疑，深化了我们的思考。我们对自己的观点充满自信。

本书是上述观点的具体体现。全书分为 4 章，渤海大学旅游学院邹本涛教授承担了第 1、第 2 章的撰写任务；渤海大学旅游学院曲玉镜副教授承担了第 3、第 4 章的撰写任务。

本书是在作者主持的辽宁省社会科学规划基金项目“旅游文化研究”（2009 年结题）主要成果的基础上增删而成，早在 2011 年就已定稿，由于种种原因，今日才得以出版。感谢渤海大学旅游学院院长闫涛教授将此书纳入旅游管理专业特色学科建设资助计划；感谢渤海大学旅游学院张满林教授为本书出版忙碌奔波；感谢知识产权出版社宋云编辑为本书付出的辛勤劳动。我们在撰写本书过程中，参阅了大量知名和不知名的学者的研究成果并加以吸收，在此一并致谢。

作者

2012 年 11 月